法藏知津

八編

杜潔祥 主編

第18冊

禪茶藝文錄（下）

馮天春 編著

花木蘭文化事業有限公司

國家圖書館出版品預行編目資料

禪茶藝文錄（下）／馮天春 編著 -- 初版 -- 新北市：花木蘭文化事業有限公司，2022〔民111〕

目 26+246 面；19×26 公分

（法藏知津八編 第18冊）

ISBN 978-986-518-639-5（精裝）

1. 禪宗 2. 茶藝 3. 中國詩

011.08 110012099

法藏知津八編

第十八冊 ISBN：978-986-518-639-5

禪茶藝文錄（下）

編 著 馮天春

主 編 杜潔祥

副總編輯 楊嘉樂

編輯主任 許郁翎

編 輯 張雅淋、潘玟靜、劉子瑄 美術編輯 陳逸婷

出 版 花木蘭文化事業有限公司

發 行 人 高小娟

聯絡地址 235 新北市中和區中安街七二號十三樓

電話：02-2923-1455／傳真：02-2923-1452

網 址 http://www.huamulan.tw 信箱 service@huamulans.com

印 刷 普羅文化出版廣告事業

初 版 2022年3月

定 價 八編22冊（精裝）新台幣50,000元

禪茶藝文錄（下）

馮天春 編著

目次

下 冊

第三編　禪茶詞曲

0786. 驀山溪・詠茶

〔宋〕王質〔註 1〕

枯林荒陌，矮樹敷鮮葉。不見雅風標，十二分、山容野色。因何嫩茁，舞動小旗槍，梅花後，杏花前，色味香三絕。　　含光隱耀，塵土埋豪傑。試看大粗疏，爭知變、寒雲飛雪。休說休說，世只兩名花，芍藥相，牡丹王，未盡人間舌。

——王質：《雪山集》第 16 卷，第 12 頁，《四庫全書》集部・別集類，第 1149 冊，第 501 頁。

0787. 望江南・超然臺作〔註 2〕

〔宋〕蘇軾

春未老，風細柳斜斜。試上超然臺上看，半壕〔註 3〕春水一城花。煙雨暗千家。　　寒食後，酒醒卻諮嗟。休對故人思故國，且將新火試新茶。〔註 4〕詩酒趁年華。

——蘇軾：《東坡詞》第 1 卷，第 41 頁，《四庫全書》集部・詞曲類，第 1487 冊，第 122 頁。

〔註 1〕王質（1135～1189），字景文，號雪山，山東人。

〔註 2〕望江南，又名「憶江南」。超然臺：在密州（諸城）北城，可眺密州全景。

〔註 3〕壕：護城河。

〔註 4〕新火：唐宋習俗，寒食節禁火，清明節後新起火為「新火」。新茶：明前茶。

0788. 浣溪沙・簌簌衣巾落棗花〔註 5〕

〔宋〕蘇軾

簌簌衣巾落棗花，村南村北響繅〔註 6〕車。牛衣古柳賣黃瓜。　酒困路長惟欲睡，日高人渴漫思茶。敲門試問野人家。

——蘇軾：《東坡詞》第 1 卷，第 8 頁，《四庫全書》集部・詞曲類，第 1487 冊，第 106 頁。

0789. 浣溪沙・細雨斜風作曉寒〔註 7〕

〔宋〕蘇軾

細雨斜風作曉寒，淡煙疏柳媚晴灘。入淮清洛漸漫漫。　雪沫乳花浮午盞，蓼茸蒿筍試春盤。人間有味是清歡。

——蘇軾：《東坡詞》第 1 卷，第 11 頁，《四庫全書》集部・詞曲類，第 1487 冊，第 107 頁。

0790. 西江月・茶詞〔註 8〕

〔宋〕蘇軾

龍焙今年絕品，谷簾自古珍泉。雪芽雙井散神仙，苗裔來從北苑。　湯發雲腴釅白，盞浮花乳輕圓。人間誰敢更爭妍，鬥取紅窗粉面。

——蘇軾：《東坡詞》第 1 卷，第 33～34 頁，《四庫全書》集部・詞曲類，第 1487 冊，第 118～119 頁。

0791. 行香子・茶詞〔註 9〕

〔宋〕蘇軾

綺席才終，歡意猶濃。酒闌時、高興無窮。共誇君賜，初拆臣封。看

〔註 5〕此為五首之第四。原詞有注：「徐門石潭謝雨，道上作五首。潭在城東二十里，常與泗水增減清濁相應。」

〔註 6〕繅通繅。

〔註 7〕原詞有注：「元豐七年十二月二十四日，從泗州劉倩叔遊南山。」

〔註 8〕原詞有注：「送茶並谷廉與王勝之。」

〔註 9〕原詞有注：「密雲龍茶名極為甘馨，宋廖正一，字明略，晚登蘇東坡之門，公大奇之。時黃秦晁張號蘇門四學士，東坡待之厚，每來必令侍妾朝雲取密雲龍，家人以此知之。一日，又命取密雲龍，家人謂是四學士，窺之，乃廖明略也。」

分香餅，黃金縷，密雲龍。　　斗贏一水，功敵千鍾。覺涼生、兩腋清風。暫留紅袖，少卻紗籠。放笙歌散，庭館靜，略從容。

——蘇軾：《東坡詞》第 1 卷，第 65 頁，《四庫全書》集部・詞曲類，第 1487 冊，第 134 頁。

0792. 水調歌頭・嘗問大冶乞桃花茶

〔宋〕蘇軾

已過幾番雨，前夜一聲雷。旗槍爭戰，建溪春色佔先魁。採取枝頭雀舌，帶露和煙搗碎，結就紫雲堆。輕動黃金碾，飛起綠塵埃。　　老龍團，真鳳髓，點將來。兔毫盞裏，霎時滋味舌頭回。喚醒青州從事，戰退睡魔百萬，夢不到陽臺。兩腋清風起，我欲上蓬萊。

——清・汪灝：《御定佩文齋廣群芳譜》第 21 卷，第 8～9 頁，《四庫全書》子部・譜錄類，第 845 冊，第 648 頁。

0793. 玉樓春・青墩僧舍作

〔宋〕陳與義

山人本合居岩嶺，聊問支郎分半境。殘年藜杖與綸巾，八尺庭中時弄影。　　呼兒汲水添茶鼎。甘勝吳山山下井。一甌清露一爐雲，偏覺平生今日永。

——宋・陳與義：《簡齋集》第 16 卷，第 5 頁，《四庫全書》集部・別集類，第 1129 冊，第 755 頁。

0794. 沁園春・又是年時

〔宋〕王炎午

又是年時，杏紅欲臉，柳綠初芽。奈尋春步遠，馬嘶湖曲，賣花聲過，人唱窗紗。暖日晴煙，輕衣羅扇，看遍王孫七寶車。誰知道，十年魂夢，風雨天涯。　　休休何必傷嗟，謾贏得青青兩鬢華。且不知門外，桃花何代，不知江左，燕子誰家。世事無情，天公有意，歲歲東風歲歲花。拚一笑，且醒來杯酒，醉後杯茶。

——清・朱彝尊：《詞綜》第 23 卷，第 3 頁，《四庫全書》集部・詞曲類，第 1493 冊，第 692 頁。

0795. 醉花陰・試茶

〔宋〕舒亶〔註 10〕

露芽初破雲腴細，玉纖纖親試。香雪透金瓶，無限仙風，月下人微醉。　　相如消渴無佳思，了知君此意。不信〔註 11〕老盧郎，花底春寒，贏得空無睡。

——曾慥：《樂府雅詞》卷中，第 33 頁，《四庫全書》集部・詞曲類，第 1489 冊，第 214 頁。

0796. 菩薩蠻・湖心寺席上賦茶詞

〔宋〕舒亶

金船滿引人微醉，紅綃籠燭催歸騎。香泛雪盈杯，雲龍疑夢回。　　不辭風滿腋，舊是仙家客。空〔註 12〕得夜無眠，南窗衾枕寒。

——曾慥：《樂府雅詞》卷中，第 40 頁，《四庫全書》集部・詞曲類，第 1489 冊，第 218 頁。

0797. 阮郎歸・效福唐獨木橋體作茶詞

〔宋〕黃庭堅

烹茶留客駐彫鞍〔註 13〕，有人愁遠山。別郎容易見郎難，月斜窗外山。　　歸去後，憶前歡，畫屏金博山〔註 14〕。一杯春露莫留殘〔註 15〕，與郎扶玉山。

——黃庭堅：《山谷詞》第 1 卷，第 36 頁，《四庫全書》集部・詞曲類，第 1487 冊，第 170 頁。

又，《山谷琴趣外篇》〔註 16〕所錄為：

〔註 10〕舒亶（1041～1103），字信道，號懶堂，浙江慈谿人，治平二年狀元，曾與李定同劾蘇軾，即所謂「烏臺詩案」。

〔註 11〕「不信」，其餘版本也有記為「矣口」者。

〔註 12〕「空」據原典錄，當前流行版本中多記為「坐」。

〔註 13〕女子烹茶勸留。

〔註 14〕博山：博山爐，爐身上雕刻山形。

〔註 15〕勸郎殷勤語。

〔註 16〕《山谷詞》與《山谷琴趣外篇》中所錄諸詞頗有差異，卻也各具韻色，實可相對照參閱。

烹茶留客駐金鞍，月斜窗外山。別郎容易見郎難，有人愁遠山。　歸去後，憶前歡，畫屏金博山。一杯春露莫留殘，與郎扶玉山。

——黃庭堅：《山谷琴趣外篇》第 1 卷，第 7 頁，南宋刻本。

0798. 阮郎歸・黔中桃李可尋芳

〔宋〕黃庭堅

黔中桃李可尋芳，摘茶人自忙。月團犀胯鬥圓方，研膏入焙香。　青箬裹，絳紗囊，品高聞外江。酒闌傳碗舞紅裳，都濡春味長。

——黃庭堅：《山谷詞》第 1 卷，第 37 頁，《四庫全書》集部・詞曲類，第 1487 冊，第 170 頁。

0799. 阮郎歸・摘山初製小龍團

〔宋〕黃庭堅

摘山初製小龍團，色和香味全。碾聲初斷夜將闌，烹時鶴避煙。　消滯思，解塵煩，金甌雪浪翻。只愁啜罷水流天，餘清攪夜眠。

——黃庭堅：《山谷詞》第 1 卷，第 37 頁，《四庫全書》集部・詞曲類，第 1487 冊，第 170 頁。

0800. 阮郎歸・歌停檀板舞停鸞

〔宋〕黃庭堅

歌停檀板舞停鸞，高陽飲興闌。獸煙噴盡玉壺乾，香分小鳳團。　雪浪淺，露花圓，捧甌春筍寒。絳紗籠下躍金鞍，歸時人倚闌。

——黃庭堅：《山谷詞》第 1 卷，第 36～37 頁，《四庫全書》集部・詞曲類，第 1487 冊，第 170 頁。

0801. 看花回・茶詞

〔宋〕黃庭堅

夜永蘭堂醺飲，半倚頹玉。爛熳墜鈿墮履，是醉時風景，花暗燭殘，歡意未闌，舞燕歌珠成斷續。催茗飲、旋煮寒泉，露井瓶竇響飛瀑。　纖指緩、連環動觸。漸泛起、滿甌銀粟。香引春風在手，似粵嶺閩溪，初採盈掬。暗想當時，探春連雲尋篁竹。怎歸得，鬢將老，付與杯中綠。

——黃庭堅：《山谷詞》第 1 卷，第 2 頁，《四庫全書》集部·詞曲類，第 1487 冊，第 153 頁。

0802. 踏莎行·茶詞

〔宋〕黃庭堅

畫鼓催春，蠻歌走餉。火前一焙誰爭長。低株摘盡到高株，株株別是閩溪樣。　　碾破春風，香凝午帳。銀瓶雪滚翻匙浪。今宵無睡酒醒時，摩圍影在秋江上。

——黃庭堅：《山谷詞》第 1 卷，第 22 頁，《四庫全書》集部·詞曲類，第 1487 冊，第 163 頁。

又，《山谷琴趣外篇》所錄為：

畫鼓催春，蠻歌走餉。雨前一焙誰爭長。低株摘盡到高株，株株別是閩溪樣。　　碾破春風，香凝午帳。銀瓶雪滚翻成浪。今宵無睡酒醒時，摩圍影在秋江上。

——黃庭堅：《山谷琴趣外篇》第 1 卷，第 6 頁，南宋刻本。

0803. 滿庭芳·詠茶

〔宋〕黃庭堅

北苑龍團，江南鷹爪，萬里名動京關。碾輕羅細，瓊蕊暖生煙。一種風流氣味，如甘露、不染塵凡。纖纖捧，冰瓷瑩玉，金縷鷓鴣斑〔註 17〕。　　相如，方病酒，銀瓶蟹眼，波怒濤翻。為扶起，樽前醉玉頹山〔註 18〕。飲罷風生兩腋，醒魂到、明月輪邊。歸來晚，文君未寢，相對小窗前。

——黃庭堅：《山谷琴趣外篇》第 1 卷，第 2 頁，《四庫全書》集部·詞曲類，第 1487 冊，第 154 頁。

又，《山谷琴趣外篇》所錄如下：

〔註 17〕鷓鴣斑：以其紋色代指茶盞，極珍貴。
〔註 18〕形容男子風姿挺秀，酒後醉倒的風采。

北苑春風，方圭圓璧〔註19〕，萬里名動京關。碎身粉骨，功合上凌煙。樽俎風流戰勝，〔註20〕降春睡、開拓愁邊。纖纖捧，研膏濺乳，金縷鷓鴣斑。　相如，雖病渴，一觴一詠，賓有群賢。為扶起，燈前醉玉頹山。搜攬胸中萬卷，還傾動、三峽詞源。歸來晚，文君未寢，相對小窗前。

——黃庭堅：《山谷琴趣外篇》第1卷，第2頁，南宋刻本。另，《四庫全書》所收秦觀《淮海長短句》卷中亦錄有此詞，其最終歸屬，尚待進一步確考。）

0804. 西江月・茶詞

〔宋〕黃庭堅

龍焙頭綱春早，谷簾第一泉香，已醺浮蟻嫩鵝黃，想見翻成雪浪。　兔褐金絲寶碗，松風蟹眼新湯，無因更發次公狂，甘露來從仙掌。

——黃庭堅：《山谷詞》第1卷，第34頁，《四庫全書》集部・詞曲類，第1487冊，第169頁。

0805. 一斛珠・香芽嫩茶清心骨

〔宋〕黃庭堅

紅牙板歇，韶聲斷六么初徹，小槽酒滴真珠竭。紫玉甌圓，淺浪浮春雪。　香芽嫩蕊清心骨，醉中襟量與天闊，夜闌似覺歸仙闕，走馬章臺，踏碎滿街月。

——闕名：《草堂詩餘》第1卷，第39頁，《四庫全書》集部・詞曲類，第1489冊，第553頁。

0806. 品令・茶詞

〔宋〕黃庭堅

鳳舞團團餅。恨分破、教孤令。〔註21〕金渠〔註22〕體淨，只輪慢碾，

〔註19〕喻茶餅形狀，也指茶餅珍貴。
〔註20〕「戰勝風流尊俎」的倒裝。尊，通「樽」，酒杯。俎：古代祭祀時放祭品的器物。
〔註21〕分破：碾破磨碎。孤令：孤零。
〔註22〕金渠：指茶碾；體靜：乾淨。

玉塵光瑩。湯響松風〔註 23〕，早減了、二分酒病。　味濃香永。醉鄉路、成佳境。恰如燈下，故人萬里，歸來對影。口不能言，心下快活自省。

——黄庭堅：《山谷詞》第 1 卷，第 16～17 頁，《四庫全書》集部・詞曲類，第 1487 冊，第 160 頁。

0807. **滿庭芳・詠茶**〔註 24〕

〔宋〕秦觀

雅燕飛觴，清談揮塵，使君高會群賢。〔註 25〕密雲雙鳳，初破縷金團。〔註 26〕窗外爐煙似動，開樽試、一品奔泉〔註 27〕。輕淘起，香生玉乳，雪濺紫甌圓。〔註 28〕　嬌鬟，宜美盼，雙擎〔註 29〕翠袖，穩步紅蓮。坐中客翻愁，酒醒歌闌。點上紗籠畫燭，花驄弄、月影當軒。頻相顧，餘歡未盡，欲去且流連。

——秦觀：《淮海集・長短句》卷中，第 8 頁，《四庫全書》集部・別集類，第 1115 冊，第 694 頁。

0808. **醉太平・風爐煮茶**

〔宋〕米芾

風爐煮茶，霜刀剖瓜。暗香微透窗紗，是池中藕花。　高梳髻鴉，濃妝臉霞。玉尖彈動琵琶，問香醪飲麼。

——倪濤：《六藝之一錄》第 392 卷，第 2 頁，《四庫全書》子部・藝術類，第 838 冊，第 307 頁。

0809. **使牛子・晚天雨霽**

〔宋〕曹冠〔註 30〕

〔註 23〕湯響松風：湯沸之聲響。
〔註 24〕《滿庭芳・詠茶》共三首，此為其三。
〔註 25〕飛觴：舉杯飲酒。
〔註 26〕密雲、雙鳳：即密雲龍鳳、雙鳳團。
〔註 27〕一品香泉：揚子江中零水。
〔註 28〕輕濤：茶湯初沸。雪：茶湯白色泡沫。
〔註 29〕雙擎：雙手舉高敬茶。
〔註 30〕曹冠，字宗臣，號雙溪，浙江人，紹興二十四年進士。有《雙溪集》二十卷、《景物類要詩》十卷、《燕喜詞》一卷傳世。

晚天雨霽橫雌霓，簾卷一軒月色。紋簟坐苔茵，乘興高歌飲瓊液。　翠瓜冷浸冰壺碧。茶罷風生兩腋。四座沸歡聲，喜我投壺全中的。

——王奕清：《御定詞譜》第 8 卷，第 30 頁，《四庫全書》集部·詞曲類，第 1495 冊，第 146 頁。

0810. 城頭月·贈梁彌仙

〔宋〕馬天驥

城頭月色明如晝，總是青霞有，酒醉茶醒，饑餐困睡，不把雙眉皺。　坎離龍虎勤交媾，鍊得丹將就，借問羅浮，蘇耽鶴侶，還似先生否？

——王奕清：《御定詞譜》第 8 卷，第 31～32 頁，《四庫全書》集部·詞曲類，第 1495 冊，第 146～147 頁。

0811. 滿庭芳·詠茶

〔宋〕陳師道〔註 31〕

閩嶺先春，琅函聯璧，帝所分落人間。綺窗纖手，一縷破雙團。雲裏遊龍舞鳳，香霧起、飛月輪邊。華堂靜，松風竹雪，金鼎沸潺湲。　門闌車馬動，扶黃籍白，小袖高鬟。漸胸裏輪囷，肺腑生寒。喚起謫仙醉倒，翻湖海、傾瀉濤瀾。笙歌散，風簾月幕，禪榻鬢絲斑。

——陳師道：《後山集》第 24 卷，第 4～5 頁，《四庫全書》集部·別集類，第 1114 冊，第 732～733 頁。

0812. 南鄉子·九日用東坡韻

〔宋〕陳師道

晴野下田收，照影寒江落雁洲。禪榻茶爐深閉閣，颼颼，橫雨旁風不到頭。　登覽卻輕酬，剩作新詩報答秋。人意自闌花自好，休休，今日看時蝶也愁。

——陳師道：《後山集》第 24 卷，第 3 頁，《四庫全書》集部·別集類，第 1114 冊，第 732～733 頁。

〔註 31〕陳師道（1053～1102），字履常，一字無己，號後山居士，即所謂「閉門覓句陳正字（無己）」。

0813. 南柯子・問王立督茶〔註32〕

〔宋〕陳師道

天上雲為瑞，人間睡作魔，疏簾清簟汗成河。酒醒夢回眵眼，費摩挲。　但有寒暄問，都無鳳鳥過。塵生銅碾網生羅。一諾十年猶未，意如何。

——宋・陳師道：《後山集》第24卷，第7頁，《四庫全書》集部・別集類，第1114冊，第734頁。

0814. 浣溪沙・過盧申之

〔宋〕韓淲

梅葉陰陰占晚春，博山香燼玉嶙峋，茶甌酒碗試濡唇。　閒裏常愁無伴侶，老來不是有情人，牡丹天氣惜芳辰。

——沈宸垣、王奕清等編：《御選歷代詩餘》第7卷，第9頁，《四庫全書》集部・詞曲類，第1491冊，第145頁。

0815. 浣溪沙・次韻伊一

〔宋〕韓淲

水繞孤村客路賒，一樓風雨角巾斜，舉觴無復問煎茶。　夜靜曲聲初噴竹，酒深燭影細吹花，明朝飛鷺起圓沙。

——沈宸垣、王奕清等編：《御選歷代詩餘》第7卷，第11～12頁，《四庫全書》集部・詞曲類，第1491冊，第146頁。

0816. 西江月・侑茶詞

〔宋〕毛滂〔註33〕

席上芙蓉待暖，花間騕褭還嘶。勸君不醉且無歸，歸去誰人惜醉。　湯點瓶心未洗，乳堆盞面初肥。留連能得幾多時，兩腋清風喚起。

——毛滂：《東堂詞》第1卷，第30頁，《四庫全書》集部・詞曲類，第1487冊，第323頁。

〔註32〕此題目在《御選歷代詩餘》第24卷中記為《同王立之督茶》。
〔註33〕毛滂（1064～？），字澤民，號東堂，浙江人。

0817. 玉樓春・戊寅重陽，病中不飲，惟煎小雲團一盃薦以菊花

〔宋〕毛滂

西風吹冷沉香篆，門掩小窗紅葉院。臥看黃菊送重陽，露重煙寒花未遍。　衰翁病怯琉璃盞，日日愁侵霜鬢短。一杯菊葉小雲團，滿眼蕭蕭松竹晚。

——毛滂：《東堂詞》第 1 卷，第 16～17 頁，《四庫全書》集部・詞曲類，第 1487 冊，第 316 頁。

0818. 蝶戀花・送茶

〔宋〕毛滂

花裏傳觴飛羽過。漸覺金槽，月缺圓龍破。素手轉羅酥作顆，鵝溪雪絹雲腴墮。　七盞能醒千日臥。扶起瑤山，嫌怕香塵涴。醉色輕鬆留不可，清風停待些時過。

——毛滂：《東堂詞》第 1 卷，第 28 頁，《四庫全書》集部・詞曲類，第 1487 冊，第 322 頁。

0819. 山花子・天雨新晴，孫使君宴客雙石堂，遣官奴試小龍茶

〔宋〕毛滂

日照門前千萬峰，晴飆〔註 34〕先掃凍雲空。誰作素濤翻玉手，小團龍。　定國〔註 35〕精明過少壯，次公〔註 36〕煩碎本雍容。聽訟陰中苔自綠，舞衣紅。

——毛滂：《東堂詞》第 1 卷，第 19～20 頁，《四庫全書》集部・詞曲類，第 1487 冊，第 317～318 頁。

0820. 玉樓春・侑茶

〔宋〕毛滂

僕前年當重九，微疾不飲，但撥菊葉煎水，雲團用酬節物，戲作短句以侑茗飲。逮去年，曾登山高會。今年客東都，依逆旅主人舍，無遊從，不復出

〔註 34〕晴飆：指燦爛的陽光。
〔註 35〕定國：于定國，西漢人，官至丞相，善飲。
〔註 36〕次公：蓋寬饒，西漢人，善飲，自稱「酒狂」。

門，不知時節之變。或云今日重九，起坐空庭月下，復取雲團酌一杯。蓋用僕故事，以送佳節。又作侑茶一首以和韻。

泥銀四壁盤蝸篆，明月一庭秋滿院。不知陶菊總開無，但見杜苔新雨遍。　去年醉倒雲為簟，未盡百壺驚日短。小雲今夜伴牢愁，好在鳳凰春未晚。

——毛滂：《東堂詞》第1卷，第17頁，《四庫全書》集部．詞曲類，第1487冊，第316頁。

0821. 武陵春・茶

〔宋〕謝逸〔註37〕

畫燭籠紗紅影亂，門外紫騮嘶。分破雲團月影虧，雪浪皺清漪。　捧碗纖纖春筍瘦，乳霧泛冰瓷。兩袖清風拂袖飛，歸去酒醒時。

——曾慥：《樂府雅詞》第3卷，第34～35頁，《四庫全書》集部．詞曲類，第1489冊，第257頁。

0822. 謁金門・簾外雨

〔宋〕謝逸

簾外雨，洗盡楚鄉殘暑。白露影邊霞一縷，紺碧江天暮。　沈水煙橫香霧，茗碗淺浮瓊乳。臥聽鷓鴣啼竹塢，竹風清院宇。

——曾慥：《樂府雅詞》第3卷，第32頁，《四庫全書》集部．詞曲類，第1489冊，第256頁。

0823. 浣溪沙・送因覺先

〔宋〕德洪〔註38〕

南澗茶香笑語新，西洲春漲小舟橫。困頓人歸爛熳晴。　天迴游絲長百尺，日高飛絮滿重城。一番花信近清明。

——德洪覺範：《石門文字禪》第8卷，《嘉興藏》第23冊，第614頁。

〔註37〕謝逸（1068～1113），字無逸，號溪堂，江西臨川人。因熱衷於詠寫蝴蝶，被稱為謝蝴蝶。

〔註38〕多種文獻均將《石門文字禪》作者錄為「釋惠洪」，蓋混淆了「德洪」「惠洪」二人。《石門文字禪》的實際作者為德洪，即德洪覺範。

0824. 臨江仙・和梁才甫茶詞

〔宋〕王安中〔註 39〕

六六雲從龍戲月，天顏帶笑嘗新，年年回首建溪春。香甘先玉食，珍寵在楓宸。　　賜品暫醒歌裏醉，延和行對臺臣，宮甌浮雪乳花勻。九重清晝永，宣坐議東巡。

——王安中：《初僚詞》第 1 卷，第 9～10 頁，《四庫全書》集部・詞曲類，第 1487 冊，第 379 頁。

0825. 好事近・茶

〔宋〕王庭珪

宴罷莫匆匆，聊駐玉鞍金勒。聞道建溪新焙，盡龍蟠蒼璧。　　黃金碾入碧花甌，甌翻素濤色。今夜酒醒歸去，覺風生兩腋。

——王庭珪：《盧溪詞》，見趙萬里《校輯宋金元人詞》上冊，國家圖書館出版社，2003 年，第 272 頁。

0826. 朝中措・先生筇杖是生涯

〔宋〕朱敦儒

先生筇杖是生涯，挑月更擔花。把住都無憎愛，放行〔註 40〕總是煙霞。　　飄然攜去，旗亭〔註 41〕問酒，蕭寺〔註 42〕尋茶。恰似黃鸝無定，不知飛到誰家？

——朱敦儒：《樵歌》，商務印書館，1930 年，第 28 頁。

0827. 好事近・茶

〔宋〕朱敦儒

綠泛一甌雲，留住欲飛胡蝶。相對夜深花下，洗蕭蕭風月。　　從容言笑醉還醒，爭忍便輕別。只願主人留客，更重斟金葉。

——朱敦儒：《樵歌》，商務印書館，1930 年，第 44 頁。

〔註 39〕王安中（1075～1134），字履道，號初僚，山西太原人，宋哲宗元符三年進士。
〔註 40〕放行：出行。
〔註 41〕旗亭：代指酒樓。
〔註 42〕佛寺。

0828. 訴衷情・月中玉兔日中鴉

〔宋〕朱敦儒

月中玉兔日中鴉，隨我度年華。不管寒暄風雨，飽飯熱煎茶。　居士竹，故侯瓜，老生涯。自然天地，本分雲山，到處為家。

——朱敦儒：《樵歌》，商務印書館，1930 年，第 65 頁。

0829. 攤破浣溪沙・茶詞

〔宋〕周紫芝

蒼璧新敲小鳳團，赤泥開印煮清泉。醉捧纖纖雙玉筍，鷓鴣斑。　雪浪濺翻金縷袖，松風吹醒玉酡顏。更待微甘回齒頰，且留連。

——周紫芝：《竹坡詞》第 1 卷，第 6 頁，《四庫全書》集部・詞曲類，第 1487 冊，第 565 頁。

0830. 攤破浣溪沙・湯詞

〔宋〕周紫芝

門外青驄月下嘶，映階籠燭畫簾垂。一曲陽關聲欲盡，不多時。　鳳餅未殘雲腳乳，水沉催注玉花瓷。忍看捧甌春筍露，翠鬟低。

——周紫芝：《竹坡詞》第 1 卷，第 6 頁，《四庫全書》集部・詞曲類，第 1487 冊，第 565 頁。

0831. 攤破浣溪沙・病起蕭蕭兩鬢華

〔宋〕李清照

病起蕭蕭兩鬢華，臥看殘月上窗紗。豆蔻連梢煎熟水，莫分茶。　枕上詩書〔註 43〕閒處好，門前風景雨來佳。終日向人多醞藉〔註 44〕，木樨花。

——沈宸垣、王奕清等編：《御選歷代詩餘》第 18 卷，第 18 頁，《四庫全書》集部・詞曲類，第 1491 冊，第 383 頁。

〔註 43〕書：《歷代詩餘》錄為「篇」。
〔註 44〕醞藉：寬容。

0832. 鷓鴣天・寒日蕭蕭上鎖窗

〔宋〕李清照

寒日蕭蕭上鎖窗，梧桐應恨夜來霜。酒闌〔註45〕更喜團茶〔註46〕苦，夢斷偏宜瑞腦香〔註47〕。　秋已盡，日猶長，仲宣懷遠更淒涼。不如隨分〔註48〕樽前醉，莫負東籬菊蕊黃。

——曾慥：《樂府雅詞》第3卷，第32頁，《四庫全書》集部・詞曲類，第1489冊，第276頁。

0833. 西江月・試茶

〔宋〕王之道〔註49〕

磨急鋸霏瓊屑，湯鳴車轉羊腸。一杯聊解水仙漿，七日狂酲頓爽。　指點紅裙勸坐，招呼岩桂分香。看花不覺酒浮觴，醉倒寧辭鼠量。

——王之道：《相山集》第16卷，第15～16頁，《四庫全書》集部・別集類，第1132冊，第646頁。

0834. 滿江紅・泛宅浮家

〔宋〕胡仔〔註50〕

泛宅浮家，何處好、苕溪清境。占雲山萬迭，煙波千頃。茶灶筆床渾不用，雪蓑月笛偏相稱。爭不教、二紀賦歸來，甘幽屏。　紅塵事，誰能省。青霞志，方高引。任家風舴艋，生涯等箸。三尺鱸魚真好膾，一瓢春酒宜閒飲。問此時、懷抱向誰論，惟箕潁。

——胡仔：《漁隱叢話・前集》第55卷，第2頁，《四庫全書》集部・詩文評類，第1480冊，第348頁。

〔註45〕酒闌：酒盡，酒酣。闌：殘，盡，晚。
〔註46〕團茶：團片狀之茶餅。
〔註47〕瑞腦：即龍涎香，一名龍腦香。
〔註48〕隨分：隨意。
〔註49〕王之道（1093～1169），字彥猷，廬州人，宣和六年進士。有《相山集》傳世。
〔註50〕胡仔（1110～1170），字符任，安徽人，善文。

0835. 南歌子・熟水

〔宋〕史浩〔註 51〕

藻潤蟾光動，松風蟹眼鳴。濃薰沈麝入金瓶。瀉出溫溫一盞、滌煩膺。　爽繼雲龍餅，香無芝術名。主人襟韻有餘清。不向今宵忘了、淡交情。

——史浩：《鄮峰真隱漫錄》第 48 卷，第 21 頁，《四庫全書》集部・別集類，第 1141 冊，第 906 頁。

0836. 畫堂春・茶詞

〔宋〕史浩

小槽春釀香紅，良辰飛蓋相從。主人著意在金鐘，茗碗作先容。　欲到醉鄉深處，應須仗、兩腋香風。獻酬高興渺無窮，歸騎莫匆匆。

——史浩：《鄮峰真隱漫錄》第 48 卷，第 21 頁，《四庫全書》集部・別集類，第 1141 冊，第 906 頁。

0837. 水調歌頭・草草三間屋

〔宋〕傅大詢〔註 52〕

草草三間屋，愛竹旋添栽。碧紗窗戶，眼前都是翠雲堆。一月山翁高臥，踏雪水村清冷，木落遠山開。唯有平安竹，留得伴寒梅。　喚家童，開門看，有誰來。客來一笑，清話煮茗更傳杯。有酒只愁無客，有客又愁無酒，酒熟且徘徊。明日人間事，天自有安排。

——陳耀文：《花草稡編》第 18 卷，第 8 頁，《四庫全書》集部・詞曲類，第 1490 冊，第 513 頁。

0838. 玉樓春・茶

〔宋〕楊无咎〔註 53〕

酒闌未放賓朋散，自揀冰芽教旋碾。調膏初喜玉成泥，濺沫共驚銀

〔註 51〕史浩（1106～1194），字直翁，寧波人，官至參知政事。

〔註 52〕傅大詢，字公謀，號鈴崗江西人。

〔註 53〕楊无咎（1097～1171），字補之，自號逃禪老人，紫陽居士，江西人，擅墨梅詩文，今存《逃禪詞》一卷。

作線。　　已知於我情非淺，不必叮嚀書椀面。滿嘗乞得夜無眠，要聽枕邊言語軟。

——楊无咎：《逃禪詞》第 1 卷，第 29～30 頁，《四庫全書》集部·詞曲類，第 1487 冊，第 652～653 頁。

0839. 清平樂·熟水

〔宋〕楊无咎

開心暖胃，最愛門冬水。欲識味中猶有味，記取東坡詩意。　　笑看玉筍雙傳，還思此老親煎。歸去北窗高臥，清風不用論錢。

——楊无咎：《逃禪詞》第 1 卷，第 30 頁，《四庫全書》集部·詞曲類，第 1487 冊，第 653 頁。

0840. 清平樂·花陰轉午

〔宋〕楊无咎

花陰轉午，小院清無暑。雪碗冰甌凝灝露，自滌紫毫雞距。　　麝煤落紙生春，秪應李衛夫人。我亦前身逸少，莫嗔太逼君真。

——楊无咎：《逃禪詞》第 1 卷，第 30 頁，《四庫全書》集部·詞曲類，第 1487 冊，第 653 頁。

0841. 朝中措·熟水

〔宋〕楊无咎

打窗急聽□然湯。沉水剩薰香。冷煖旋投冰碗，葷膻一洗詩腸。　　酒醒酥魂，茶添勝致，齒頰生涼。莫道淡交如此，於中有味尤長。

——楊无咎：《逃禪詞》第 1 卷，第 20 頁，《四庫全書》集部·詞曲類，第 1487 冊，第 648 頁。

0842. 醉蓬萊·茶

〔宋〕楊无咎

見禾山凝秀，禾水澄清，地靈境勝。天與珍奇，產凌霄峰頂。嫩葉森槍，輕塵飛雪，冠中州雙井。絕品家藏，武陵有客，清奇相稱。　　坐列群賢，手呈三昧，雲逐甌圓，乳隨湯迸。珍重慇勤，念文園多病。毛孔生香，舌根回味，助苦吟幽興。兩腋風生，從教飛到，蓬萊仙境。

——楊无咎：《逃禪詞》第 1 卷，第 19～20 頁，《四庫全書》集部・詞曲類，第 1487 冊，第 647 頁。

0843. 阮郎歸・茶寮山上一頭陀

〔宋〕徐淵子

茶寮山上一頭陀，新來學者麼。蝤蛑螃蟹與烏螺，知他放幾多。　有一物，是蜂窩，姓牙名老婆。雖然無奈得它何，如何放得它。

——明・陳耀文：《花草稡編》第 7 卷，第 28 頁，《四庫全書》集部・詞曲類，第 1490 冊，第 280 頁。

0844. 醉落魄・辛未九月望和答慶符〔註 54〕

〔宋〕胡銓

百年強半，高秋猶在天南畔，幽懷已被黃花亂。更恨銀蟾，故向愁人滿。　招呼詩酒顛狂伴，羽觴到手判無算，浩歌箕踞巾聊岸。酒欲醒時，興在盧仝碗。

——胡銓：《澹庵文集》第 6 卷，第 10～11 頁，《四庫全書》集部・別集類，第 1137 冊，第 56 頁。

0845. 朝中措・身閒身健是生涯

〔宋〕范成大

身閒身健是生涯，何況好年華。看了十分秋月，重陽更插黃花。　消磨景物，瓦盆社釀，石鼎山茶。飽吃紅蓮香飯，儂家便是仙家。

——沈宸垣、王奕清等編：《御選歷代詩餘》第 17 卷，第 18～19 頁，《四庫全書》集部・詞曲類，第 1491 冊，第 364 頁。

0846. 武陵春・長鋏歸乎逾十暑

〔宋〕楊萬里

老夫茗飲小過，遂得氣疾。終夕越吟，而長孺子有書至，荅以武陵春，因呈子西。

〔註 54〕辛未：即宋高宗紹興二十一年（1151 年）。慶符：名士張伯麟之字。

長鋏歸乎逾十暑，不著鵕鸃冠。道是今年勝去年，特地減清歡。　舊賜龍團新作祟，頻啜得中寒。瘦骨如柴痛又酸，兒信問平安。

——楊萬里：《誠齋集》第 97 卷，第 20 頁，《四庫全書》集部・別集類，第 1161 冊，第 293 頁。

0847. 浣溪沙・貢茶、沉水為楊齊伯壽〔註 55〕

〔宋〕張孝祥

北苑春風小鳳團，炎州沉水勝龍涎，殷勤送與繡衣仙。玉食向來思苦口，芳名久合上凌煙，天教富貴出長年。

——張孝祥：《于湖集》第 33 卷，第 11 頁，《四庫全書》集部・別集類，第 1140 冊，第 719 頁。

0848. 柳梢青・茶

〔宋〕李處全〔註 56〕

九天圓月，香塵碎玉，素濤翻雪。石乳香甘，松風湯嫩，一時三絕。　清宵好盡歡娛，奈明日、扶頭怎說。整頓禿山，殷勤春露，餘甘齒頰。

——李處全：《晦庵詞》第 1 卷，國家圖書館明藏本，1368～1644 年，第 5 頁。

0849. 驀山溪・巢安寮畢工

〔宋〕王炎〔註 57〕

鶯啼花謝，斷送春歸去。雨後聽鵑聲，恰似訴、留春不住。韶光易邁，暗被老相催，無個事，沒些愁，方是安身處。　栽松種菊，相見為賓主。終日掩柴扉，但只有、清風時度。不忺把酒，又不喜觀書，饑時飯，飽時茶，困即齁齁睡。

——王炎：《雙溪類稿》第 10 卷，第 15 頁，《四庫全書》集部・別集類，第 1155 冊，第 536 頁。

〔註 55〕錄張孝祥《于湖集》第 33 卷。

〔註 56〕李處全（1134～1189），字粹伯，江蘇人，紹興三十年進士，工詞，有《晦庵詞》一卷。

〔註 57〕王炎（1137～1218）字晦叔、晦仲，號雙溪，江西婺源人，著作有《讀易筆記》《尚書小傳》《禮記解》《象數稽疑》等。

0850. 六么令・用陸氏事，送玉山令陸德隆侍親東歸吳中

〔宋〕辛棄疾

酒群花隊，攀得短轅折。誰憐故山歸夢，千里蓴羹滑。便整松江一棹，點檢能言鴨。故人歡接。醉懷雙橘，墮地金圓醒時覺。　長喜劉郎馬上，肯聽詩書說。誰對叔子風流，直把曹劉壓。更看君侯事業，不負平生學。離觴愁怯。送君歸後，細寫茶經煮香雪。

——辛棄疾：《稼軒詞》第 2 卷，第 33 頁，《四庫全書》集部・詞曲類，第 1488 冊，第 150 頁。

0851. 水龍吟・聽兮清佩瓊瑤些

〔宋〕辛棄疾

用「些語」〔註 58〕再題瓢泉〔註 59〕，歌以飲客，聲韻甚諧，客皆為之釂。

聽兮清佩瓊瑤些。明兮鏡秋毫些。君無去此，流昏漲膩〔註 60〕，生蓬蒿些。虎豹甘人，渴而飲汝，寧猿猱些。大而流江海，覆舟如芥，〔註 61〕君無助、狂濤些。　路險兮山高些。塊予獨處無聊些。冬槽春盎，歸來為我，制松醪些。其外芳芬，團龍片鳳，煮雲膏些。古人兮既往，嗟予之樂，樂簞瓢〔註 62〕些。

——辛棄疾：《稼軒詞》第 2 卷，第 17～18 頁，《四庫全書》集部～詞曲類，第 1488 冊，第 142～143 頁。

0852. 定風波・暮春漫興

〔宋〕辛棄疾

少日〔註 63〕春懷似酒濃，插花走馬醉千鍾。老去逢春如病酒，唯有，

〔註 58〕些，古音讀〔suò〕。些語：《楚辭》常用的一種特殊語氣句式。

〔註 59〕瓢泉：據《鉛山縣志》載：「瓢泉在縣東二十五里，辛棄疾得而名之。其一規圓如臼，其一規直如瓢。周圍皆石徑，廣四尺許，水從半山噴下，流入臼中，而後入瓢。其水澄亭可鑒。」

〔註 60〕流昏漲膩：同流合污。

〔註 61〕覆舟如芥：在大江大海面前，舟船不過如草芥。

〔註 62〕樂簞瓢：取《論語・雍也》評顏回語：「賢哉，回也！一簞食，一瓢飲，在陋巷，人不堪其憂，回也不改其樂，賢哉回也。」

〔註 63〕少日：少時。

茶甌香篆小簾櫳。　　卷盡殘花風未定，休恨，花開元自要春風。試問春歸誰得見？飛燕，來時相遇夕陽中。

——辛棄疾：《稼軒詞》第 3 卷，第 17～18 頁，《四庫全書》集部～詞曲類，第 1488 冊，第 162 頁。

0853. 鷓鴣天・自古高人最可嗟

〔宋〕辛棄疾

自古高人最可嗟，只因疏懶取名多。居山一似庚桑楚，種樹真成郭橐駝。　　雲子飯，水晶瓜，林間攜客更烹茶。君歸休矣吾忙甚，要看蜂兒趁晚衙。

——辛棄疾：《稼軒詞》第 3 卷，第 39 頁，《四庫全書》集部・詞曲類，第 1488 冊，第 174 頁。

0854. 好事近・春日郊遊

〔宋〕辛棄疾

春動酒旗風，野店芳醪留客。繫馬水邊幽寺，有梨花如雪。　　山僧欲看醉魂醒，茗碗泛香白。微記碧苔歸路，嫋一鞭春色。

——鄧廣銘：《稼軒詞編年箋注》，上海古籍出版社，1993 年，第 550～551 頁。

0855. 減字木蘭花・宿僧房作

〔宋〕辛棄疾

僧窗夜雨，茶鼎薰爐宜小住。卻恨春風，勾引詩來惱殺翁。　　狂歌未可，且把一尊料理我。我到亡何，卻聽儂家陌上歌。

——辛棄疾：《稼軒詞》第 4 卷，第 33 頁，《四庫全書》集部・詞曲類，第 1488 冊，第 195 頁。

0856. 訴衷情・閑中一盞建溪茶

〔宋〕張掄

閑中一盞建溪茶，香嫩雨前芽。磚爐最宜石銚，裝點野人家。　　三味手，不須誇，滿甌花。睡魔何處，兩腋清風，興滿煙霞。

——張掄：《蓮社詞》，第 16 頁，《叢書集成續編》，新文豐出版公司，1997 年，第 207 冊，第 261 頁。

0857. 西江月・茶詞

〔宋〕程珌

歲貢來從玉壘，天恩拜賜金奩。春風一朵紫雲鮮。明月輕浮盞面。　想見清都絳闕，雍容多少神仙。歸來滿袖玉爐煙，願侍年年天宴。

——程珌：《洺水集》第 16 卷，第 7 頁，《四庫全書》集部・別集類，第 1171 冊，第 446 頁。

0858. 鷓鴣天・湯詞

〔宋〕程珌

飲罷天廚碧玉觴，仙韶九奏少停章。何人採得扶桑椹，搗就藍橋碧紺霜。　凡骨變，驟清涼。何須仙露與瓊漿。君恩珍重渾如許，祝取天皇似玉皇。

——程珌：《洺水集》第 16 卷，第 7 頁，《四庫全書》集部・別集類，第 1171 冊，第 446 頁。

0859. 滿庭芳・有碾龍團為供求詩者，作長短句報之

〔宋〕李之儀

花陌千條，珠簾十里，夢中還是揚州。月斜河漢，曾記醉歌樓。誰賦紅綾小研，因飛絮、天與風流。春常在，仙源路隔，空自泛漁舟。　新秋，初雨過，龍團細碾，雪乳浮甌。問殷勤何處，特地相留。應念長門賦罷，消渴甚、無物堪酬。情無盡，金扉玉榜，何日許重遊。

——李之儀：《姑溪居士前集》第 45 卷，第 3 頁，《四庫全書》集部・別集類，第 1120 冊，第 603 頁。

0860. 好事近・詠茶筅〔註64〕

〔宋〕劉過〔註65〕

誰斫碧琅玕，影撼半亭風月。尚有歲寒心在，留數根華髮。　龍孫戲弄碧波濤，隨手清風發。滾到浪花深處，愛一窩香雪。

——劉過：《龍洲詞》第1卷，第18頁，《四庫全書》集部・詞曲類，第1488冊，第443頁。

0861. 沁園春・和伍子嚴避暑〔註66〕

〔宋〕趙師俠

羊角飄塵，金烏爍石，雨涼念秋。有虛堂臨水，披襟散髮，紗幬霧卷，湘簟波浮。遠列雲峰，近參荷氣，臥看文書琴枕頭。蟬聲寂，向莊周夢裏，栩栩無謀。　茶甌醒困堪求，粗飽飯安居可以休。算悠閒靜勝，吾能自樂，榮華紛擾，人謾多愁。習懶非癡，覺迷是病，一力那能勝九牛。俱休問，且追尋觴詠，知友從遊。

——趙師俠（使）：《坦庵詞》第1卷，第6～7頁，《四庫全書》集部・詞曲類，第1487冊，第503～504頁。

0862. 賀新郎・挽住風前柳

〔宋〕盧祖皋

彭傳師〔註67〕於吳江三高堂〔註68〕之前釣雪亭，蓋擅漁人之窟宅以供詩境也，趙子野〔註69〕約余賦之。

挽住風前柳，問鴟夷〔註70〕當日扁舟，近曾來否？月落潮生無限事，零

〔註64〕《劉過詞選集》卷二。

〔註65〕劉過（1154～1206），字改之，號龍洲道人，江西人。與劉克莊、劉辰翁共稱「辛派三劉」，有《龍洲集》《龍洲詞》流傳。

〔註66〕此為二首之二。

〔註67〕彭傳師：詞人好友，具體生平不詳。

〔註68〕三高堂：在江蘇吳江。宋初為紀念春秋越國范蠡、西晉張翰和唐陸龜蒙三位高士而建。

〔註69〕趙子野：名汝淳，字子野，崑山人。宋太宗八世孫，開禧元年進士，詞人好友。

〔註70〕鴟〔chī〕夷：皮製口袋。

落茶煙未久。〔註71〕謾留得蓴鱸依舊〔註72〕。可是功名從來誤，撫荒祠、誰繼風流後？今古恨，一搔首。　江涵雁影梅花瘦，四無塵、雪飛雲起，夜窗如畫。萬里乾坤清絕處，付與漁翁釣叟。又恰是、題詩時候。猛拍闌干呼鷗鷺，道他年、我亦垂綸手〔註73〕。飛過我，共樽酒。

——盧祖皋：《蒲江詞》第1卷，第1頁，《四庫全書》集部·詞曲類，第1488冊，第253頁。

0863. 滿江紅·夜雨涼甚忽動從戎之興

〔宋〕劉克莊

金甲雕戈，記當日、轅門初立。磨盾鼻、一揮千紙，龍蛇猶濕。〔註74〕鐵馬曉嘶營壁冷，樓船夜渡風濤急。有誰憐、猿臂故將軍，無功級。　平戎策，從軍什。零落盡，慵收拾。把茶經香傳〔註75〕，時時溫習。生怕客談榆塞〔註76〕事，且教兒誦花間集。歎臣之壯也不如人，今何及。

——劉克莊：《後村集》第20卷，第1頁，《四庫全書》集部·別集類，第1180冊，第202頁。

0864. 六州歌頭·牡丹

〔宋〕劉克莊

維摩病起，兀坐等枯株。清晨裏，誰來問，是文殊。遣名姝，奪盡群花色，浴才出，酲初解，千萬態，嬌無力，困相扶。絕代佳人，不入金張室，卻訪吾廬。對茶鐺禪榻，笑殺此翁臒。瑤砌金壺，始消渠。　憶承平日，繁華事，修成譜，寫成圖。奇絕甚，歐公記，蔡公書，古來無。一自京華隔，問姚魏、竟何如。多應是，彩雲散，劫灰餘。野鹿銜將花去，休回首、河洛丘墟。漫傷春弔古，夢繞漢唐都。歌罷欷歔。

——沈宸垣、王奕清等編：《御選歷代詩餘》第99卷，第18～19頁，《四庫全書》集部·詞曲類，第1493冊，第199頁。

〔註71〕零落茶煙未久：寫「茶煙」憶陸龜蒙。
〔註72〕謾留得蓴鱸依舊：記「蓴鱸」懷張翰。
〔註73〕垂綸手：垂釣者。
〔註74〕此句說，在軍門盾牌上寫書急就，龍蛇筆法，墨蹟猶未乾。
〔註75〕香傳：記寫香類、香道等的書作。
〔註76〕榆塞：邊塞。

0865. 驀山溪・自述

〔宋〕宋自遜

壺山居士，未老心先懶。愛學道人家，辦竹幾、蒲團茗碗。青山可買，小結屋三間，開一徑，俯清溪，修竹栽教滿。　　客來便請，隨分家常飯。若肯小留連，更薄酒，三杯兩盞，吟詩度曲，風月任招呼。身外事，不關心，自有天公管。

——宋自遜：《漁樵笛譜》，見趙萬里《校輯宋金元人詞》下冊，國家圖書館出版社，2003 年，第 1 頁。

0866. 水調歌頭・詠茶

〔宋〕白玉蟾

二月一番雨，昨夜一聲雷。槍旗爭展，建溪春色佔先魁。採取枝頭雀舌，帶露和煙搗碎，煉作紫金堆。碾破香無限，飛起綠塵埃。　　汲新泉，烹活火，試將來。放下兔毫甌子，滋味舌頭回。喚醒青州從事，戰退睡魔百萬，夢不到陽臺。兩腋清風起，我欲上蓬萊。

——白玉蟾：《修真十書上清集》第 5 卷，總《修真十書》第 41 卷，第 1 頁，《正統道藏》道部・洞真部方法類霜柰下，中華民國 14 年（1923）上海涵芬樓印影版，第 128 冊・柰十二，第一。

0867. 望江南・乙未生日

〔宋〕方岳〔註 77〕

時赴官淮東，以是日次南徐泊舟普照寺，下侍親具湯餅寺中門有扁曰壽丘山，親意欣然，蓋以丘山為岳字云。

梅欲老，撐月過南徐。家口縱多難減鶴，路程不遠易攜書，只是廢春鋤。　　霜滿袖，茶灶借僧廬。湖海甚豪今倦矣，丘山雖壽竟如何，一笑薦冰蔬。

——方岳：《秋崖集》第 16 卷，第 8 頁，《四庫全書》集部・別集類，第 1182 冊，第 305 頁。

〔註 77〕方岳（1199～1262），字巨山，號秋崖，安徽人，紹定五年進士。

0868. 滿江紅・築室依崖

〔宋〕潘牥

築室依崖，春風送、一簾山色。沙鳥外，漁樵而已，別無閒客。醉後和友眠犢背，醒來瀹茗尋泉脈。把心情、分付隴頭雲，溪邊石。　　身未老，頭先白。人不見，山空碧。約釣竿共把，自慚鉤直。相蜀吞吳成底事，何如只抱隆中膝。漫長歌、歌罷悄無言，看青壁。

——潘牥：《紫岩詞》，見趙萬里《校輯宋金元人詞》上冊，國家圖書館出版社，2003 年，第 494 頁。

0869. 滿江紅・和呂居仁侍郎東萊先生韻

〔宋〕吳潛

擬卜三椽，問何處、水回山曲。朝暮景、清風當戶，白雲藏屋。更得四時瓶貯酒，未輸一品腰圍玉。待千章、子種木成陰，周遮綠。　　且休殢，陶令菊。也休羨，子猷竹。算百年一夢，誰榮誰辱。喚客烹茶閒話了，呼童取枕佳眠足。但晨香、一炷願天公，時豐熟。

——吳潛：《履齋遺稿》第 2 卷，第 3 頁，《四庫全書》集部・別集類，第 1178 冊，第 399 頁。

0870. 疏影・千門委玉

〔宋〕吳潛

千門委玉。是個人富貴，才隔今宿。冒棟摧簷，都未商量，呼童且伴庭竹。千蹊萬徑行蹤滅，渺不認、溪南溪北。問白鷗，此際誰來，短艇釣魚翁獨。　　偏愛山茶雪裏，放紅豔數朵，衣素裳綠。獸炭金爐，羔酒金鐘，正好笙歌華屋。敲冰煮茗風流襯，念不到、有人洄曲。但老農、歡笑相呼，麥被喜添全幅。

——宋・梅應發、劉錫撰：《寶慶四明續志》第 11 卷，第 10 頁，《四庫全書》史部・地理類三。第 487 冊，第 477 頁。

0871. 望江南・茶

〔宋〕吳文英〔註 78〕

松風遠，鶯燕靜幽坊。妝褪宮梅人倦繡，夢回春草日初長。瓷碗試新湯。　笙歌斷，情與絮悠揚。石乳飛時離鳳怨，玉纖分處露花香。人去月侵廊。

——吳文英：《夢窗稿》第 1 卷，第 28 頁，《四庫全書》集部・詞曲類，第 1488 冊，第 321 頁。

0872. 無悶・霓節飛瓊〔註 79〕

〔宋〕吳文英

霓節飛瓊，鸞駕弄玉，杳隔平雲弱水。倩皓鶴傳書，衛姨呼起。莫待粉河凝曉，趁夜月、瑤笙飛環佩。正〔註 80〕蹇驢吟影，茶煙灶冷，酒亭門閉。　歌麗泛碧蟻，放繡簾〔註 81〕半鉤，寶臺臨砌。要須借東君，灞陵春意〔註 82〕。曉夢先迷楚〔註 83〕蝶，早風戾、重寒侵羅被〔註 84〕。還怕掩、深院梨花，又作故人清淚。

——吳文英：《夢窗稿》第 4 卷，第 26～27 頁，《四庫全書》集部・詞曲類，第 1488 冊，第 367～368 頁。

0873. 掃花遊・贈芸隱

〔宋〕吳文英

草生夢碧，正燕子簾幃，影遲春午。倦茶薦乳。看風籤亂葉，老沙昏雨。古簡蟫篇，種得雲根療蠹。最清楚。帶明月自鋤，花外幽圃。　醒眼看醉舞，到應事無心，與閒同趣。小山有語。恨逋仙占卻，暗香吟賦。

〔註 78〕吳文英（約 1200～1260），字君特，號夢窗，晚號覺翁，寧波人，眾生不第，有《夢窗甲乙丙丁稿》傳世。

〔註 79〕無悶：一名「催雪」。

〔註 80〕有他本無此「正」字。

〔註 81〕「簾」有他本作「箔」。

〔註 82〕「意」有他本作「二」。

〔註 83〕「楚」有他本作「胡」。

〔註 84〕「被」有他本作「袂」。

暖通書床，帶草春搖翠露。未歸去。正長安、軟紅如霧。

——吳文英：《夢窗稿》第 1 卷，第 14～15 頁，《四庫全書》集部·詞曲類，第 1488 冊，第 314 頁。

0874. 戀繡衾·頻摩書眼

〔宋〕吳文英

頻摩書眼怯細文，小窗陰、天氣似昏。獸爐暖、慵添困，帶茶煙、微潤寶薰。　少年嬌馬西風冷，舊春衫、猶涴酒痕。夢不到、梨花路，斷長橋、無限暮雲。

——吳文英：《夢窗稿》第 1 卷，第 26 頁，《四庫全書》集部·詞曲類，第 1488 冊，第 367 頁。

0875. 鵲橋仙·次韻元春兄

〔宋〕陳著〔註 85〕

兄年八十，弟今年幾，亦是七旬有九。人生取數已為多，更休問、前程無有。　家貧是苦，算來又好，見得平生操守。杯茶盞水也風流，莫負了、桂時菊候。

——陳著：《本堂集》第 42 卷，第 8 頁，《四庫全書》集部·別集類，第 1185 冊，第 204 頁。

0876. 朝中措·茶詞

〔宋〕程垓〔註 86〕

華筵飲散撤芳尊，人影亂紛紛。且約玉驄〔註 87〕留住，細將團鳳平分。　一甌看取，招回酒興，爽徹詩魂。歌罷清風兩腋，歸來明月千門。

——程垓：《書舟詞》第 1 卷，第 26～27 頁，《四庫全書》集部·詞曲類，第 1487 冊，第 209～210 頁。

〔註 85〕陳著（1214～1297），字謙之、子微，號本堂、嵩溪遺耄，寧波人，理宗寶祐四年進士。

〔註 86〕程垓，字正伯，四川眉山人，有《書舟詞》留傳。

〔註 87〕玉驄〔cōng〕：寶馬品種。

0877. 朝中措・湯詞

〔宋〕程垓

龍團分罷覺芳滋，歌徹碧雲詞。翠袖且留纖玉，沉香載捧冰垍。　一聲清唱，半甌輕啜，愁緒如絲。記取臨汾餘味，圖教歸後相思。

——程垓：《書舟詞》第 1 卷，第 27 頁，《四庫全書》集部・詞曲類，第 1487 冊，第 210 頁。

0878. 朝中措・求田何處是生涯

〔宋〕陳三聘〔註 88〕

求田何處是生涯，雙鬢已先華。隨分夏涼冬暖，賞心秋月春花。　吾年如此，愁來問酒，困後呼茶。結社竹林詩老，卜鄰江上漁家。

——沈宸垣、王奕清等編：《御選歷代詩餘》第 17 卷，第 19 頁，《四庫全書》集部・詞曲類，第 1491 冊，第 364 頁。

0879. 臨江仙・何處甘泉來席上

〔宋〕易少夫人〔註 89〕

何處甘泉來席上，嫩黃初瀉銀瓶。月團嘗罷有餘清，惠山名品好，歌舞暫留停。　欲賞壑源新氣味，不應兼進狶苓。此中端有淡交情，相如方病酒，一飲骨毛輕。

——沈宸垣、王奕清等編：《御選歷代詩餘》第 38 卷，第 23 頁，《四庫全書》集部・詞曲類，第 1491 冊，第 780 頁。

0880. 踏莎行・瑤草收香

〔宋〕張炎〔註 90〕

瑤草收香，琪花採汞，冰輪碾處芳塵動。竹爐湯暖火初紅，玉纖調罷歌聲送。　麾去茶經，襲藏酒頌，一杯清味佳賓共。從來採藥得長生，

〔註 88〕陳三聘（？～1162），字夢弼，蘇州）人，有《和石湖詞》傳世。

〔註 89〕劉鼎臣妻。

〔註 90〕張炎（1248～1320），字叔夏，號玉田，晚年號樂笑翁，陝西鳳翔人，善詞章音律。

藍橋休被瓊漿弄。

——沈宸垣、王奕清等編：《御選歷代詩餘》第 38 卷，第 18～19 頁，《四庫全書》集部·詞曲類，第 1491 冊，第 738～739 頁。

0881. 踏莎行·題盧仝啜茶手卷

〔宋〕張炎

清氣厓深，斜陽木末，松風泉水聲相答。光浮碗面啜先春，何須美酒吳姬壓。　　頭上烏巾，鬢邊白髮，數間破屋從蕪沒，山中有此玉川人，相思一夜梅花發。

——沈宸垣、王奕清等編：《御選歷代詩餘》第 38 卷，第 19 頁，《四庫全書》集部·詞曲類，第 1491 冊，第 739 頁。

0882. 風入松·為山村賦

〔宋〕張炎

晴嵐暖翠護煙霞，喬木晉人家。幽居只恐歸圖畫，喚樵青、多種桑麻。門掩推敲古意，泉分冷淡生涯。　　無邊風月樂年華，留客可茶瓜。任他車馬雖嫌僻，笑喧喧、流水寒鴉。小隱正宜深靜，休栽湖上梅花。

——沈宸垣、王奕清等編：《御選歷代詩餘》第 48 卷，第 30～31 頁，《四庫全書》集部·詞曲類，第 1492 冊，第 190 頁。

0883. 風入松·酌惠山泉

〔宋〕張炎

一瓢飲水曲肱眠，此樂不知年。今朝忽上龍峰頂，卻元來、有此甘泉。洗卻平生塵土，慵遊萬里山川。　　照人如鏡止如淵，古竇暗涓涓。當時桑苧今何在？想松風、吹斷茶煙。著我白雲堆裏，安知不是神仙。

——沈宸垣、王奕清等編：《御選歷代詩餘》第 48 卷，第 31 頁，《四庫全書》集部·詞曲類，第 1492 冊，第 191 頁。

0884. 朝中措·竹

〔宋〕馬莊父

龍孫脫穎破苔紋，英氣欲凌雲。深處未須留客，春風自掩柴門。　　蒲團宴坐，輕敲茶臼，細撲爐薰，彈到琴心三疊，鷓鴣啼傍黃昏。

——沈宸垣、王奕清等編：《御選歷代詩餘》第 17 卷，第 21 頁，《四庫全書》集部．詞曲類，第 1491 冊，第 366 頁。

0885. 木蘭花慢．漢家糜粟詔

〔宋〕羅志仁〔註 91〕

漢家糜粟詔，將不醉，飽生靈。便收拾銀罌，當壚人去，春歇旗亭。淵明權停種秫，遍人間，暫學屈原醒。天子宜呼李白，婦人卻笑劉伶。　提壺盧更有誰聽，愛酒已無星。想難變春江，葡萄釀綠，空想芳馨。溫存鸕鶿鸚鵡，且茶甌談對晚山青。但皓秋風魚夢，賜酺依寫波冥。

——徐伯齡：《蟫精雋》第 7 卷，第 4 頁，《四庫全書》子部．雜家類，第 867 冊，第 112 頁。

0886. 風流子．夜久燭花暗

〔宋〕王千秋

夜久燭花暗，仙翁醉、豐頰縷紅霞。正三行鈿袖，一聲金縷，捲茵停舞，側火分茶。笑盈盈，濺湯溫翠碗，折印啟緗紗。玉筍緩搖，雲頭初起，竹龍停戰，雨腳微斜。　清風生兩腋，塵埃盡，留白雪、長黃芽。解使芝眉長秀，潘鬢休華。想竹宮異日，袞衣寒夜，小團分賜，新樣金花。還記玉麟春色，曾在仙家。

——宋．王千秋：《審齋詞》第 2 頁，《四庫全書》集部．詞曲類，第 1488 冊，第 49 頁。

0887. 生查子．花飛錦繡香

〔宋〕王千秋

花飛錦繡香，茗碾槍旗嫩。是處綠連雲，又摘斑斑杏。愁來苦酒腸，老去閒花陣。燕子不知人，尚說行雲信。

——宋．王千秋：《審齋詞》第 9 頁，《四庫全書》集部．詞曲類，第 1488 冊，第 53 頁。

〔註 91〕羅志仁，生卒年不詳，字壽可，號秋壺，江西人，南宋末遺民詞人。

0888. 喜遷鶯・雪

〔宋〕王千秋

玉龍垂尾。望闕角岧嶢，如侵雲裏。明璧榱題，白銀階陛，平日世間無是〔註 92〕。靜久聲鳴檻竹，夜半色侵窗紙。最奇處，盡巧妝枝上，低飛簷底。　當為，呼遊騎。嗾犬擎蒼，腰箭隨鄰里。藉草烹鮮，枯枝煎茗，點化玉花為水。未挹瑤颸風露，且借瓊林棲倚。眩銀海，待斜披鶴氅，騎鯨尋李。

——宋・王千秋：《審齋詞》第 16 頁，《四庫全書》集部・詞曲類，第 1488 冊，第 56 頁。

0889. 洞仙歌・雪

〔宋〕沈端節

夜來驚怪，冷逼流蘇帳。夢破初聞竹窗響。向曉開簾，凌亂重寒光。清興發，鶴氅誰同縱賞。　江南春意動，梅竹潛通，醉帽沖風自來往。慨念故人疏，便理扁舟，須信道、吾曹清曠。待石鼎煎茶洗餘醺，更依舊歸來，淺斟低唱。

——宋・沈端節：《克齋詞》第 8 頁，《四庫全書》集部・詞曲類，第 1488 冊，第 98 頁。

0890. 意難忘・括黃庭堅煎茶賦

〔宋〕林正大

洶洶松風，更浮雲皓皓，輕度春空。精神新發越，賓主少從容。犀箸厭，滌昏懵，茗碗策奇功。待試與，平章甲乙，為問涪翁。　建溪日鑄爭雄。笑羅山梅嶺，不數嚴邛。胡桃添味永，甘菊助香濃。投美劑，與和同。雪滿兔甌溶。便一枕，莊周蝶夢，安樂窩中。

——沈宸垣、王奕清等編：《御選歷代詩餘》第 54 卷，第 10 頁，《四庫全書》集部・詞曲類，第 1492 冊，第 291 頁。

〔註 92〕「是」在《欽定古今圖書集成・曆象彙編・乾象典》卷九十一・雪部藝文中錄為「事」，據上下詞義看當有一定道理。此處仍據王千秋《審齋詞》中原文錄。

0891. 滿江紅・夏

〔宋〕張半湖

新綠池塘，一兩點、荷花微雨。人正靜，桐陰竹影，半侵庭戶。欹枕未圓蝴蝶夢，隔窗時聽幽禽語。卷紗幃、隨意理琴絲，黃金縷。　鮫綃扇，輕輕舉。龍涎餅，微微炷。向水晶宮裏，坐消袢暑。剝啄微敲棋子響，鶯兒林裏驚飛去。最好是，活水瀹新茶，醒春醑。

——沈宸垣、王奕清等編：《御選歷代詩餘》第 56 卷，第 24～25 頁，《四庫全書》集部・詞曲類，第 1492 冊，第 335 頁。

0892. 掃花遊・柳絲曳綠

〔宋〕張半湖

柳絲曳綠，正豆雨初晴，水天清夏，石榴綻也。看猩紅萬點，倚亭欹榭。瑣闥深中，料想酒闌歌罷。日將下，是那處藕花，香勝沉麝。　窗外風竹打〔註 93〕，似戛玉敲金，送聲瀟灑。共觀古畫，喚石鼎烹茶，細商幽話。寶鴨煙消，天外新蟾低掛，涼無價。又丁東，數聲簷馬。

——清・朱彝尊：《詞綜》第 30 卷，第 16 頁，《四庫全書》集部・詞曲類，第 1493 冊，第 777 頁。

0893. 滿江紅・江西持憲節登高作

〔宋〕李昴英

薄冷催霜，碧空豁、飛鴻斜度。重九日、御風絕頂，下看塵宇。滕閣芳筵籛筆妙，龍山勝餞旌旗駐。料山靈、也要可人遊，成佳趣。　吹帽墮，羞千古。題糕〔註 94〕字，非吾侶。卻坐間，著得煮茶桑苧。萬里寒雲迷北斗，望遠峰夕照頻西顧。且滿浮，太白送黃花，劍休舞。

——宋・李昴英：《文溪集》第 19 卷，第 4～5 頁，《四庫全書》集部・別集類，第 1181 冊，第 224 頁。

〔註 93〕此句在沈宸垣、王奕清等編：《御選歷代詩餘》第 57 卷中錄為「窗外竹聲打」。

〔註 94〕《文溪集》中所錄，此處缺一字。而沈宸垣、王奕清等編《御選歷代詩餘》卷五十七第十六頁中所錄則是「糕」字，據此補足。

0894. 聲聲慢・禁釀

〔宋〕尹濟翁

雕鞍芳徑，翠管長亭，春酲不負年華。幾丈閒愁，寄風吹落天涯。深深小簾朱戶，是何人、重整香車。愁未醒，記竹西歌吹，柳下人家。　眉鎖何曾舒展，看行人都是，醉眼橫斜。寄語高陽，從今休喚流霞。殘春又能幾許，但相從、評水觀茶。清夢遠，怕東風、猶在杏花。

——沈宸垣、王奕清等編：《御選歷代詩餘》第 63 卷，第 13 頁，《四庫全書》集部・詞曲類，第 1492 冊，第 460 頁。

0895. 聲聲慢・夏景〔註 95〕

〔宋〕劉涇

梅黃金重，雨細絲輕，園林霧煙如織。殿閣風微，簾外燕喧鶯寂。池塘彩鴛戲水，露荷翻，千點珠滴。閒晝永，稱瀟湘竿叟，爛柯仙客。　日午槐陰低轉，茶甌罷、清風頓生雙腋。碾玉盤深，朱李靜沉寒碧。朋儕閒歌白雪，卸巾紗、樽俎狼籍。有皓月、照黃昏，眠又未得。

——明・陳耀文：《花草粹編》第 18 卷，第 36～37 頁，《四庫全書》集部・詞曲類，第 1490 冊，第 527～528 頁。

0896. 西河・己亥秋作

〔宋〕黃昇

天似洗，殘秋未有寒意。何人短笛弄西風，數聲壯偉。倚欄感概展雙眸，離離煙樹如薺。　少年事，成夢裹，客愁付與流水。筆床茶具老空山，未妨肆志。世間富貴要時賢，深居宜有餘味。　大江東去日西墜，想悠悠千古興廢。此地閱人多矣。且揮弦寄興，氛埃之外，目送蜚鴻歸天際。

——宋・黃昇：《散花菴詞》第 7 頁，《四庫全書》集部・詞曲類，第 1488 冊，第 608 頁。

〔註 95〕此詞在《夢窗乙稿》卷二第二十頁中有錄，據此則為吳文英作。但《增修箋註妙選羣英草堂詩餘前後集》《御選歷代詩餘》《花草粹編》《草堂詞餘》中均署名為「劉涇」所作，故此處姑且定為「劉涇」。

0897. 酹江月・戲題玉林

〔宋〕黃昇

玉林何有，有一灣蓮沼，數間茆宇。斷塹疏籬聊補葺，那得粉牆朱戶。禾黍秋風，雞豚曉日，活脫田家趣。客來茶罷，自挑野菜同煮。　　多少甲第連雲，十眉環座，人醉黃金塢。回首邯鄲春夢破，零落珠歌翠舞。得似衰翁，蕭然陋巷，常作溪山主。紫芝可採，更尋岩谷深處。

——宋・黃昇：《散花庵詞》第 8 頁，《四庫全書》集部・詞曲類，第 1488 冊，第 608 頁。

0898. 謁金門・初春

〔宋〕黃昇

花事淺，方費化工勻染。牆角紅梅開未遍，小桃才數點。　　人在莫寒庭院，閒續茶經香傳。酒思如冰詩思懶，雨聲簾不卷。

——宋・黃昇：《散花庵詞》第 11 頁，《四庫全書》集部・詞曲類，第 1488 冊，第 610 頁。

0899. 桂枝香・和詹天遊就訪

〔宋〕王學文

曉天涼露，天上玉簫吹，飛聲如羽。金闕高寒，閒卻一庭梅雨。漫漫八表塵埃夢，把文章，洗空千古。精神一似，風裳水佩，蘭皋蘅浦。　　看萬里，跳龍躍虎。甚花嬌英，氣劍清塵嫵。憔悴江南，應念山窗貧女。朱樓十二春無際，倚蒼寒，青岫如故。茶香酒熟，月明風細，試教歌舞。

——沈宸垣、王奕清等編：《御選歷代詩餘》第 73 卷，第 8 頁，《四庫全書》集部・詞曲類，第 1492 冊，第 625 頁。

0900. 水龍吟・晝長簾幕

〔宋〕張矩

晝長簾幕低垂，時時風度楊花過。梁間燕子，芹隨香觜，頻沾泥涴。苦被流鶯，蹴翻花影，一闌紅露。看殘梅飛盡，枝頭微認，青青子，些兒大。　　誰道洞門無鎖，翠苔蘚，何曾踏破。好天良夜，清風明月，正須著我。閒展蠻箋，寄情詞調，唱成誰和。問曉山亭下，山茶經雨，早來開麼。

——沈宸垣、王奕清等編：《御選歷代詩餘》第 75 卷，第 1～2 頁，《四庫全書》集部・詞曲類，第 1492 冊，第 652 頁。

0901. 傾杯樂・橫塘水靜

〔宋〕張先

橫塘水靜，花窺影，孤城轉。浮玉無塵，五亭爭景，畫橋對起，垂虹不斷。愛溪上瓊樓，憑雕闌，坐久飛雲遠。人在虛空，月生溟海，寒魚夜泛，游鱗可辨。　　正是草長蘋老，江南地暖。汀洲日晚。更茶山，已過清明，風雨暴千岩，啼鳥怨。芳菲故苑。深紅盡，綠葉陰濃。青子枝頭滿。使君莫放尋春緩。

——沈宸垣、王奕清等編：《御選歷代詩餘》第 85 卷，第 1～2 頁，《四庫全書》集部・詞曲類，第 1493 冊，第 4 頁。

0902. 蘭陵王・和吳宣卿

〔宋〕葛郯

亂煙簇。簾外青山漸肅。蓮房靜。荷蓋半殘，欲放清漣媚溪綠。憑高送遠目。飛起滄洲雁鶩。寒窗靜，茶碗未深，一枕胡床晝眠足。　　閒行問松菊。怪今雨誰家，空對銀燭。簫聲忽下瑤臺曲。看鶴舞風動，烏啼雲起，何須舟內怨女哭。抱琴寫幽獨。　　情觸。會相續。況節近中元，月浪翻屋。長鯨愁曉寒蟾促。要百柁傾珠，萬花流玉。山肴倒盡，又空腹，鱠野蔌。

——沈宸垣、王奕清等編：《御選歷代詩餘》第 97 卷，第 14～15 頁，《四庫全書》集部・詞曲類，第 1493 冊，第 171～172 頁。

0903. 醉太平・壽須溪

〔宋〕顏奎

茶邊水經，琴邊鶴經。小窗明甲子初晴，報梅花早春。　　小院晉人，小車洛神。醉扶兒子門生，指黃河解清。

——元・周南瑞：《天下同文集》第 49 卷，第 3～4 頁，《四庫全書》集部・總集類，第 1366 冊，第 707 頁。

0904. 沁園春·東仙

〔宋〕張輯

予頃遊廬山，愛之。歸，結屋馬蹄山中，以廬山書堂為扁，包日庵作記，見稱廬山道人，蓋援涪翁山谷例。黃叔豹謂予居鄱，不應捨近取遠，為更東澤。黃魯庵詩帖往來，於東澤下加以詩仙二字。近與馮可遷遇於京師，又能節文，號予東仙，自是詩盟，遂以為定號。十年之間，習隱事業，略無可記，而江湖之號凡四遷。視人間朝除夕繳者，真可付一笑，對酒而為之歌曰：

東澤先生，誰說能詩，興到偶然。但平生心事，落花啼鳥，多年盟好，白石清泉。家近宮亭，眼中廬阜，九疊屏開雲錦邊。出門去，且掀髯大笑，有釣魚船。　　一絲風裏嬋娟，愛月在滄波上下天。更叢書觀遍，筆床靜畫，蓬匆睡起，茶灶疏煙。黃鶴來遲，丹砂成未，何日風流葛稚川。人間世聽，江湖詩友，號我東仙。

——宋·陳起：《江湖後集》第 17 卷，第 8～9 頁，《四庫全書》集部·總集類，第 1357 冊，第 934 頁。

0905. 齊天樂·如此江山

〔宋〕張輯

西風揚子江頭路。扁舟雨晴呼渡。岸隔瓜洲，津橫蒜石，搖盡波聲千古。詩仙一去。但對峙金焦，斷磯青樹。欲下斜陽，長淮渺渺正愁予。　　中流笑與客語。把貂裘為浣，半生塵土。品水烹茶，看碑憶鶴，恍似舊曾遊處。聊憑陸謂。問八極神遊，肯重來否？如此江山，更蒼煙白露。

——明·陳耀文：《花草稡編》第 21 卷，第 44～45 頁，《四庫全書》集部·詞曲類，第 1490 冊，第 599 頁。

0906. 江神子慢·賦瑞香

〔宋～金〕蔡松年〔註 96〕

紫雲點楓葉，岩樹小、婆娑歲寒節。占高潔。纖苞暖、釀出梅魂蘭魄。

〔註 96〕蔡松年（1107～1159），字伯堅，自號蕭閒老人，河北正定人。曾為宋軍將領鎮守燕山，兵敗降金。其詞清麗卻又往往矛盾糾結，蓋與此有關。有作品《明秀集》傳世。

照濃碧。茗碗添春花氣重，芸窗晚、濛濛浮霽月。小眠鼻觀先通，廬山夢舊清絕。　　蕭閒平生淡泊，獨芳溫一念、猶未衰歇。種種〔註97〕陳跡。而今老、但覓茶酒禪榻。寄閒寂。風外天花無夢也，鴛鴦債、從渠千萬劫。夜寒回施，幽香與春愁客。

——元好問：《中州集》第 11 卷《中州樂府》，第 4～5 頁，《四庫全書》集部·總集類，第 1365 冊，第 361 頁。

0907. 滿江紅·伯平舍人親友得意西歸

〔宋～金〕蔡松年

老境駸駸，歸夢繞、白雲茅屋。何處有、可人襟韻，慰予心目。猶喜平生佳友戚，一杯情話開幽獨。愛夜闌、山月洗京塵，頹山玉。　　天香近，清班肅。公袞裔，千鍾祿。笑年來遊戲，寄身糟曲。富貴尋人知不免，家園清夏聊休沐。向暮涼、風簟炯茶煙，眠修竹。

——蔡松年：《明秀集》第 1 卷，國家圖書館藏本（張蓉鏡家瓶生收藏），第 8～9 頁。

0908. 西江月·古殿蒼松偃蹇

〔宋～金〕蔡松年

己酉四月暇日，冒暑遊太平寺，古松陰間聞破茶聲，意頗欣愜。晚歸對月小酌，賦西江月記之。

古殿蒼松偃蹇〔註98〕，孤雲丈室清深。茶聲破睡午風陰，不用涼泉石枕。　　枯木人忘獨坐，白蓮意可相尋。歸時團月印天心，更作逃禪小飲。

——蔡松年：《明秀集》第 2 卷，國家圖書館藏本（張蓉鏡家瓶生收藏），第 14 頁。

0909. 好事近·詠茶

〔宋～金〕蔡松年

天上賜金奩，不減壑源三月。午碗春風纖手，看一時如雪。　　幽人

〔註97〕「種種」，在《欽定古今圖書集成·博物滙編·草木典》第 301 卷，《御選歷代詩餘》第 86 卷中均錄為「總」，疑為誤錄。

〔註98〕偃蹇：寂靜不動。

只慣茂林前，松風聽清絕。無奈十年黃卷，向枯腸搜徹。

——沈宸垣、王奕清等編：《御選歷代詩餘》第 12 卷，第 20 頁，《四庫全書》集部．詞曲類，第 1491 冊，第 267 頁。

0910. 解佩令．茶肆

〔宋～金〕王重陽〔註 99〕

茶無絕品，至真為上。相邀命、貴賓來往。盞熱瓶煎，水沸時、雲翻雪浪。輕輕吸、氣清神爽。　　盧仝七碗，吃來豁暢。知滋味、趙州和尚。解佩新詞，王害風、新成同唱。月明中、四人分朗。

——王嚞：《重陽全真集》第 2 冊第 7 卷，第 1 頁。《正統道藏》道部．太平部．枝下，中華民國 14 年（1923）2 月上海涵芬樓印影版，第 794 冊，枝七，第二。

0911. 無夢令．啜盡盧仝七碗

〔宋～金〕王重陽

啜盡盧仝七碗，方把趙州呼喚。烹碎這機關，明月清風堪玩。光燦，光燦，此日同超彼岸。

——王嚞：《重陽教化集》第 1 卷，第 11 頁，《正統道藏》道部．太平部．交上，中華民國，14 年（1923）上海涵芬樓印影版，第 795 冊，交四，第十九。

0912. 玉樓春．宴河中瑞雪亭

〔金〕馮延登

長原迤邐孤虆臥，野色微茫河界破。草縈繩屨綠雲深，花觸飛丸紅雨妥。　　高亭初試煎茶火，醉玉漸嘩春滿座。行杯莫厭轉籌頻，佳節等閒飛鳥過。

——沈宸垣、王奕清等編：《御選歷代詩餘》第 32 卷，第 19 頁，《四庫全書》集部．詞曲類，第 1491 冊，第 664 頁。

〔註 99〕王重陽（1112～1170），字允卿，海陵王正隆四年學道，改字知明，號重陽子。後創全真道。

0913. 踏雲行・茶

〔元〕馬鈺〔註 100〕

絕品堪稱，奇名甚當，消磨睡思功無量。仲尼不復夢周公，山侗大笑陳摶強。　七碗盧仝，趙州和尚，曾知滋味歸無上。宰予若得一杯嘗，永無晝寢神清爽。

——馬丹陽：《漸悟集》卷上，第 10 頁，《正統道藏》道部・太平部・弟下，中華民國 14 年（1923）2 月上海涵芬樓印影版，第 786 冊，弟六，第九。

0914. 長思仙・茶

〔元〕馬鈺

一槍茶，一旗茶。休獻機心名利家，無眠為作差。　無為茶，自然茶。天賜休心與道家，無眠功行加。

——馬丹陽：《漸悟集》卷上，第 17 頁，《正統道藏》道部・太平部・弟下，中華民國 14 年（1923）2 月上海涵芬樓印影版，第 786 冊，弟六，第十四。

0915. 南柯子・予戒酒肉茶果久矣，特蒙公見惠梨棗，就義成亂道一篇

〔元〕馬鈺

悟徹梨和棗，寧貪酒與茶。我今雲水作生涯。奉勸依予，早早早離家。　我得醉醒趣，君當生死趨。同予物外煉丹砂。九轉功成，步步步煙霞。

——馬丹陽：《漸悟集》卷下，第 1 頁，《正統道藏》道部・太平部・弟下，中華民國 14 年（1923）2 月上海涵芬樓印影版，第 786 冊，弟七，第一。

〔註 100〕馬鈺（1123～1183），字玄寶，號丹陽子，陝西扶風人，全真七子之一。此詞融通儒釋道，最終以道見茶，茶韻濃長。

0916. 瑞鷓鴣・詠茶

〔元〕馬鈺

盧仝七碗已昇天，撥雪黃芽傲睡仙。雖是旗槍為絕品，亦憑水火結良緣。　　兔毫盞熱鋪金蕊，蟹眼湯煎瀉玉泉。昨日一杯醒宿酒，至今神爽不能眠。

——馬丹陽：《漸悟集》卷下，第22頁，《正統道藏》道部・太平部・弟下，中華民國14年(1923)2月上海涵芬樓印影版，第786冊，弟七，第十八。

0917. 戰掉醜奴兒・自戒〔註101〕

〔元〕馬鈺

茶來酒去人情事，匪道根由，惟獻惟酬。酒去無茶回奉休，便為讎。

憐貧設粥非求報，建德如偷，更好真修。定是將來看十洲，步雲遊。

——馬丹陽：《洞玄金玉集》第7卷，第15頁，《正統道藏》道部・太平部・弟下，中華民國14年(1923)2月上海涵芬樓印影版，第790冊，氣七，第十二。

0918. 清心鏡・戒掉粉洗面

〔元〕馬鈺

出家兒，貪美膳。不顧拋撒，掉粉洗面。吃素簽、包子假黿，甚道家體面。美口腹，非長便。粗茶淡飯，且填坑塹。樂清貧、恬淡優游，別是識見。

——馬丹陽：《洞玄金玉集》第8卷，第22頁。《正統道藏》道部・太平部・弟下，中華民國14年(1923)2月上海涵芬樓印影版，第790冊，氣八，第十八。

〔註101〕《戰掉醜奴兒・自戒》共十四首，此為第三。

0919. 桃源憶故人・五臺月長老來點茶

〔元〕馬鈺

五臺月老通三要，便把三彭除剿。運用三車皎皎，般載三乘妙。　龍華三會心明曉，頓覺三光並照。個內三壇設醮，自己三清了。

——馬丹陽：《洞玄金玉集》第10卷，第6頁，《正統道藏》道部・太平部・弟下，中華民國14年（1923）二月上海涵芬樓印影版，第790冊，氣十，第六。

0920. 阮郎歸・詠茶

〔元〕譚處端

陰陽初會一聲雷，靈芽吐細微。玉人製造得玄機，烹時雪浪飛。　明道眼，醒昏迷，苦中甘最奇。些兒真味你還知，煙霞獨步歸。

——譚處端：《水雲集》卷中，第18頁，《正統道藏》道部・太平部・友下，中華民國，14年2月上海涵芬樓印影版，第798冊，友八，第十六。

0921. 太常引〔註102〕・非僧非俗亦非仙

〔元〕譚處端

非僧非俗亦非仙，茅屋兩三椽。白石與清泉，更誰問，桃源洞天。　一爐寶篆，一甌春雪，澆灌淨三田。閒想谷神篇，不覺松枝月圓。

——彭致中：《鳴鶴餘音》第4卷，第12頁，《正統道藏》道部・太玄部・隨上，中華民國14年2月上海涵芬樓印影版，第744冊，隨四，第十。

0922. 沉醉東風・閒居

〔元〕盧摯〔註103〕

學邵平坡前種瓜，學淵明籬下栽花。旋鑿開菡萏池，高堅起荼蘼架。

〔註102〕《太常引》共三首，此錄第一。
〔註103〕盧摯（約1242～1315），字處道，號疏齋，曾為忽必烈侍從之臣。

悶來時石鼎烹茶，無是無非快活煞，鎖住了心猿意馬。

——楊朝英輯：《朝野新聲太平樂府》第 2 卷，第 14 頁，《四庫叢刊．初編》集部．詞曲類。民國 11 年（1922），上海涵芬樓影印宋刊本，第 2099 冊，第 35 頁。

0923. 蝶戀花．鄱江舟夜有懷餘干諸士兼寄熊東採甫

〔元〕盧摯

越水涵秋光似鏡，泛我扁舟，照我綸巾。影野鶴閒雲知此興。無人說與沙鷗省。　　回首天涯江路永，遠樹孤村，數點青山暝。夢過煮茶岩下聽，石泉嗚咽松風冷。

——元．周南瑞：《天下同文集》第 48 卷，第 2 頁，《四庫全書》集部．總集類，第 1366 冊，第 705 頁。

0924. 瑤臺第一層．詠茶

〔元〕無名氏

一氣才交，雷震動一聲，吐黃芽。玉人採得，收歸鼎內，製造無差。鐵輪萬轉，羅撼漸急，千遍無查。妙如法用，工夫了畢，隨處生涯。　　堪誇。仙童手巧，泛甌春雪妙難加。睡魔趕退，分開道眼，識破浮華。趙州知味，盧仝達此，總到仙家。這盞茶。願人人早悟，同赴煙霞。

——彭致中：《鳴鶴餘音》第 1 卷，第 8 頁，《正統道藏》道部．太玄部．隨上，中華民國 14 年 2 月上海涵芬樓印影版，第 744 冊，隨一，第八。

0925. 喜春來．贈茶肆

〔元〕李德載

一

茶煙一縷輕飛揚，攪動蘭膏四座香，烹煎妙手勝維揚。非是謊，下馬試來嘗。

二

黃金碾畔香塵細，碧玉甌中白雪飛，掃醒破悶和脾胃。風韻美，喚醒睡希夷。

三

蒙山頂上春光早，揚子江心水味高，陶家學士更風騷。應笑倒，銷金帳，飲羊羔。

四

龍團香滿三江水，石鼎詩成七步才，襄王無夢到陽臺。歸去來，隨處是蓬萊。

五

一甌佳味侵詩夢，七碗清香勝碧筩，竹爐湯沸火初紅。兩腋風，人在廣寒宮。

六

木瓜香帶千林杏，金橘寒生萬壑冰，一甌甘露更馳名。恰二更，夢斷酒初醒。

七

兔毫盞內新嘗罷，留得餘香在齒牙，一瓶雪水最清佳。風韻煞，到底屬陶家。

八

龍鬚噴雪浮甌面，鳳髓和雲泛盞弦，勸君休惜杖頭錢。學玉川，平地便升仙。

九

金樽滿勸羊羔酒，不似靈芽泛玉甌，聲名喧滿岳陽樓。誇妙手，博士便風流。

十

金芽嫩採枝頭露，雪乳香浮塞上酥，我家奇品世間無。君聽聞，聲價徹皇都。

——楊朝英輯：《朝野新聲太平樂府》第 4 卷，第 4～5 頁，《四部叢刊．初編》集部．詞曲類，民國 11 年（1922），上海涵芬樓影印宋刊本，第 1 冊，第 4～5 頁。

0926. 阮郎歸・焙茶

〔元〕洪希文

養茶火候不須忙，溫溫深蓋藏。不寒不暖要如常，酒醒聞箬香。　除冷濕，煦春陽，茶家方法良。斯言所可得而詳，前頭道路長。

——洪希文：《續軒渠集》第9卷，第2頁，《四庫全書》集部・別集類，第1205冊，第136頁。

0927. 浣溪沙・試茶

〔元〕洪希文

獨坐書齋日正中，平生三昧試茶功。起看水火自爭雄。　勢挾怒濤翻急雪，韻勝甘露透香風。晚涼月色照孤松。

——洪希文：《續軒渠集》第9卷，第2頁，《四庫全書》集部，別集類，第1205冊，第136頁。

0928. 品令・試茶

〔元〕洪希文

旋碾龍團試，要著盞、無留膩。矞雲獻瑞，乳花鬥巧，松風飄沸。為致中情，多謝故人千里。　泉香品異，迥休把尋常比。啜過惟有，自知不帶，人間火氣。心許云誰，太尉黨家有妓。

——洪希文：《續軒渠集》第9卷，第3～4頁，《四庫全書》集部・別集類，第1205冊，第136～137頁。

0929. 好事近・夢破打門

〔元〕元德明〔註104〕

夢破打門聲，有客袖攜團月。喚起玉川高興，煮松簷晴雪。　蓬萊千古一清風，人境兩超絕。覺我胸中黃卷，被春雲香徹。

——沈宸垣、王奕清等編：《御選歷代詩餘》第12卷，第20頁，《四庫全書》集部・總集類，第1491冊，第267頁。

〔註104〕元德明（1156～1203），太原秀容人，元好問之父。累考不第，遂退而以山水詩酒茶為侶。

0930. 好事近・次元德明韻〔註 105〕

〔元〕高士談

誰打玉川門，白絹斜封團月。晴日小窗活火，響一壺春雪。　可憐桑芒一生顛，文字更清絕。直擬駕風歸去，把三山登徹。

——沈宸垣、王奕清等編：《御選歷代詩餘》第 12 卷，第 20 頁，《四庫全書》集部・總集類，第 1491 冊，第 267 頁。

0931. 鷓鴣引・謁太一宮贈王季祥

〔元〕王惲〔註 106〕

來謁齊宮又五年，道人邀我坐前軒。只驚前度劉郎老，不見庭松偃蓋圓。　人與境，兩翛然，呼童茶罷灶爐煙。壁間一軸煙蘿子，依約風流墮眼前。

——王惲：《秋澗集》第 76 卷，第 14 頁，《四庫全書》集部・別集類，第 1201 冊，第 125 頁。

0932. 木蘭花慢・十三年平陽秩滿清明日賦

〔元〕王惲

老西山倦客，喜今歲，是歸年。笑鏡裏衰容，吟邊華髮，薄宦流連。功名事無有分，且舊鞭、休羨祖生先。望裏芙蓉大府，夢餘禪榻茶煙。　恨無明略臥林泉，平子太拘牽。盡俯首轅駒，寸心能了，猶勝歸田。前途事，如抹漆，又向誰、重理伯牙弦。自是一生心苦，非關六印腰懸。

——王惲：《秋澗集》第 75 卷，第 4 頁，《四庫全書》集部・別集類，第 1201 冊，第 107 頁。

0933. 滿庭芳・雅燕飛觴

〔元〕白樸

屢欲作茶詞，未暇也。近選宋名公樂府，黃賀陳三集中，凡載滿庭芳四

〔註 105〕高士談（？～1146），字子文，一字季默，《中州集》選錄其作數首。此處《次元德明韵》即次韵。前詞《好事近・夢破打》。

〔註 106〕王惲，字仲謀，號秋澗，河南人。元朝學者、名臣。

首，大概相類，互有得失。複雜用元寒刪先韻，而語意若不倫。僕不揆，狂妄合三家奇句，試為一首，必有能辨之者。

雅燕飛觴〔註 107〕，清談揮麈〔註 108〕，主人終夜留歡。密雲雙鳳，碾破縷金團。〔註 109〕品香泉味好，須臾看，蟹眼湯翻。銀瓶注，花浮兔碗，雪點鷓鴣斑。　　雙鬟，微步穩，春纖擎露，翠袖生寒。覺清風扶我，醉玉頹山。照眼紅紗畫燭，吟鞭送、月滿銀鞍。歸來晚，芸窗〔註 110〕未寢，相伴小妝殘。

——白樸：《天籟集》第 2 卷，第 13～14 頁，《四庫全書》集部・詞曲類，第 1488 冊，第 649 頁。

0934. 鷓鴣天・室人降日以此奉寄

〔元〕魏初

去歲今辰卻到家，今年相望又天涯。一春心事閒無處，兩鬢秋霜細有華。　　山接水，水明霞。滿林殘照見歸鴉。何時收拾田園了，兒女團圞夜煮茶。

——魏初：《青崖集》第 3 卷，第 12 頁，《四庫全書》集部・別集類，第 1198 冊，第 725 頁。

0935. 南鄉子・深院日初長

〔元〕張弘範〔註 111〕

深院日初長，萬卷詩書一炷香。竹掩茅齋人不到，清涼。茶罷西軒讀老莊。　　世事莫論量，今古都輸夢一場。笑煞利名途上客，乾忙。千丈紅塵兩鬢霜。

——張弘範：《淮陽集詩餘》第 1 卷，第 4 頁，《四庫全書》集部・別集類，第 1191 冊，第 719 頁。

〔註 107〕燕：通「宴」，晏飲。

〔註 108〕麈〔zhǔ〕：拂麈。

〔註 109〕縷金團：用金錢捆紮、裝飾的龍鳳團茶。

〔註 110〕芸窗：書房。

〔註 111〕張弘範（1238～1280 年），字仲疇，易州定興人，是忽必烈滅宋的得力戰將，曾擊敗南宋將領文天祥與張世傑，官居江東道宣慰使。

0936. 最高樓・次韻答張縣尹

〔元〕劉敏中

高高屋，羅幕卷輕漪。阿渚一周圍。雄吞不數針三盌，治生何計韭千畦。是賢乎，既富矣，又時兮。　　我喜踏探梅溪畔月。君愛掃煮茶枝上雪。君遣興，我心夷。東家畫鼓更深舞，西家紅燭醉時歸。莫教他，知我輩，不投機。

——劉敏中：《中庵樂府二卷》，見趙萬里《校輯宋金元人詞》下冊，國家圖書館出版社，2003 年，第 292 頁。

0937. 蝶戀花・帶上烏犀誰摘落

〔元〕劉敏中

益都馮寬甫號雪谷，嘗為江南廉使，以臘茶見貺茶作方板光如漆，香味不可言，誠佳品也。感荷作長短句，寄之一笑。

帶上烏犀誰摘落。方響勻排，不見朱絲約。一個拈來香滿閣。矮爐翻動松風壑。　　幾日餘酲情味惡。七碗何須，一啜都醒卻。兩腋清風無處著。夢尋盧老翔寥廓。

——劉敏中：《中庵樂府二卷》，見趙萬里《校輯宋金元人詞》下冊，國家圖書館出版社，2003 年，第 305 頁。

0938. 摸魚兒・觀復以摸魚子賦神麠見示次韻答之

〔元〕劉敏中

莫相疑、愛石如許，流形我亦隨寓。神麠更有神麠在，照影幾煩清滏。山下路。還記得、當時射虎人曾誤。如今文府。但日永閒階，香凝燕寢，雲岫翳還吐。　　崔嵬起，欲作飛仙騫翥。依稀老眼如霧。品題好刻奇章字，嗟爾賞音難遇。如砥柱。應笑我心，更欲誰安住。茶餘客去，相對靜無言，悠然意會，一陣北窗雨。

——劉敏中：《中庵樂府二卷》，見趙萬里《校輯宋金元人詞》下冊，國家圖書館出版社，2003 年，第 287 頁。

0939. 鵲橋仙・盆梅

〔元〕劉敏中

孤根如寄，高標自整。坐上西湖風景。幾回誤作杏花看，被夢裏、香魂喚省。　薰爐茶灶，春閒書永。不似霜清月冷。從今更愛短檠燈，夜夜看，江邊瘦影。

——劉敏中：《中庵樂府二卷》，見趙萬里《校輯宋金元人詞》下冊，國家圖書館出版社，2003 年，第 307 頁。

0940. 浣溪沙・瀌瀌清流淺見沙

〔元〕劉敏中

元夕前一日，大雪始霽，子京、敬甫兩張君過余繡江別墅。既坐，皆醉酒，索茶，遂開玉川月團，取太初岩頂雪，和以山西羊酥，以石灶活火烹之。而瓶中蠟梅方爛漫，於是相與嗅梅啜茶，雅詠小酌而罷。作此詞以志之。

瀌瀌清流淺見沙，沙邊翠竹野人家。野人延客不堪誇。　旋掃太初岩頂雪，細烹陽羨貢餘茶。古銅瓶子蠟梅花。

——劉敏中：《中庵樂府二卷》，見趙萬里《校輯宋金元人詞》下冊，國家圖書館出版社，2003 年，第 317 頁。

0941. 浣溪沙・世事恒河水內沙

〔元〕劉敏中

世事恒河水內沙，乾忙誰遣強離家，如今老也不矜誇。　檢得閒書能引睡，暖來薄酒勝煎茶，一江風月四時花。

——劉敏中：《中庵樂府二卷》，見趙萬里《校輯宋金元人詞》下冊，國家圖書館出版社，2003 年，第 318 頁。

0942. 蝶戀花・答智仲敬

〔元〕劉敏中

多病多愁心性軟，自上疏簾，怕隔雙飛燕。夢覺綠窗花影畔，起來翻喜茶甌淺。　香壓玉爐消欲斷。情緒厭厭，猶傍琴書懶。瞥見壁間蝸引篆，急將山水圖兒卷。

——劉敏中：《中庵樂府二卷》，見趙萬里《校輯宋金元人詞》下冊，國家圖書館出版社，2003 年，第 305～306 頁。

0943. 三奠子・念我行藏有命

〔元〕劉秉忠

念我行藏有命，煙水無涯。嗟去雁，羨歸鴉。半生人累影，一事鬢生華。東山客，西蜀道，且還家。　　壺中日月，洞裏煙霞。春不老，景長嘉。功名眉上鎖，富貴眼前花。三杯酒，一覺睡，一甌茶。

——劉秉忠：《藏春集》第 5 卷，第 5 頁，《四庫全書》集部・別集類，第 1191 冊，第 682 頁。

0944. 鸚鵡曲・茶〔註 112〕

〔元〕馮子振

陸羽風流：兒啼漂向波心住，捨得陸羽喚誰父？杜司空席上從容，點出茶甌花雨。散蓬萊兩腋清風，未便玉川仙去。待中泠一滴分時，看滿注黃金鼎處。

顧渚紫筍：春風陽羨微喧住，顧渚問苕叟吳父。一槍旗紫筍靈芽，摘得和煙和雨。焙香時碾落雲飛，紙上鳳鸞銜去。玉皇前寶鼎親嘗，味恰到才情寫處。

——楊朝英輯：《朝野新聲太平樂府》第 2 卷，第 2 頁，《四部叢刊・初編》集部・詞曲類。民國，11 年（1922），上海涵芬樓影印宋刊本，第 2099 冊，第 2 頁。

〔註 112〕此曲宮調為「正宮」。馮子振《鸚鵡曲》套曲篇幅較長，此處僅錄其中二支，且名之以《茶》。

0945. 行香子·短短橫牆〔註 113〕

〔元〕馮子振

短短橫牆，矮矮疏窗。忔憎兒、小小池塘。高低迭障，綠水邊傍。卻有些風，有些月，有些涼。　日用家常，木幾藤床。據眼前、水色山光。客來無酒，清話何妨。但細烹茶，熱烘盞，淺澆湯。

——沈宸垣、王奕清等編：《御選歷代詩餘》第 119 卷，第 30 頁，《四庫全書》集部·詞曲類，第 1493 冊，第 408 頁。

0946. 殿前歡〔註 114〕·懶雲窩

〔元〕吳西逸

懶雲窩，懶雲堆裏即如何。半間茅屋容高臥，往事南柯。紅塵自網羅，白日閒酬和，青眼偏空闊。風波遠我，我遠風波。　懶雲仙，蓬萊深處恣高眠。筆床茶灶添香篆，盡意留連。閒吟白雪篇，靜閱丹砂傳，不羨青雲選。林泉愛我，我愛林泉。　懶雲巢，碧天無際雁行高。玉簫鶴背青松道，樂笑遊遨，溪翁解冷淡嘲，山鬼放揶揄笑，村婦唱糊塗調。風濤險我，我險風濤。　懶雲關，一泓流水繞彎環。半窗斜日留晴漢，鳥倦知還。高眠仿謝安，歸計尋張翰，作賦思王粲。溪山戀我，我戀溪山。　懶雲翁，一襟風月笑談中。生平傲殺繁華夢，已悟真空。茶香水玉鍾，酒竭玻璃甕，雲繞蓬萊洞。冥鴻笑我，我笑冥鴻。　懶雲凹，按行松菊訊桑麻。聲名不在淵明下，冷淡生涯。味偏長鳳髓茶，夢已隨胡蝶化，身不入麒麟畫。鶯花厭我，我厭鶯花。

——楊朝英輯：《朝野新聲太平樂府》第 1 卷·小令一，商務印書館，1939 年，第 50～51 頁。

〔註 113〕詞前有說明：「天目中峰禪師與趙文敏為方外交，同院馮海粟學士甚輕之。一日，松雪強中峰同訪海粟，海粟出所賦梅花百絕句示之。中峰一覽畢，走筆成七言律詩，如馮之數。海粟神氣頓懾，嘗賦《行香子詞》。」

〔註 114〕雙調。

0947. 紅繡鞋・題惠山寺

〔元〕張可久

舌底朝朝茶味，眼前處處詩題，舊刻漫漶看新碑。林寫傳梵語，岩翠點禪衣，石龍噴淨水。

——張可久：《新刊張小山北曲聯樂府》卷中，國家圖書館藏元代抄本，第 40 頁。

0948. 紅繡鞋・集慶方丈

〔元〕張可久

月桂峰前方丈，雲松徑裏禪房，玉甌水乳洗詩腸。蓮花香世界，貝葉古文章，秋堂聽夜講。

——張可久：《新刊張小山北曲聯樂府》卷中，國家圖書館藏元代抄本，第 40～41 頁。

0949. 人月圓・山中書事

〔元〕張可久

興亡千古繁華夢，詩眼倦天涯。孔林喬木，吳宮蔓草。楚廟寒鴉。　數間茅舍，藏書萬卷。投老村家。山中何事？松花釀酒，春水煎茶。

——張可久：《新刊張小山北曲聯樂府》卷上，國家圖書館藏元代抄本，第 1 頁。

0950. 人月圓・開吳淞江遇雪

〔元〕張可久

一冬不見梅花面，天意可憐人。曉來如畫，殘枝綴粉，老樹生春。　山僧高臥，松爐細火，茅屋衡門。凍河堤上，玉龍戰倒，百萬愁鱗。

——張可久：《新刊張小山北曲聯樂府》卷上，國家圖書館藏元代抄本，第 2 頁。

0951. 人月圓・客垂虹三高祠下

〔元〕張可久

天如鏡，山色浸空蒙。蓴羹張翰，漁舟范蠡，茶灶龜蒙。　　故人何在？前程那裡？心事誰同？黃花庭院，青燈夜雨，白髮秋風。

——張可久：《新刊張小山北曲聯樂府》卷上，國家圖書館藏元代抄本，第 2 頁。

0952. 水仙子・青衣洞天

〔元〕張可久

兔毫浮雪煮茶香，鶴羽攜風采藥忙。獸壺敲玉悲歌壯，蓬萊雲水鄉。群仙容我疏狂。即景詩千韻，飛空劍一雙。月滿秋江。

——張可久：《新刊張小山北曲聯樂府》卷上，國家圖書館藏元代抄本，第 5 頁。

0953. 折桂令・村庵即事〔註 115〕

〔元〕張可久

掩柴門嘯傲煙霞，隱隱林巒，小小仙家。樓外白雲，窗前翠竹，井底朱砂。五畝宅無人種瓜，一村庵有客分茶。春色無多，開到薔薇，落盡梨花。

——張可久：《新刊張小山北曲聯樂府》卷上，國家圖書館藏元代抄本，第 8 頁。

0954. 折桂令・遊金山寺〔註 116〕

〔元〕張可久

倚蒼雲紺宇崢嶸，有聽法神龍，渡水胡僧。人立冰壺，詩留玉帶，塔語金鈴。搖碎月中流樹影，撼崩崖半夜江聲。誤汲南泠，笑殺吳儂，不記茶經。

——張可久：《新刊張小山北曲聯樂府》卷上，國家圖書館藏元代抄本，第 14 頁。

〔註 115〕此曲宮調為「雙調」。
〔註 116〕此曲宮調為「雙調」。

0955. 水仙子・山齋小集

〔元〕張可久

玉笙吹老碧桃花，石鼎烹來紫筍芽。山齋看了黃荃畫，荼蘼香滿把。自然不尚奢華。醉李白名千載，富陶朱能幾家？貧不了詩酒生涯。

——楊朝英輯：《朝野新聲太平樂府》第 2 卷，第 8 頁，《四部叢刊・初編》集部・詞曲類。民國 11 年（1922），上海涵芬樓影印宋刊本，第 2099 冊，第 29 頁。

0956. 水仙子・惠山泉

〔元〕徐再思〔註 117〕

自天飛下九龍涎，走地流為一股泉，帶風吹作千尋練。問山僧不記年，任松梢鶴避青煙，濕雲亭上，涵碧洞前，自採茶煎。

——楊朝英輯：《朝野新聲太平樂府》第 2 卷，第 4 頁，《四部叢刊・初編》集部・詞曲類。民國 11 年（1922），上海涵芬樓影印宋刊本，第 2099 冊，第 25 頁。

0957. 水仙子・隱者〔註 118〕

〔元〕宋方壺

青山綠水好從容，將富貴榮華撇過夢中。尋著個安樂窩勝神仙洞，繁華景不同，忒快活別是個家風。飲數杯酒對千竿竹，烹七碗茶靠半畝松，都強如相府王宮。　　青山綠水暮雲邊，堪畫堪描若輞川。閒歌閒酒閒詩卷，山林中且過遣，粗衣淡飯隨緣。誰待望彭祖千年壽，也不戀鄧通數貫錢，身外事賴了蒼天。

——楊朝英輯：《朝野新聲太平樂府》第 2 卷，第 5 頁，《四部叢刊・初編》集部・詞曲類。民國 11 年（1922），上海涵芬樓影印宋刊本，第 2099 冊，第 26 頁。

〔註 117〕元徐再思，稱「甜齋」，貫雲石號「酸齋」，二人散曲稱為「酸甜樂府」。
〔註 118〕此曲宮調為「雙調」。

0958. 水仙子・自凡

〔元〕澹齋

杏花村裏舊生涯，瘦竹疏梅處士家，深耕淺種收成罷，酒新篘魚旋打，有雞豚竹筍藤花，客到家常飯，僧來穀雨茶，閒時節自煉丹砂。

——楊朝英輯：《朝野新聲太平樂府》第 2 卷，第 5 頁，《四部叢刊・初編》集部・詞曲類。民國 11 年（1922），上海涵芬樓影印宋刊本，第 2099 冊，第 26 頁。

0959. 南浦・會波村

〔元〕陶宗儀

會波村，在松江城北三十里，其西九山離立，若幽人冠帶拱揖狀，一水兼九山，南過村外，以入於海。而溝塍畎澮，隱翳竹樹間，春時桃花盛開，雞犬之聲相聞，殊有武陵風槩，隱者停雲子居焉。一舟曰水光山色，時放乎中流。或投竿，或彈琴，或呼酒獨酌，或哦詠陶謝韋柳詩，殆將與功名相忘，嘗坐余舟中作茗供，襟抱清曠，不覺度成此曲。主人即譜入中呂調，命洞簫吹之，與童子棹歌相荅，極鷗波縹緲之思。云：

如此好溪山，羡雲屏，九迭波影涵素。暖翠隔紅塵，空明裏、著我扁舟容與。高歌鼓枻，鷗邊長是尋盟去。頭白江南，看不了何況，幾番風雨。　　畫圖依約天開，蕩清暉、別有越中真趣。孤嘯柘篷窗，幽情遠、都在酒瓢茶具。水葒搖晚，月明一笛潮生浦。欲問漁郎無恙否，回首武陵何許。

——陶宗儀：《南邨詩集》第 4 卷，第 21～22 頁，《四庫全書》集部・別集類，第 1231 冊，第 634～635 頁。

0960. 東風第一枝・詠茶

〔元〕姬翼

拆封緘、龍團鬥破，柏樹機關先見。玉童製、香霧輕飛，銀瓶引、靈泉新薦。成風手段，虬髯奮、擊碎鯨波，仗此君、些子工夫，瓊花細浮甌面。　　這一則、全提公案，宜受用，不煩籠勸。滌塵襟、靜盡無餘，開心月、清涼一片。群魔電掃，瑩中外、獨露元真，會玉川、攜手蓬瀛。留連水。

——姬志真：《雲山集》第 5 卷，第 12 頁，《四庫全書》道部·太平部。《正統道藏》道部·太平部·兄下，中華民國 14 年 2 月上海涵芬樓印影版，第 784 冊，兄五，第十。

0961. 漁歌子·遙想山堂

〔元〕管道升

遙想山堂數樹梅，凌寒玉蕊發南枝。山月照，曉風吹，只為清香苦欲歸。

——沈宸垣、王奕清等編：《御選歷代詩餘》第 1 卷，第 25 頁，《四庫全書》集部·詞曲類，第 1491 冊，第 31 頁。

0962. 青玉案·茶

〔元〕黨懷英〔註 119〕

紅莎綠蒻春風餅，趁梅驛，來雲嶺。紫桂岩空瓊竇冷。佳人卻恨，等閒分破，縹緲雙鸞影。　一甌月露心魂醒，更送清歌助清興。痛飲休辭今夕永。與君洗盡，滿襟煩暑，別作高寒境。

——沈宸垣、王奕清等編：《御選歷代詩餘》第 44 卷，第 24 頁，《四庫全書》集部·詞曲類，第 1492 冊，第 107 頁。

0963. 行香子·止酒〔註 120〕

〔元〕張翥

傳癖詩逋，野逸山臞。是幽人，平日稱呼。過如飯袋，勝似錢愚。盡我為牛，人如虎，子非魚。　石銚風爐，雪碗冰壺。有清茶，可潤腸枯。生涯何許，機事全疏。但伴牢愁，盤礡贏，鼓嚨胡。

——張翥：《蛻岩詞》卷下，第 13 頁，《四庫全書》集部·詞曲類，第 1488 冊，第 676 頁。

〔註 119〕黨懷英（1134～1211 年），字世傑，號竹溪，陝西人，金朝大定十年進士，金章宗承安二年（1197）任泰寧軍節度使，次年為翰林學士承旨。因長於史學，後受詔編修《遼史》。

〔註 120〕《行香子·止酒》共五首，此為其三。

0964. 玉蝴蝶・擬豔

〔明〕王世貞

記得秋娘家住，皋橋西弄，疏柳藏鴉。翠袖初翻金縷，鉤月暈紅牙。啟朱唇、含風桂子，喚殘醉、微雨梨花。最堪誇，玉纖親自，濃點新茶。嗟呀。　顛風妒雨，落英千片，斷送年華。海角山尖，不應飄向那人家。惹新愁、高樓燕子，賺人淚、芳草天涯。況潯陽，偶然江上，一曲琵琶。

——王世貞：《弇州四部稿》第 54 卷，第 23 頁，《四庫全書》集部・別集類，第 1279 冊，第 694 頁。

0965. 解語花・題美人捧茶

〔明〕王世貞

中泠乍汲，穀雨初收，寶鼎松聲細。柳腰嬌倚，薰籠畔，鬥把碧旗碾試。蘭芽玉蕊，勾引出清風一縷。顰翠蛾斜捧金甌，暗送春山意。　微嫋露鬟雲髻，瑞龍涎尤自沾戀纖指，流鶯新脆低低道，卯酒可醒還起。雙鬟小婢，越顯得那人清麗。臨飲時須索先嘗，添取櫻桃味。

——王世貞：《弇州四部稿》第 54 卷，第 23～24 頁，《四庫全書》集部・別集類，第 1279 冊，第 694 頁。

0966. 解語花・題美人捧茶

〔明〕王世懋

春光欲醉，午睡難醒，金鴨沈煙細。畫屏斜倚，銷魂處，漫把鳳團剖試。雲翻露蕊，早碾破愁腸萬縷。傾玉甌徐上閒階，有個人如意。　堪愛素鬟小髻，向璚芽相映寒透纖指。柔鶯聲脆香飄動，喚卻玉山扶起。銀瓶小婢，偏點綴幾般佳麗。憑陸生空說《茶經》，何似儂家味。

——陳夢雷：《欽定古今圖書集成・經濟彙編・食貨典》第 295 卷，茶部藝文四・詩詞。中華書局影印版，1934 年，第 699 冊，第 40 葉。

0967. 蘇幕遮・夏景題茶

〔明〕王世懋

竹床涼，松影碎。沉水香消，尤自貪殘睡。無那多情偏著意。碧碾旗槍，玉沸中泠水。　　捧輕甌，沽弱醑。色授雙鬟，喚覺江郎起。一片金波誰得似。半入輕風，半入丁香味。

——陳夢雷：《欽定古今圖書集成・經濟彙編・食貨典》第295卷，茶部藝文四・詩詞。中華書局影印版，1934年，第699冊，第40葉。

0968. 小梁州・茶鋪〔註121〕

〔明〕陳鐸

武夷和雨採春叢，嫩葉蒙茸。佳茗千古重，盧仝曾稱頌，七碗自清風。　　陶家學士殊珍重。玉堂中掃雪親烹。瑪瑙鐺，玻璃甕，碧雲翻動，濁酒怎敢爭功。

——武夷岩茶節組織委員會：《武夷奇茗》，海潮攝影出版社，1990年，第56頁。

0969. 鷓鴣天・竹爐湯沸火初紅

〔明〕徐渭

客來寒夜話頭頻，路滑難沽曲米春，點檢松風湯老嫩，退添柴葉火新陳。　　傾七碗，對三人，須臾梅影上冰輪，他年若更為圖畫，添我爐頭倒角巾。

——徐渭：《徐文長文集》第13卷，鍾人傑明萬曆42年（1614）年刊本，第2頁。

〔註121〕此曲宮調為「鍾呂」。

0970. 點絳唇・泖橋次眉工韻

〔明〕施紹莘〔註 122〕

寺枕荒塘，時時雪浪吞僧屋。橋頭路曲，廢井當枯木。　如此幽閒，恰好閒人宿。窗敲竹，酒醒茶熟，天水鸜哥綠。

——施紹莘：《秋水庵花影集》第 5 卷詩餘八，博古堂清乾隆 17 年（1752）本，第 41～42 頁。

0971. 西江月・憶朗公歸山

〔明〕施紹莘

供佛燈前放榻，炙香爐畔烹茶。忽思人去及梅花，幾度霜天雪夜。　記得那人說道，水雲深處為家。推窗極目望歸霞，約摸結廬其下。

——施紹莘：《秋水庵花影集》第 5 卷詩餘四十，博古堂清乾隆十七年（1752）本，第 68 頁。

0972. 小重山・茶

〔明〕施紹莘

龍腦輕和輾玉塵，瀹來浮琥珀，照人明。酣虧煞數杯子傾，心腹口，瞥覺一時清。　天付與閒身，品香和品味，費心情。喜縫穀雨趂新晴，松火焙，親手上瓷瓶。

——施紹莘：《秋水庵花影集》第 5 卷詩餘三十三，博古堂清乾隆 17 年（1752）本，第 68 頁。

0973. 浪淘沙・茶園即景

〔明〕陳仲溱

一

絕壁翠苔封，另峎危峰。半山雲氣織芙蓉。怪鳥啼春聲不斷，躑躅花

〔註 122〕施紹莘（1581～1640），字子野，號峰泖浪仙，華亭人，有《花影集》傳世。《瑤臺片玉甲種補錄》中有題名施紹莘《滿庭芳・初夏》者，內容為：「亂香堆裏，一灣流水，茅屋竹籬。恰正是寒食天，濁酒兒剛篘起。試新茶，才放槍旗。偏湊的筍鮮菜美，又撞的蜆肥芹膩。小飲藤花底，盤餐進枸杞，人醉了，日頭直。」然又非滿庭芳詞牌，茲錄以作參考。

紅。　　茅屋掛巃嵸，十里青松，茶園深處拄孤笻。知得清明今欲到，茗綠東風。

二

鳥道界岧嶤，日暖煙消。鷓鴣啼過鼇鼇橋。望到海門山斷處，練束春潮。　　收拾舊茶寮，筐筥輕挑，旗槍新採白雲苗。竹火焙來聊一歃，仙路非遙。

——黃任：《鼓山志》卷十三，乾隆二十六年（1761）刻本，見杜潔祥主編《中國佛寺志彙刊》第一輯，第49冊，明文書局，1980年，第937頁。

0974. 端正好・修養〔註123〕

〔明〕郭勳

香馥馥彩霞生，光燦燦祥雲照。老人星直下青霄，擎著這延年益壽靈芝草，有萬載靈丹藥。

滾繡球：金童擎酒肴，玉女捧壽桃。眾神仙動一派仙樂，緊相隨虎鹿猿鶴。香風細細吹，霞光淅淅飄。半空中彩雲籠罩，福與壽兩般兒仔細量度。壽無窮似華嶽山穩穩千年檜，福無邊如東洋海滔滔萬載潮。端的清高。

倘秀才：學的是越范蠡出紅塵去蓬萊海島，學的是漢張良遠世俗棄高官重爵，學的是五柳莊陶淵明懶折腰，學的是張天覺深山中閒養性，學的是林和靖林泉下盡逍遙，一個個煉長生藥苗。

脫布衫：紅塵事永遠絕交，清閒處用意評跤，利名場甘心拜卻，草堂中坐禪修道。

小梁州：鬱壘神茶守護牢，是和非不放分毫。瓦爐伏火篆煙燒，參玄妙，尋本性，見清濁，皈依佛法僧三寶。奉雙親今古難學，不弱如閔損賢，過似那丁蘭孝。念經佛號，步步上金橋。

尾聲：洗塵凡參造化修真養性無差錯，訓蒙童積陰功方便為人有下落。貧不怨富不驕，名不貪利不饕，氣不爭財不交，陋巷簞瓢，草履麻條。一

〔註123〕此曲宮調為「正宮」。

世兒無是無非快活到老。

——明．郭勳：《雍熙樂府》第 3 卷，第 34～35 頁，《四部叢刊．續編》集部．詞曲類，第 489 冊，第 34～35 頁。

0975. 後庭花．俺看〔註 124〕

〔明〕郭勳

俺看你訪蓬萊入洞天，俺看你赴瑤池遊閬苑，看的是朱頂鶴金精獸，伴著的銜花鹿獻果猿。玩四季景幽然，端的是堪任堪羨。到春來碧桃花嬌景閒，到夏來荷蓮放景色鮮，到秋來菊花黃三徑邊，到冬來臘梅綻風雪天。呀！堪寫入丹青丹青手卷，不枉了隱跡隱跡林泉。閒來時朗誦黃庭十數遍，每日家瓦爐柏子香燃，石鼎內茶煎，靜撫瑤琴冰弦，渴飲澗下清泉。你若聽我良言，養性修堅。口授心傳，百衲衣穿，志心修煉。都只要倚著山，靠著水，穿著花，度著柳，家住茅屋兩三間。穩騎鶴背翩翩，閒聽著仙樂喧喧。俺出家兒超的凡，出的世，離的塵，閒遙遙做一個無是無非大羅仙。陳半街，我和你同赴蟠桃宴。

——明．郭勳：《雍熙樂府》第 4 卷，第 64 頁，《四部叢刊．續編》集部．詞曲類，第 490 冊，第 64 頁。

0976. 點絳唇．歲稔時豐，萬邦賓貢〔註 125〕

〔明〕郭勳

皇恩重，錦繡江東，十座名樓聳。

混江龍：雕闌畫棟，翠圍珠繞日融融。名揚海外，富占寰中。十里喧嘩歌舞地，一竿搖拽酒旗風。輕煙淡粉，樂民集賢。謳歌鼓腹，翠柳梅妍。醉仙樓聽鶴鳴一派簫韶洞，賓朋滿座，談笑無窮。

油葫蘆：穀雨先春味正濃，茶肆中，索強如竹爐湯沸火初紅。金芽摘得仙家種，瓊甌滿泛香雲擁。偏宜清睡人，應堪醒醉翁。岳陽樓曾遇神仙眾，怎不教七碗羨盧仝。

〔註 124〕此曲宮調為「仙呂宮」。
〔註 125〕此曲宮調為「仙呂宮」。

天下樂：占斷人間造化功，金也波鍾。琥珀濃玳筵前笑看紅袖捧，助詩人膽氣雄。暈遊人顏色紅，破離人愁萬種。

那吒令：梨園曲唱未終，麝蘭飄晚風。楚臺人玉容，似嫦娥離月宮。酒漸濃情偏重，喜笑從容。

鵲踏枝：翠溟蒙，玉玲瓏，似這般品竹調絲，嚼徵含宮。千金笑風流萬種，四時歡羅綺生風。

寄生草：醉楊柳樓心月，歌桃花扇底風。喜的是舞腰纖細纏頭重，愛的是歌喉宛轉梁塵動，怕的是一杯未盡笙歌送。琵琶弦滑語流鶯，玉簫聲細來丹鳳。

後庭花：莎茵點嫩紅，落日愁晚風。展豪氣三千丈，傍闌干十二重。望江東把珠簾高控，醉仙樓多醉翁。鶴鳴樓高接空，梅妍樓花氣烘。翠柳樓煙靄中，謳歌歡笑同。鼓腹樓羅綺擁，集賢樓民樂同。

青歌兒：抵多少烹龍炮鳳，這莫不是陽臺仙夢。人在瑤臺第幾重，簾散香風。玉隱芙蓉，舞態嬌金鳳釵橫。環佩叮咚，翠鎖眉峰，莫不是玉天仙離蕊珠宮來陪奉。

尾聲：閬苑小瀛洲，幻人世桃源洞。一派笙歌未終，簷影扶疏落日紅。撒紅牙輕按黃鐘，醉眼朦朧。笑指吳姬雲鬢鬆，重趁晚風。滿懷春興，高燒銀燭絳紗籠。

——明・郭勳：《雍熙樂府》第 4 卷，第 43～44 頁，《四部叢刊・續編》集部・詞曲類，第 490 冊，第 43～44 頁。

0977. 醉西湖・村裏迓古〔註 126〕

〔明〕郭勳

向水邊林下，蓋一座竹籬茅舍。誰想高車駟馬，擺頭荅名揚天下。富貴心，功名事，從今都罷，不如我玩翠峰，觀綠水，指落花，鎖住我心猿意馬。

元和令：柴門掩落霞，明月杖頭掛，清江凝目釣魚槎，慢騰閒瀟灑。悶來時獨坐對天涯，蕩村醪飲興加。

〔註 126〕此曲宮調為「仙呂宮」。

上馬嬌：魚旋拿，柴旋打，無事掩荊笆，醉時仰臥在葫蘆架。髮亂抓，睡醒一甌茶。

遊四門：藥爐經卷作生涯，學種邵平瓜，淵明賞菊東籬下。終日飲流霞，向爐內煉丹砂。

勝葫蘆：我則待散誕逍遙閒笑耍，左右種桑麻。靜聽前林噪晚鴉，心無牽掛。蹇驢斜跨，遊玩野人家。

後庭花：我將這嫩蔓菁帶葉煎，細芋糕油內煠。白酒杯中灩，山花頭上插。興來時笑呷呷，一尊飲罷。繞柴扉水一窪，步桃溪數落花。樂蓬萊天地家。

青哥兒：呀！看一帶雲山雲山如畫，端的是景物景物堪誇！剩水殘山向那荅，自少喧嘩。柳陰之下，椰瓢高掛。無是無非誦南華，靜裏乾坤大。

——明．郭勳：《雍熙樂府》第 4 卷，第 73 頁，《四部叢刊．續編》集部．詞曲類，第 490 冊，第 73 頁。

0978. 粉蝶兒．煙花夢〔註 127〕

〔明〕郭勳

冬景蕭疏，又遇著濃摳兜兆一天雲霧，散瓊花遍滿街衢，剪鵝毛，韰羊角，粉妝成林木。玉宇冰壺，赤緊的路凹凸怎生移步。

醉春風：似這般凍雪壓征衫，寒風砭瘦骨，莫不是春歸也柳絮滾香綿，卻怎生半空中舞向人頭上撲撲。我將這袖兒拂，僧舍裏颺一縷茶煙，歌樓中消一襟酒力，扁舟上披一蓑漁父。

紅繡鞋：這雪韓退之他也曾迷蹤失路，狄梁公他也曾感歎嗟吁，賢達婦他也曾雙駕井陘車，酷寒亭他也曾悲孔目，破窯內他也曾凍寒儒，貶黃州他也曾將學士阻。

么：便有那穆官裏也難歌黃竹，便有那孫康志也怎地讀書，便有那晉袁安也蓋上個厚綿襦，便有那王子猷也難舉棹，便有那孟浩然也不騎驢，便有那陶學士也茶怎煮？

〔註 127〕此曲宮調為「中呂宮」。

么：謝道韞把楊花比喻，陶仕行將木屑平鋪。蘇子卿飲雪餐毛在單于，蕭君有老糜哀滕六降。衛君感樵子哭出倉粟，便有那李將軍也破汝。

么：我子見白茫茫渾迷遠渡，素皚皚亂糝長途，迅指間千里山川似銀鋪。我子見歸鴉投古木，寒雁宿深蘆，將我這紅繡鞋踏上些泥共土。

石榴花：對著這青燈相伴影兒孤，又撞入囚妓女黑禮都。我和你百年恩愛做妻夫，既知心可腹，似水如魚，誰承望踏枝不著空回去，閃的人尖簷脫兩頭無。我將這千言萬語伊行訴，誰解我天來大悶葫蘆。

鬥鵪鶉：盡今世鳳只鸞孤，再怎肯鶯儔燕侶，撇罷了抹月批風。休指望巫雲楚雨，守到那石爛江干河海枯。也栽不成連理株，布襖荊釵，無福受花冠繡服。

上小樓：寒門草廬，蓬窗蓽戶，我子待補綻縫聯，倒杼番機，每日家播種耕鋤。奉舅姑，事丈夫，倚賴著十親九故。實指望一家兒上下和睦。

么：我便似掐了毒的蠍，你便似拔了尾的虎。送得來棄業拋家，背井離鄉，鰥寡孤獨。常想著結髮初，又不到半載餘。也算了春風一度，抵多少結絲蘿百年夫婦。

——明．郭勳：《雍熙樂府》第 7 卷，第 26～27 頁，《四部叢刊．續編》集部．詞曲類，第 493 冊，第 26～27 頁。

0979. 粉蝶兒．悟真如〔註 128〕

〔明〕郭勳

眼力昏花，嫋西風數莖白髮。寨兒中小小生涯，待官員，迎子弟，悶來閒話。賣著些穀雨新茶，一世兒不曾虛詐。

醉春風：憑方寸志誠心，有神天能鑒察，我常將忠直言語勸街坊，全不會假假。我勸人孝順爺娘，和睦鄉里，看承姻婭。

紅繡鞋：試聽我平心說話，論行藏誰得如他。他將這錦陣花營不曾踏，支楞箏的頓開玉鎖。疏刺沙的擺脫金枷，暢好是自逍遙清靜煞。

石榴花：好兒好女眼前花，一哄地鬧諠嘩。便做是有錢有物莫矜誇，世情如嚼蠟，恩愛似搏沙。被光陰催攢的他心驚怕，急回頭鬢霜華。有一日臥麒麟高低在北邙下，知他是明月落誰家。

〔註 128〕此曲宮調為「中呂宮」。

鬥鵪鶉：都子為慾火貪泉，致令的心狂性傻。出來的笑有嫌無，常子是將真作假。不似恁猱兒每忒狡猾，似宣州花木瓜，全不肯改志收心，劃地待妝聾做啞。

上小樓：你子待街頭撇花，席前謊詐。但見些向鈔精銀，懷裏忙揣，手內頻抓。若共他，兩事家，爭鋒截馬，直的郎君每血忽淋剌。

齊天樂：你子待向星前月底歡洽，委實地擔驚怕。真如慣跳塔輪鍘，臥房中玉鎖金枷。從他那輕狂勢沙，空陪酒共茶。明明地賣俏迎奸，暗暗地棄業拋家。肉鰾膠黏花，圈圚大過，一世虛花。

紅衫兒：難說知心話，為甚將伊罵？潑生涯，潑生涯，直恁傷風化。忒情雜，忒情雜，盡放縱心猿意馬。

滿庭芳：他子為心情冗雜，倏然光景，撚指韶華。便有那嬌兒嬌女難描畫，都是些歡喜的冤家。因此上知去就端嚴坐化，恰正是再重來現世菩薩。說與恁休驚訝，一任他閒人嗑牙，都是那打鼓弄琵琶。

耍孩兒：將恁這半生風月收拾罷，歎塵世光陰沒揣拿。清閒冷淡作生涯，便休去排場上土抹灰搽。撇末中再莫心留戀，花爨裏休將腳去踏趕趁處休牽掛。收拾了古弄，洗渲了煙花。

四煞：將恁那賤衣食早打疊，潑風聲須按納。再休題春宵一刻千金價，再莫弄笙簫鼓板箏琴瑟，剩買下柴米油鹽醬醋茶。說幾句家常話，每日家番機倒杼，紡布緝麻。

三煞：常題著善在心，早起些勤治家，休睡損珊瑚枕面春風凹。你既是青樓再不搖歌扇，又何須絳縷猶封繫臙紗？恁若是得閒假，將佛經朗誦，把數珠頻掐。

二煞：讚歎你李妙清，證菩提老媽媽，蓋因為輪迴轉的你心兒裏怕。你莫在寶蓮臺畔閒聽講，兜率宮中正散花。你若是神通大，能將你佛光遍照，慧力微加。

餘音：我子見豪光龕上生，天花空內灑，香風滿室雲迎迓。似這等感應昭然是不假。

——明．郭勳：《雍熙樂府》第 7 卷，第 41～43 頁，《四部叢刊．續編》集部．詞曲類，第 493 冊，第 41～43 頁。

0980. 一枝花・雙溪閒老〔註129〕

〔明〕郭勳

半生溪上居，一寸心間地，稻粱常有慶，桃李自成蹊。　積善之基，細察其中理。多管是槐根深種德，三五個平頭奴能種能耕，八九歲寧馨兒學詩學禮。

梁州：山之北春雨桑麻藹藹，水之南秋風栗棗累累。明窗別有閒風致，象腿爐爇煙馥郁，雁足檠蠟炬光輝。兔毫盞金芽瀲灩，犀皮甌玉瀋淋漓。無半星俗事相羈，有三般勝槩堪題。護虛檻滴溜溜破野色橋駕虹腰，映疏簾翻滾滾蕩天光溪分燕尾。繞危欄淡氤氳帶煙痕山抹蛾眉。是誰，效得，人生似此非容易。居移氣，養移體，慈順堂前戲彩衣，歡笑怡怡。

尾聲：念之頻遇之晚區區萍水初相識，見而難別而易渺渺關河未有期。聊寫篇詞暫相慰，春前臘底，江東渭北，還折梅花問消息。

——明・郭勳：《雍熙樂府》第8卷，第16頁，《四部叢刊・續編》集部・詞曲類，第494冊，第15～17頁。

0981. 一枝花・閒樂〔註130〕

〔明〕郭勳

新栽數畝瓜，舊種千竿竹。不彈三尺劍，靜閱滿床書。詩骨清臞，冷淡淡心何慮。閒夭夭樂有餘，碧梧高彩鳳深棲。滄溟闊鯨鼇隱居。

梁州：取崖畔枯藤作杖，伐江皋曲木為廬。主人素得林泉趣，烹茶掃葉，引水通渠，鉤簾待月，俯檻觀魚。恥干求自抱憨愚，厭追陪懶混塵俗。傲慢似去彭澤棄職陶潛，疏散如困夔府豪吟杜甫。清高似老孤山不仕林逋，豈濁，不魯，處酸寒緊閉乾坤目。躲風雷，看烏兔，靜掩柴扉春日晡。便休題黑漆似程途。

黃鐘煞：守茆屋，忘勢利，甘貧何用王侯顧。倒青樽，拚趔趄，爛醉頻教婢妾扶。世上炎涼久憎惡，敬於賢，慢於富。罷朝參，儉家務。叱阿諛，薦忠恕。視肥甘，若鴆蠱。懼功名，似豺虎。詠梅軒，釣菱浦。結樵

〔註129〕此曲宮調為「南呂宮」，選自郭勳編《雍熙樂府》，其中所錄多是前朝歷代樂府，許多並無確切姓名，且編者也未注明，故此處及之後選自《雍熙樂府》者，便注編者名。

〔註130〕此曲宮調為「南呂宮」。

朋，友漁父。陋繁華，尚雅素。遠雕輪，避朱芾。老妻賢，釀醽醁。老夫狂，唱金縷。課耕男，教織女。推仁愛，給奴僕。頌歌謠，贊明主。盡紅輪，換朝暮。任浮雲，變今古。對猿鶴，做儔侶。喜煙霞，近囱戶。但將那老鳩巢懷抱放寬舒，一任教競蠅血兒曹謾欺侮。

尾：學不的睡不安蒼荒拔劍雞囱下舞，趕不上時未遇抖搜彈冠仕途上趨。秉一段鐵石心腸愈堅固，者磨你趙平原誘英雄計謀，齊孟嘗待賢良肚腹，賺不去狗盜雞鳴類兒數。

——明．郭勳：《雍熙樂府》第 10 卷，第 7～8 頁，《四部叢刊．續編》集部．詞曲類，第 496 冊，第 7～8 頁。

0982. 一枝花．冬雪〔註 131〕

〔明〕郭勳

朔風狂撼地軸，同雲布埋天際。唯聞千樹吼，俄視六花飛。凜冽寒威，暮景冬天氣。只疑春欲回，舞飄揚柳絮迎風。亂零落梨花滿地。

梁州：一漫兒不分乾坤上下，半合兒難辨途路高低。凍枝頭那裡覓梅花蕊，將寒枝壓損，把凍樹深培。望前村惆悵，庾嶺徘徊，一會家撲簌簌亂撒珠璣，只疑是白茫茫倒瀉瑤池。端的是退之馬藍關外失路難行，浩然驢灞陵橋迷蹤怎騎。子猷舡剡溪中阻興而歸，不曾，暫息，卻便似耍鵝兒萬萬千千對。扇粉蝶，舞風戲，密灑歌樓酒力微。不許停杯。

三煞：亂飄僧舍茶煙濕，深壅樵岩古徑迷。漁人披定玉蓑歸，才罷釣收輪向，灘邊將扁舟尋覓。呂蒙正在破窯內，撥盡寒爐一夜灰。展轉傷悲。

二煞：嚴凝冷透孫康室，料峭寒侵顏子扉。長安酒價倍增十，文君忍凍當爐，司馬敲冰滌器。歎周瑜怎題壁，張儀蘇秦強不的。繚繞空回。

隔尾：這的是潤國家天降真祥瑞，濟黎庶皆無苦病疾。一模糊約三尺，望遠沙鷗鷺棲。非丹青，即水墨。有妝鑾，有畫飾。從盤古，立天地。是有豪奢，富貴城池。也無那瓊世界，玉乾坤銀社稷。

——明．郭勳：《雍熙樂府》第 10 卷，第 44～45 頁，《四部叢刊．續編》集部．詞曲類，第 496 冊，第 44～45 頁。

〔註 131〕此曲宮調為「南呂宮」。

0983. 新水令・樂道〔註 132〕

〔明〕郭勳

對青山蓋一座草團瓢，伴琴棋古書茶藥。門前栽野杏，院後種山桃。松竹周遭，無榮辱有歡樂。

駐馬聽：散旦逍遙，貧不憂愁富不驕。誠心修道，韶光逝水不相饒。臨風對月品鸞簫，倚溪近澗將琴操。無憚勞，恁無情水火來周照。

喬牌兒：蝸角名不甚好，蠅頭利有何妙？俺存心無甚閒煩惱，睡東囱紅日高。

川撥棹：閒來時過溪橋，採藤花摘藥苗。林下漁樵，每日相邀。俺三個知心故交，淡生涯活計小，無憂愁閒快樂。

七弟兄：喚山童舞著，唱著，飲香醪。旋芻的村酒連壺調，將宜時野菜帶根挑。瓦盆中慢火煨山藥，醉了時就地倒。聽翠竹蕭蕭，見梧葉飄飄，看綠水迢迢。

梅花酒：樂清閒度歲華，無憂愁過逐朝。四時中景物好，春花開滿山遙。夏天涼晚風飄，秋月明素蟾高。冬瑞雪壓梅稍。

收江南：呀！看了一年四季樂陶陶。蘆花被煖度良宵，瓦爐中伏火暗香燒。掩柴門靜悄閒來無事跨雲鶴。

轉調煞：散清香滿院松花落，風來敲翠竹如宮調，聽黃鶯弄巧。雲林散旦樂安然，一世兒清閒快活到老。

——明・郭勳：《雍熙樂府》第 11 卷，第 36～37 頁，《四部叢刊・續編》集部・詞曲類，第 497 冊，第 36～37 頁。

0984. 新水令・知幾〔註 133〕

〔明〕郭勳

古今興廢轉頭空歎光陰一場春夢，今朝秦帝闕。明日漢家宮，多少英雄，都曾被利名送。

駐馬聽：顯甚玲瓏，暗想空施十大功。妝些懵懂，自思愁待五更鐘。心閒難探綠波龍，志高不作青雲鳳。莫誇勇爭能，楚漢成何用。

〔註 132〕此曲宮調為「雙調」。
〔註 133〕此曲宮調為「雙調」。

喬牌兒：恰春光花正濃，又秋色葉飄動。怎禁那兔烏來往相搬弄，看看的故人稀，添墓冢。

雁兒落：我如今避風波方悟通，遠是非分輕重。對柴門綠水溪，近草舍白雲洞。

得勝令：跳出虎狼叢，居在烏猿中。閒來時白酒磁壇注，清茶石鼎烹。從容，磯畔漁翁共縱橫。林間稚子同。

甜水令：有時樂意圖觀清心，棋著忘機，詩詠景物玩無窮。桃李深栽，禾黍多收，桑麻廣種。喜銀蟾晚掛蒼松。

折桂令：靜巉巉坐對孤峰，一枕南華，三尺絲桐。廝引玄鶴相隨白鹿，勝跨青驄。拖黎杖閒攜著小童，掛椰瓢醉訪仙翁。每日家任走西東，盡看他帶露迎霜管甚麼驟雨狂風。

尾聲：覷不得紅塵俗事偏繁冗，且隨緣終朝和哄。麻袍草履少憂愁鬆髻環絛罷驚恐。

——明．郭勳：《雍熙樂府》第 11 卷，第 39 頁，《四部叢刊．續編》集部．詞曲類，第 497 冊，第 39 頁。

0985. 紅繡鞋．烹茶掃雪

〔明〕郭勳

那一個賞玩在銷金帳下，這一個掃將來石鼎烹茶。他兩個各將風味自矜誇，白衣甘冷淡，紅粉愛奢華，把一個老先生慚愧殺。

——明．郭勳：《雍熙樂府》第 18 卷，第 27 頁，《四部叢刊．續編》集部．詞曲類，第 504 冊，第 27 頁。

0986. 紅繡鞋．隱逸

〔明〕郭勳

靜悄清幽庵觀，虛飄升斗微官，舞清風大袖布袍寬。乾坤上下轉，日月往來般，任興亡咱不管。

世事從今參破，利名再不爭羅，至無情歲月暗消磨。朱顏鏡裏老，白髮鬢邊多，更不生心上火。

家靠深溪淺澗，嬉遊遠水遙，山衲被窩一覺日三竿。一缽千家飯，九轉萬年丹，耐風霜布袍懶。

悶與漁樵談話，閒自汲水烹茶，藥葫蘆經卷是生涯。清風栽竹筍，明月種梅花，鎖心猿收意馬。

——明．郭勳：《雍熙樂府》第 18 卷，第 28 頁，《四部叢刊．續編》集部．詞曲類，第 504 冊，第 28 頁。

0987. 山花子．戴澳

〔明〕戴澳

樓瞰寒塘古木橫，幽禽時對小窗鳴。柳外何人停短棹，理漁罾。　　舊雨不來門書掩，疏籬新翦竹枝平。茶鼎白沙泉正熟，聽松聲。

——丁紹儀：《聽秋聲館詞話》第 9 卷，第 6 頁，《續修四庫全書》集部．詞類，上海古籍出版社，2002 年，第 1734 冊，第 119 頁。

0988. 搗練子．春睡足

〔明〕錢繼振

春睡足，落花平草架，荼蘼送晚晴梅子，弄黃茶翦翠柳，梢猶剩一聲鶯。

——沈宸垣、王奕清等編：《御選歷代詩餘》第 1 卷，第 33 頁，《四庫全書》集部．詞曲類，第 1491 冊，第 35 頁。

0989. 浪淘沙．薄暮峭寒分

〔明〕葉小鸞

薄暮峭寒分，羅簟香焚。粉牆留影弄微曛。一縷茶煙和夢煮，卻又黃昏。　　曲曲畫湘文，靜掩巫雲。花開花落負東君。嫌取花開花又落，都是東君。

——沈宸垣、王奕清等編：《御選歷代詩餘》第 26 卷，第 34 頁，《四庫全書》集部．詞曲類，第 1491 冊，第 559 頁。

0990. 青玉案．數竿疏竹野人家

〔明〕裘昌今

數竿疏竹野人家，夜來雪，打偏斜。無端低弄又還遮。數枝橫影，道

人睡起，疑是月籠紗。　　一圍雪色掩籬笆。縱秋水難比這銀沙。呼童快煮建溪茶。個個堪描，枝枝若畫，留著伴梅花。

——沈宸垣、王奕清等編：《御選歷代詩餘》第 45 卷，第 22 頁，《四庫全書》集部・詞曲類，第 1492 冊，第 125 頁。

0991. 滿庭芳・蕉長青箋

〔明〕吳宗達

蕉長青箋，筍抽斑管，悶懷欲寫無多。天公聽啟，可否竟如何？小構數椽茆屋，須傍取、千頃澄波。扁舟繫，酒筒茶灶，隨意泊煙蘿。　　心知三兩客，朝朝暮暮，百遍相過。且醉醒任量，雅謔狂歌。風雨不妨閉戶，憑欄處，嫩蕊柔柯。沉吟久，才情標格，千載憶東坡。

——沈宸垣、王奕清等編：《御選歷代詩餘》第 61 卷，第 13～14 頁，《四庫全書》集部・詞曲類，第 1492 冊，第 424 頁。

0992. 天仙子・煮茗

〔明〕高濂

竹塢青煙一縷浮。半鐺黃葉煮雲頭。龍芽香靄泛瓷甌。消午夢，了閒愁。寂寞詩脾渴正投。

——明・高濂：《芳芷棲詞》，見趙尊岳輯《明詞彙刊》上冊，上海古籍出版社，2012 年，第 1129 頁。

0993. 桂枝香・寄友村居

〔明〕張逸

天高氣肅，正一派秋聲，悲吟萬木。瀟洒遠山抹翠，澄溪漾玉。故人家住殘陽處，小楓村，低低茅屋。煙生蘆渚，霜沾菊圃，酒香茶熟。　　疏籬畔，山中野服。想竹欄琴韻，松窗棋局。四壁清幽，愛掛雲林幾幅。鯉魚風起天橫雁。待一葉、尋他剡曲。開樽長嘯，池邊蟹紫，牆頭橘綠。

——沈宸垣、王奕清等編：《御選歷代詩餘》第 73 卷，第 6 頁，《四庫全書》集部・詞曲類，第 1492 冊，第 624 頁。

0994. 百字令・穀雨試茶

〔明〕黃遐昌

春風著意，助才華又有，一番新致。花褪殘紅添綠葉，正是困人天氣。燕尾翩躚，鶯喉宛轉，妝點遊春記。此時此景，誰念孤清風味。　幸有翠葉初抽，瓊枝細碾，竹裏爐聲沸。謖謖松風多逸興，諒亦黨家不試。雅沁詩脾，幽來琴韻，更浣愁人胃。名花美酒，於中作何位置。

——陳夢雷：《欽定古今圖書集成・經濟彙編・食貨典》第 295 卷，茶部藝文四・詩詞，第 699 冊，第 40 葉。

0995. 滿江紅・題聖月兄歸來圖

〔明〕錢肅圖

斷水殘雲，留不住、并州羈客。且收拾、新亭孤淚，江濱吟魄。下榻漫淹徐孺子，歸來好賦陶彭澤。把柴門、遙向夕嵐開，餐山色。　水繞屋，漁燈白。雲滿袖，詩筒碧。更門茶僧舍，尋簃村北。半卷陰符摩醉眼，一編心史圖秋塵。有袁安高臥在東鄰，堪投跡。

——丁紹儀：《聽秋聲館詞話》卷九，第 3 頁，《續修四庫全書》集部・詞類，上海古籍出版社，2002 年，第 1734 冊，第 118 頁。

0996. 攤破浣溪沙・蜂欲分衙燕補巢

〔明〕陳繼儒

蜂欲分衙燕補巢，陰陰落葉遍江皋。一陣窗前風雨到，打芭蕉。　驚起幽人初睡午，茶煙繚繞出花梢。有個客來琴在背，度紅橋。

——汪灝：《御定佩文齋廣群芳譜》第 4 卷，第 22 頁，《四庫全書》子部・譜錄類，第 845 冊，第 327 頁。

0997. 點絳唇・題金石齋

〔明〕陳繼儒

有個人家，子雲草閣相如壁，室虛生白，雲氣堆金石。　經案茶床，一縷香煙織。風無力，床頭樹色，遮斷遊人屐。

——沈宸垣、王奕清等編：《御選歷代詩餘》第 5 卷，第 26 頁，《四庫全書》集部・詞曲類，第 1491 冊，第 119 頁。

0998. 點絳唇・涼雨初晴

〔明〕陳繼儒

涼雨初晴，放舟獨往遊三泖。寺門僧少，一點鷗來攪。　返入空山，竹庭柴門小。杯兒倒，燈前句好，雪裏留鴻爪。

——沈宸垣、王奕清等編：《御選歷代詩餘》第 5 卷，第 26 頁，《四庫全書》集部・詞曲類，第 1491 冊，第 119 頁。

0999. 點絳唇・天池

〔明〕陳繼儒

鍾鼓沉沉，寺門落葉歸僧獨，晚鴉初宿，影亂牆頭竹。　長嘯風前，清籟飛空谷。松如沐，炊煙斷續，杯底秋山綠。

——沈宸垣、王奕清等編：《御選歷代詩餘》第 5 卷，第 26～27 頁，《四庫全書》集部・詞曲類，第 1491 冊，第 119 頁。

1000. 點絳唇・題泖橋澄鑒寺

〔明〕陳繼儒

煙水茫茫，溪雲半掩堆僧屋。闌干數曲，窈窕藏花木。　三度風吹，送我來投宿。西窗竹，月明茶熟，橘柚牆頭綠。

——沈宸垣、王奕清等編：《御選歷代詩餘》第 5 卷，第 27 頁，《四庫全書》集部・詞曲類，第 1491 冊，第 119 頁。

1001. 滿庭芳・村莊

〔明〕陳繼儒

五鹿山邊，晉文投塊，至今漳水依然。使君住此，花木已多年。妝點亭臺橋道，長消受，夜月秋煙，莊前後，赤城綠野，場圃又鉤連。　斜陽新雨外，蘋青菱熟，鷺醉鷗眠。忽村墟，牧唱野外鍾傳。一片風光似畫，界不定，江北江南。相隨去，筆床茶灶，同上釣魚船。

——沈宸垣、王奕清等編：《御選歷代詩餘》第 61 卷，第 13 頁，《四庫全書》集部・詞曲類，第 1492 冊，第 424 頁。

1002. 滿庭芳・癸巳除夕示禪眾烹露地白牛詞

〔明〕戒顯〔註 134〕

憶昔當年，北禪分歲，曾烹露地白牛。雲居冷淡，也用這珍羞。鼓起庖丁手段，脫剝好、不剩絲頭。重經火，紅爐猛焰，鎔煉到全休。　雖然，只一味，甘逾酥酪，富比王侯。盛來香積禪，衲飽齁齁。更說諸方五味，食雖美、不中咽喉。乃召眾雲、齊聽取，殘年古話，拈出最風流。

——釋元鵬輯：《雲居山志》卷十七，見《中國佛寺志叢刊》第 21 冊，第 429 頁，廣陵書社，2006 年。

1003. 燭影搖紅・山塘即事

〔清〕吳偉業

踏翠尋芳，柳條二月春風半。泰娘家在畫橋西，有客金錢宴。道是留儂可便，細沉吟、回眸顧盼。繡簾深處，茗椀爐煙，一床絲管。　惜別匆匆，明朝約會新亭館。扁舟載酒問嬋娟，驀地風吹散。此夜相思豈慣。孤枕宿、黃蘆斷岸。嚴城鍾鼓，凍雨殘燈，披衣長歎。

——吳偉業：《梅村集》第 20 卷，第 7 頁，《四庫全書》集部・別集類，第 1312 冊，第 203 頁。

1004. 意難忘・山家

〔清〕吳偉業

村塢雲遮。有蒼藤老幹，翠竹明沙。溪堂連石穩，苔徑逐籬斜。文木幾，小窗紗，是好事人家。啟北扉，移床待客，百樹梅花。　衰翁健飯堪誇。把癭樽茗碗，高話桑麻。穿池還種柳，汲水自澆瓜。霜後橘，雨前茶，這風味清佳。喜去年，山田大熟，爛熳生涯。

——吳偉業：《梅村集》第 20 卷，第 1 頁，《四庫全書》集部・別集類，第 1312 冊，第 200 頁。

〔註 134〕戒顯（1610～1672），字願雲，別號晦山，又號罷翁，亦稱晦山和尚，明末清初江蘇太倉人，初習儒業，與宿儒張采、吳偉業等交好。

1005. 高陽臺・天平山

〔清〕王昶

載酒輿輕，尋詩筇健，芒鞵早踏天平。山翦秋眉，煙中八字斜橫。麼禽警月苔梅謝，款東風，初語吳鶯。看春光，過了燒鐙，漸近清明。　周郎遊記重吟寫，歎薰香新荈，誰續茶經。一道寒泉，飛來空和松聲。草堂西崦荒基在，念生涯，忍負鷗盟。又何時，石磴花龕，長伴殘僧。

——黃燮清：《國朝詞綜續編》第 2 卷，中華書局，1920 年，國家圖書館藏本，第 8～9 頁。

1006. 洞仙歌・自題小像

〔清〕王昶

梨雲夢遠，悵春愁誰省，自寫吟魂伴梅影。念暈紅詞句，慘綠年華，都付與，小閣輕寒薄病。　雨絲風片裏，憔悴相如，懶踏尋芳舊香徑。小榻颺茶煙，碧葉愔愔，好占取，松溪蕙磴。只一片傷心畫難成，怕點鬢秋霜又添明鏡。

——黃燮清編：《國朝詞綜續編》第 2 卷，中華書局，1920 年，國家圖書館藏本，第 9 頁。

1007. 浣溪沙・誰念西風獨自涼

〔清〕納蘭性德

誰念西風獨自涼，蕭蕭黃葉閉疏窗，沉思往事立殘陽。　被酒莫驚春睡重，賭書消得潑茶香，當時只道是尋常。

——納蘭性德：《納蘭性德詞》，文力出版社，1947 年，第 14 頁。

1008. 晏清都・詠宋人大食瓷茶杯

〔清〕曹貞吉

猶帶鯨波冷，遙天色，斷雲微露清影。玻璃質脆，盈盈不類，汝哥官定。隨月葉金書，煩赤嬲、拳須管領。而今作、承露銅盤，仙人淚滴猶剩。　思量紫袖昭容，白頭阿監，深夜調茗。松濤罷響，流泉淡注，碧梧銀井。那堪回首天上，空暗憶、龍團鳳餅。伴高齋、瀟灑琴樽，小窗日永。

——清·曹貞吉：《珂雪詞》卷下，第 8 頁，《四庫全書》集部·詞曲類，第 1488 冊，第 711 頁。

1009. 南鄉子·宿瑪瑙寺禪房

〔清〕黃燮清

玉版話三生。禪榻茶煙證淨盟。時有妙香來鼻觀，零星。佛座閒花供一瓶。　　燈火透簷青。襆被輕寒逼五更。殘夢不曾留得住，忪惺。雨裏疏燈又幾聲。

——黃燮清撰：《倚晴樓詩餘》第 1 卷，第 1 頁，天津圖書館藏清咸豐同治間海鹽黃氏拙宜園刻本 16 冊版，第 4 冊，第 1 頁。

1010. 齊天樂·偕研仙、馥塘嘉善城南看菜花至南瞻庵

〔清〕黃燮清

出城便與紅塵隔，郊原乍開新霽。遠碧浮天，叢黃繡陌，春在板橋煙寺。花香數里。正拂面輕寒，紙鳶風細。竹院逢僧，石泉剛試煮茶水。　　清明容易過了，愛光陰炊筍，誰證禪味。野趣尋鷗，清遊侶蝶，翻悔年年燕市。田歌唱起。笑布地金多，太平歡喜。路入微茫，女牆斜照裏。

——黃燮清撰：《倚晴樓詩餘》第 3 卷，第 5～6 頁，見《倚晴樓集九種》，天津圖書館藏清咸豐同治間海鹽黃氏拙宜園刻本 16 冊版，第 4 冊，第 35～36 頁。

1011. 采桑子·玲瓏亭子分三面

〔清〕黃燮清

玲瓏亭子分三面，一面迴廊。一面紅牆。一面欄干靠夕陽。　　木樨香和茶煙膩，才出紗窗。才整羅裳。人倚西風語亦涼。

——黃燮清撰：《倚晴樓詩餘》第 1 卷，第 15 頁，見《倚晴樓集九種》，天津圖書館藏清咸豐同治間海鹽黃氏拙宜園刻本 16 冊版，第 4 冊，第 15 頁。

1012. 鷓鴣天・僻處門無剝啄聲

〔清〕喬萊

僻處門無剝啄聲，一庭嫩綠雨初晴。因山架屋苔常滿，倒樹成橋葉尚生。　新筍迸，午風輕，飛花誤入煮茶鐺。翛然相對清如水，坐聽林間鳥自鳴。

——黃燮清編：《國朝詞綜續編》第 1 卷，中華書局，1920 年，國家圖書館藏本，第 9 頁。

1013. 柳梢青・效許圭塘體

〔清〕厲鶚

鬢點吳鹽，十年來去，苧剪征衫，千里鶯花幾重煙水，一片雲帆。　鄉園試話情忺，有黛染，明湖鏡奩，佛土茶香，漁村蓴滑，好個江南。

——厲鶚：《樊榭山房續集》第 9 卷，第 13 頁，《四庫全書》集部・別集類，第 1328 冊，第 273 頁。

1014. 東風第一枝・癸卯元夕雪晴

〔清〕厲鶚

拂柳蛾消，妝梅鶴瘦，玉煙吹散無影。放教明月初圓，最憐倚篝漏永。街泥不斷，已減卻燈邊遊興。料粟肌籠袖香留，笑裏有人偷並。　占響卜，紫姑誰證，思舊約，素娥暗省。一番花信添寒，十分草痕洗淨。凝情買夜，漫再認飛鸞窺鏡，悔少年爭逐輕塵，得似煮茶風景。

——厲鶚：《樊榭山房集》第 10 卷，第 1 頁，《四庫全書》集部・別集類，第 1328 冊，第 130 頁。

1015. 風入松・憶茶

〔清〕厲鶚

陸家休更說遺經，負了雨前盟。當時風月花瓷畔，餘甘漱，幾許看承。戲語從佗歐九，困人不止春酲。　為茶作病病皆清，鬪鬲有凝冰。而今卻費閒薑桂，開芳焙，可是忘情。一盞微聞蘭氣，半簾時夢松聲。

——厲鶚：《樊榭山房集》第 10 卷，第 24 頁，《四庫全書》集部・別集類，第 1328 冊，第 142 頁。

1016. 減字木蘭花・過張無夜花龕

〔清〕厲鶚

竹垣花架，四面陰陰堪結夏。手捉松枝，君是前身鶴阿師。　　楞伽堆案，欲話無生誰是伴。久斷知聞，一縷茶煙嫋作雲。

——厲鶚：《樊榭山房集》第 10 卷，第 22～23 頁，《四庫全書》集部・別集類，第 1328 冊，第 141 頁。

1017. 臺城路・當湖喜晤張今涪別去以詞見寄依韻奉酬

〔清〕厲鶚

柘西尚有詞人在，梅邊愛聽吳語。明鏡慵窺，青山欠買，贏得吟情如縷。高陽伴侶，約小醉圍爐。孟婆能阻，斜日歸鴉，一群寒影向村塢。

殘年猶是逆旅，津亭仍解纜，離恨難譜，橫泖蓴鱸，東湖煙水，輸與漁兒漁女。心期暗許，在第六橋頭，酒旗茶鼓，一片春光，快教胸臆吐。

——厲鶚：《樊榭山房續集》第 9 卷，第 9～10 頁，《四庫全書》集部・別集類，第 1328 冊，第 271～272 頁。

1018. 齊天樂・送樊榭歸西湖

〔清〕馬曰琯

廉纖細雨侵衣袂，梅天最難調攝。苦筍過牆，青苔上砌，客裏光陰飄忽。懷歸念切，擬暫瀹茶鐺。少留吟篋，只恐紅衣，待君香散半湖月。

吹簫何處濯髮，浸空明一片，消盡炎熱。喚艇邀涼，憑闌覓句，沙際白鷗凝雪。那堪間闊，定蘦憶山齋。幾般縈結，莫負秋匆，滿林蟬亂咽。

——厲鶚：《樊榭山房續集》第 9 卷，第 14 頁，《四庫全書》集部・別集類，第 1328 冊，第 274 頁。

1019. 采桑子・題焦山僧房

〔清〕孫枝蔚

老僧頭白焦山頂，不管興亡。安穩禪床，臥對江南古戰場。　　客來久坐渾無語，飯熟茶香。歸路茫茫，水打空船月照廊。

——孫枝蔚：《溉堂前集》詩餘第 1 卷・小令，哈佛大學圖書館藏油印本，第 2 頁。

1020. 菩薩蠻・賦雪中寶珠山茶〔註 135〕

〔清〕孫枝蔚

一

天寒轉覺花兒美，畫中好景應無此，雪舞滿簷風，赤城霞更紅。　將花持獻佛，可是僧家物。色自勝珊瑚，人言是寶珠。

二

採桑曾是羅敷女，不妨略帶村中趣，豔絕兩株花，不妨名喚茶。　賞花須對酒，難以龍團友。又似党家姬，淺斟低唱時。

——孫枝蔚：《溉堂前集》詩餘第 1 卷・小令，哈佛大學圖書館藏油印本，第 20 頁。

1021. 沁園春・詠香

〔清〕孫枝蔚

好向珠樓，應贈阿嬌，鈿盒初勝。是鬱金沉水，兩般通意，都梁迷迭，萬里馳名。繡幔風吹，紗窗雨過，嫋嫋惟看寶篆明。難消受，怕滿身花氣，蛺蝶須驚。　休嘲十索官情，便翠被殷勤到五更。看季和相見，下官欲走，蘊州端坐，好句初成，睡鴨爐中，紫凫屏下，一縷公然價不輕。這滋味美，誰堪共賞，茶嫩琴清。

——孫枝蔚：《溉堂前集》詩餘第 2 卷・長調，哈佛大學圖書館藏油印本，第 4 頁。

1022. 柳枝・人日過畹仙校書家〔註 136〕

〔清〕陳維崧

雪淨春瓷隱綠光，發茶香。手擘江橘顫釵梁，玉纖涼。　放夜傳聞今歲早，銀燈好。再來須盡十分狂，省縈腸。

——陳維崧：《迦陵詞全集》第 1 卷，第 10 頁，見《陳迦陵文集》第 3 冊，上海商務印書館縮印患立堂刊本，民國 25（1936）年，第 358 頁。

〔註 135〕此處「山茶」非為「山中茶樹」，而是指滇西南、大理一帶盛產的山茶科名花「山茶花」。此處作者以「山茶」引申至茶事，殊有趣韻。

〔註 136〕共三首，此為其三。

1023. 浣溪沙・偶憩清和庵即事

〔清〕陳維崧

壘石緣流一徑斜，寺門幽似野人家。西風黃葉響籬笆。　紫入鸚哥名是菊，紅歸鴉舅色如花。僧雛竹下自煎茶。

——陳維崧：《迦陵詞全集》第 2 卷，第 1 頁，見《陳迦陵文集》第 3 冊，上海商務印書館縮印患立堂刊本，民國 25（1936）年，第 359 頁。

1024. 太常引・坐積翠閣，同吳園次賦

〔清〕陳維崧

古苔繡甃亂泉鳴，嗚咽說生平。耳畔恍搊箏，是落葉、聲耶雨聲。　畫廊潑翠，茶鐺翻雪，趺坐證三生。碧透小銅瓶，斜插朵、黃梅更清。

——陳維崧：《迦陵詞全集》第 3 卷，第 10 頁，見《陳迦陵文集》第 3 冊，上海商務印書館縮印患立堂刊本，民國 25（1936）年，第 371 頁。

1025. 醉鄉春・詠茶花

〔清〕陳維崧

鼎內乳花將溜，瓶裏玉花先逗。真皓潔，太伶俜，雪暗茶園如繡。　葉與花情相鬥，花與葉芬相糅。將嫩蕊，比幽蘭，幽蘭還遜三分瘦。

——陳維崧：《迦陵詞全集》第 3 卷，第 11 頁，見《陳迦陵文集》第 3 冊，上海商務印書館縮印患立堂刊本，民國 25（1936）年，第 371 頁。

1026. 茶瓶兒・詠茗

〔清〕陳維崧

綠罨苕溪顧渚，拍茶婦，繡裙如雨。攜香茗，輕盈笑語。記得鮑娘一賦。　邀陸羽，煎花乳，紅閨日暮。玉山半醉綃幃護，且消酪奴佳趣。

——陳維崧：《迦陵詞全集》第 3 卷，第 12～13 頁，見《陳迦陵文集》第 3 冊，上海商務印書館縮印患立堂刊本，民國 25（1936）年，第 371～372 頁。

1027. 河傳第三體・新茗

〔清〕陳維崧

穀雨嬌女，微遵綠崦，輕攏翠嫭。拍茶初，櫻筍廚。一縷，夜濤煎雪乳。　酒惡愁將繡衾涴。龍團破、頓覺春酲妥。藉庭莎，啜茗柯。羅羅！北窗幽興多。

——陳維崧：《迦陵詞全集》第 4 卷，第 9 頁，見《陳迦陵文集》第 3 冊，上海商務印書館縮印患立堂刊本，民國 25（1936）年，第 376 頁。

1028. 鷓鴣天・謝史蘧庵先生惠新茗

〔清〕陳維崧

竹院風爐夢正長，絹封箬裹十分香。龍團搗罷雲生臼，蟹眼熬成雨沸窗。　拚冷淡，盡奔忙，不如閒事好商量。人間別有真南董，新注茶經四五章。

——陳維崧：《迦陵詞全集》第 5 卷，第 2～3 頁，見《陳迦陵文集》第 3 冊，上海商務印書館縮印患立堂刊本，民國 25（1936）年，第 379～380 頁。

1029. 醉春風・豔情

〔清〕陳維崧

月暗蘭缸冥，風細花陰冷。紫茸帳底拍蕭娘，醒，醒，醒！良夜難逢，幽歡可惜，休教酩酊。　活火初烹茗，寶篆猶生鼎。紅妝枕畔語檀郎，等，等，等！城上人行，籠中鳥喚，如何便肯？

——陳維崧：《迦陵詞全集》第 7 卷，第 5 頁，見《陳迦陵文集》第 3 冊，上海商務印書館縮印患立堂刊本，民國 25（1936）年，第 393 頁。

1030. 玉梅令・同雲臣諸子過放庵禪院看梅，時積雨新霽

〔清〕陳維崧

禪房甚綺，有粉英嬌倚，連宵雨、幾枝臨水。恰小停響屧，簷隙已微

紅；紗窗日影，頓添半指。　　茶槍酒灶，都饒名理。只軒外、怕東風起。囑成團香雪，休去舞春城，須片片、墮金尊裏。

——陳維崧：《迦陵詞全集》第 7 卷，第 8 頁，見《陳迦陵文集》第 3 冊，上海商務印書館縮印患立堂刊本，民國 25（1936）年，第 395 頁。

1031. 皂羅特髻・憩慶雲庵方丈後小軒

〔清〕陳維崧

山風幾斛，吹萬笏晴螺，寺前堆積。陰陰竹院，與塵寰都隔。斜川外、幾姓漁蠻，攜綠箬，醉臥菱湖柵。雨添濕翠，怕晚來偏劇。　　小啜僧寮茗粥，助玉川茶癖。禪榻後、三間茅閣，恰面對、九龍峰脊。推窗驚叫，怪龍鱗都裂。

——陳維崧：《迦陵詞全集》第 9 卷，第 8～9 頁，見《陳迦陵文集》第 3 冊，上海商務印書館縮印患立堂刊本，民國 25（1936）年，第 408 頁。

1032. 驀山溪・惠山泉亭看月

〔清〕陳維崧

亂崖杳嶂，肯放籃輿倦。嗚咽夜泉吟，石欄邊、冷雲鋪滿。攜將一卷，陸羽鬥茶經；煎雪乳，碾龍團，幘向松風岸。　　碧天叫雁，街鼓三更斷。矯首盼冰輪，心已共、轆轤爭轉。今宵桂影，休墮織綃宮；人更悄，夜無聲，恐惹魚龍怨。

——陳維崧：《迦陵詞全集》第 9 卷，第 10 頁，見《陳迦陵文集》第 3 冊，上海商務印書館縮印患立堂刊本，民國 25（1936）年，第 409 頁。

1033. 千秋歲引・壽蘧庵先生七十

〔清〕陳維崧

松作龍形，棗如瓜大，遊戲神通復何礙。當初搖鞭過韋杜，而今泛宅來吳會。鳳凰池，麒麟閣，抽身快。　　且喜墨離山潑黛，且喜元宵燈尚賽。萬事難消風月債。茶鐺沸來同字煮，酒旗挑處和愁賣。四時花，三弄笛，身長在。

——陳維崧：《迦陵詞全集》第 9 卷，第 12 頁，見《陳迦陵文集》第 3 冊，上海商務印書館縮印患立堂刊本，民國 25（1936）年，第 410 頁。

1034. 洞仙歌·偶過岵雲上人蘭若，見其庭下紅梅盛開，漫詠

〔清〕陳維崧

傷春病酒，日三竿貪睡。睡起閒行巷南寺。老僧烹活火，碾罷龍團，七碗後，門外爛柯誰記！　驀看花朵上，頳臉微烘，似帶三分午前醉。索笑漫沉吟，莫是東邪，茜釵上、火珠初施。只認做、空門本無愁，又誰信枝枝，盡彈紅淚。

——陳維崧：《迦陵詞全集》第 10 卷，第 2 頁，見《陳迦陵文集》第 3 冊，上海商務印書館縮印患立堂刊本，民國 25（1936）年，第 411 頁。

1035. 鶴衝天·題鄒生巽含小像

〔清〕陳維崧

寒崖綠染，石竇低於甑。極目總蕭林，堆蒼黶。更梅花作海，綻香雪、飄千點。幽人巾自墊，趺坐苔陰，杳靄水明山店。　瑤翻碧灩，澗底泉澄湛。童子潑茶光，連幽簟。翠花瓷注茗，花沸乳，珠成紺。風情何澹澹，乍展吳綾，回味略如橄欖。

——陳維崧：《迦陵詞全集》第 10 卷，第 7 頁，見《陳迦陵文集》第 3 冊，上海商務印書館縮印患立堂刊本，民國 25（1936）年，第 414 頁。

1036. 勸金船·茶花

〔清〕陳維崧

綠紗窗底幽姿噴，射白花盈寸。玉娥小剪明羅暈，遞顧渚佳信。檀心暗蹙，悄向膽瓶安頓。最喜妝樓小撚，偏解春困。　茶娘家與春山近，

雨過香成陣。不知名處花尤俊，好傍人蟬鬢。懊惱滇茶，長把紅芳樹混。誰似伊行素雅，並沒脂粉。

——陳維崧：《迦陵詞全集》第 10 卷，第 8 頁，見《陳迦陵文集》第 3 冊，上海商務印書館縮印患立堂刊本，民國 25（1936）年，第 415 頁。

1037. 東風齊著力・田家

〔清〕陳維崧

綠水灣頭，青山迭處，有個人家。藤梢橘刺，禿幹矗槎枒。爛熳田莊風味，籬穿筍、砌吐鮮花。誰相餉，隔牆濁酒，過雨新茶。　溪口路三叉，門半掩、小橋流水棲鴉。芋區雞柵，零亂向風斜。處處村簫社鼓，叢祠畔、絲管咿啞。君休去，鯛魚大上，園韭才芽。

——陳維崧：《迦陵詞全集》第 11 卷，第 5 頁，見《陳迦陵文集》第 3 冊，上海商務印書館縮印患立堂刊本，民國 25（1936）年，第 419 頁。

1038. 琵琶仙・泥蓮庵夜宿同子萬弟與寺僧閒話

〔清〕陳維崧

倦客心情，況遇著、秋院搗衣時節。惆悵側帽垂鞭，凝情佇寥泬。三間寺、水窗斜閉，一聲磬、林香暗結。且啜茶瓜，休論塵世，此景清絕。

詢開士、杖錫何來？奈師亦江東舊狂客。惹起南朝零恨，與疏鐘嗚咽。有多少、西窗閒話，對禪床、剪燭低說。漸漸風弄蓮衣，滿湖吹雪。

——陳維崧：《迦陵詞全集》第 19 卷，第 10 頁，見《陳迦陵文集》第 3 冊，上海商務印書館縮印患立堂刊本，民國 25（1936）年，第 479 頁。

1039. 喜遷鶯・詠滇茶

〔清〕陳維崧

胭脂繡纈，正千里江南，曉鶯時節。絳質酣春，紅香寵午，惟許茜裙親折。曉印枕痕零亂，淺暈酒潮明滅。春園裏，較琪花玉茗，嬌姿更別。　情切，想故國。萬里日南，渺渺音塵絕。灰冷昆明，塵生洱海，此恨擬和誰說？

空對異鄉煙景，驀記舊家根節。春去也，想蠻花杙鳥，淚都成血。

——陳維崧：《迦陵詞全集》第 22 卷，第 4 頁，見《陳迦陵文集》第 3 冊，上海商務印書館縮印患立堂刊本，民國 25（1936）年，第 496 頁。

1040. 錦堂春・納涼

〔清〕張錫懌

池暝濃煙蔽竹，庭虛皓月窺廊。梧桐篩影闌干上，低拂竹方床。　螢火暗驚團扇，爐煙細娲茶香。卷來一枕羲皇夢，隨意繞瀟湘。

——黄燮清編：《國朝詞綜》第 2 卷，清嘉慶 7 年刊本，國家圖書館藏，第 4 頁。

1041. 金縷曲・送盛鶴江入都

〔清〕查慎行

酒罷昏星沒。正春江、揚舲捩柁，曉程催即。十載誇張才人事，香傳茶經俱輯。詩草又、新來成集。湖海名流徵欲起，剩唫窗、席冷無人奪。眉子研，且勤滌。　京華不少閒遊客。料紛紛、彈冠結襪，乘車戴笠。同學行藏都在眼，幾個文章得力。悵生事、逡巡五十。誰信蘆溝橋上路，有布衣、障扇騎驢入。定那處，相逢揖。

——查慎行：《敬業堂詩集》第 49 卷，第 2 頁，《四庫全書》集部・別集類，第 1326 冊，第 668 頁。

1042. 風流子・喜韜荒兄楚歸

〔清〕查慎行

村莊如畫裏，維舟了、微雨豆花秋。看楚俗攜來，人情粎粔，吳霜未老，雁膳蘧蔬。茅齋下、瓦盆隨分設，煙火隔廚幽。有兔褐茶香，侍兒纖手，鵝黃酒熟，奴子平頭。　我歌兄按拍，行樂處、何似竹脆絲柔。才隔巷南巷北，別樣風流。問瑞草橋邊，誰貽紅帶，富春江上，自有羊裘。一任酒徒星散，去覓封侯。

——查慎行：《敬業堂詩集》第 49 卷，第 3～4 頁，《四庫全書》集部・別集類，第 1326 冊，第 668～669 頁。

1043. 沁園春·送友人遊洞庭山

〔清〕查慎行

藥裹一囊，釣綸一竿，清遊在茲。歎越國浮家，今無高士，吳歌倚棹，誰譜新詞。壓擔書輕，扶頭酒重，過盡松陵知不知。垂虹畔，問楊郎鐵笛，可有人吹？　　黏天萬頃玻璃，只芥羽中流點破之。正石尤風定，煙棲花塢，熟梅雨足，水到茶陂。朱橘論錢，黃柑佐釀，好在秋光指後期。歸帆便，乞玲瓏片石，與致茅茨。

——查慎行：《敬業堂詩集》第 49 卷，第 5～6 頁，《四庫全書》集部·別集類，第 1326 冊，第 669～670 頁。

1044. 滿庭芳·陳簡齋先生新葺閒園隨黎州黃夫子過訪留贈

〔清〕查慎行

結構初完，規模漸拓，春田又看成蹊。夜來好雨，洗盡種花泥。宛似元家上泅，鳴鳩外、麥浪吹畦。橋南北、傍籬壘石，緩步得攀躋。　　渾迷，回棹路，煙添柳瀋，雲暖茶蹊。正客來問字，主愛留題。任是遊人小住，憑闌候、風信難齊。重過好，東園步屧，書籍記曾攜。

——查慎行：《敬業堂詩集》第 49 卷，第 6 頁，《四庫全書》集部·別集類，第 1326 冊，第 670 頁。

1045. 臨江仙·北山寓樓與宋梅知夜話

〔清〕查慎行

霜雪長途君勸矣，遠遊吾計匆匆。兩萍浮海偶相逢，茶煙禪榻，行復幾時同。　　漏轉城頭春夜永，小樓缺月疏桐。燈花何喜也能紅，亂鴉棲後，數盡北征鴻。

——查慎行：《敬業堂詩集》第 49 卷，第 16 頁，《四庫全書》集部·別集類，第 1326 冊，第 675 頁。

1046. 朝中措·夜遊虎丘

〔清〕查慎行

笙歌十里過山塘，到寺已黃昏。客散當壚酒冷，僧歸別院茶香。　　一奩止水，一堆講石，幾轉迴廊。及取無多清景，獨吟獨步何妨。

——查慎行：《敬業堂詩集》第 49 卷，第 19 頁，《四庫全書》集部·別集類，第 1326 冊，第 676 頁。

1047. 晏清都·過無錫，風便不及泊，遙望九龍在蒼翠。間向鄰舟分得山泉半瓶，烹茶破睡

〔清〕查慎行

陸羽經猶記。數水品、江南曾占第二。濃翠堆鬟，空青抹黛，濛濛雲氣。好風吹送吳船，甚失卻、登臨勝地。聽杳杳、幾杵疏鐘，煙林正擁山寺。　　百弓割片茶園，生涯飄泊，談何容易。銀瓶金井，夢中空想，轆轤聲起。五湖者番遊興，賴吹火、烹泉有此。把宜壺、淨洗供春，絕勝吳家買婢。

——查慎行：《敬業堂詩集》第 49 卷，第 19～20 頁，《四庫全書》集部·別集類，第 1326 冊，第 676～677 頁。

1048. 夢橫塘·題城南田老齋壁

〔清〕查慎行

鵲巢門巷，老樹低牆，映簷一帶城雉。三徑頻開，俗士駕、尋常不至。雕斛栽花，瓷盆養石，滿欄蒼翠。愛微霜初度，濃日猶溫，都未有，殘冬意。　　楚南風物無多，剩何參老去，能談往事。清景依然，只難得、閒人如爾。擬約個、酒徒再到，想見梅邊雪翻蕊。洗研求題，嘗茶看畫，與重揩棐几。

——查慎行：《敬業堂詩集》第 49 卷，第 32～33 頁，《四庫全書》集部·別集類，第 1326 冊，第 683 頁。

1049. 掃花遊·清明後一日再遊杜山與山學禪師茶話

〔清〕查慎行

去城不遠，被野趣招人。路回峰起，幾家桃李，並隔花姬姹。高鬟相倚，弄袖風來，好片踏青天氣，算多是，夢後韶光，眼前詩意。　　遙指方外地，有白髮閒僧，蕭然孤寄。前遊省記，正殘燈急雪，梅妝初試，轉

眼春深，又和葉摘，將青子茶煙裏，聽鐘聲，再尋山寺。

——查慎行：《敬業堂詩集》第 49 卷，第 37 頁，《四庫全書》集部．別集類，第 1326 冊，第 685 頁。

1050. 齊天樂．庚申武陵立春

〔清〕查慎行

綠蘋兩岸晴光轉，關心乍聞綿羽。樹掩蠻旗，草迎塞馬，冷落滿城簫鼓。寒梅未吐。被橫管聲聲，催開最苦。南陌東郊，有誰結伴討春去。　當時賓客遊處，蒼苔閒尋遍，猶記題句。野竹遮鄰，山茶出屋，此景眼前非故。蕭條如許。剩鷗鳥灣洄，幾家還住。及泛扁舟，水生挑菜渚。

——查慎行：《敬業堂詩集》第 49 卷，第 33～34 頁，《四庫全書》集部．別集類，第 1326 冊，第 683～684 頁。

1051. 二郎神．午日風雨殘酒薰人竟成薄醉友人索余題扇填詞應之

〔清〕查慎行

聽雨聽風，驀忽地、流光偷換。誰能料，者般客況，南食今年又半。蠻果枇杷偏遲熟，有撥刺、銀刀入饌。記馬渡清沅，買魚配酒，去年江館。　相勸，中丞脫略，容參午宴。也不用當門，懸符結艾，幸是把杯人健。醉裏詞成，拈鬚微笑，且為旁人題扇。剛夢隔，一縷茶煙，輕颸醒來靠晚。

——查慎行：《敬業堂詩集》第 50 卷，第 4 頁，《四庫全書》集部．別集類，第 1326 冊，第 694 頁。

1052. 瀟湘夜雨．長沙水檻亭為趙雲岑副使作

〔清〕查慎行

甃石為池，移橋就砌，多年結構才成。長沙風物，官閣有園亭。分取三湘別派，波光動、簾額盈盈。中秋對月應更好，杯底吸空明。　笑先生愛客，門庭如市，宦況彌清。一片冰壺裏，寫出閒情。直把西湖比似，也宜風雨也宜晴。只少得、篷舟一個，同聽煮茶聲。

——查慎行：《敬業堂詩集》第 50 卷，第 12～13 頁，《四庫全書》集部．別集類，第 1326 冊，第 698 頁。

1053. 江南好・虎丘送朱子容六丈入都癸亥二月

〔清〕查慎行

騎鶴吹笙，六郎風格，梅村句子猶新。詞壇酒壘，五十八回春。好在江山四壁，茶煙畔、鬢縷飄銀。驚初見，壯心千里，擬向何人。　　橫塘舟艤處，桃鬟柳眼，總是迷津。把吳都舊夢，付與前因。亂後渡江光景，算誰似、衛玠傷神。垂綸手，卻遮西日，還指洛陽塵。

——查慎行：《敬業堂詩集》第 50 卷，第 19 頁，《四庫全書》集部・別集類，第 1326 冊，第 701 頁。

1054. 水龍吟・次章質夫楊花舊韻

〔清〕查慎行

是誰細剪兜羅，不期而至無端墜。天生輕薄，眯人望眼，惹人閒思。繞徑鋪氈，當階滾雪，重門難閉。向酒旗影裏，茶煙榻畔，一陣陣，因風起。　　卻逐舞衫歌扇，亂紛紛、不成行綴。欲飛旋止，將離又合，乍團還碎。最怕沾泥，微嫌罥網，差宜點水。任無情、化作浮萍若個，灑楊家淚。

——查慎行：《敬業堂詩集》第 50 卷，第 32 頁，《四庫全書》集部・別集類，第 1326 冊，第 708 頁。

1055. 瑞鶴仙・武夷山下看道院製茶

〔清〕查慎行

淺瀨紋如縠，把輕篙撐入，瀾滄九曲。花宮繞林麓。也不耕瑤草，不栽黃竹。一聲秸鞠。催隔塢、人家布穀。又誰知、茶灶開時，三月石田蚤熟。　　雨足。旗槍初展，院院提筐，摘將嫩綠。濃蒸緩焙，看火候、才經宿。引微飈吹出，白雲深處，香遍山南山北。盡清流、滿載筠籠，何妨無肉。

——查慎行：《敬業堂詩集》第 50 卷，第 35～36 頁，《四庫全書》集部・別集類，第 1326 冊，第 709～710 頁。

1056. 滿庭芳・贈郭方儀

〔清〕鄭板橋

白菜醃菹，紅鹽煮豆，儒家風味孤清。破瓶殘酒，亂插小桃英。莫負陽春十月，且竹西村落閒行。平山上，歲寒松柏，霜裏更青青。　乘除天下事，圍棋一局，勝負難評。看金樽檀板，豪輩縱橫。便是輸他一著，又何曾著著讓他贏！寒窗裏，烹茶掃雪，一碗讀書燈。

——鄭燮：《鄭板橋全集・詞鈔》，國學整理社整理，國家圖書館藏版，1935 年，第 53 頁。

1057. 鵲橋仙・十一月八日

〔清〕朱彝尊

一箱書卷，一盤茶磨，移住早梅花下。全家剛上五湖舟，恰添了個人如畫。　月弦新直，霜花乍緊，蘭槳中流徐打，寒威不到小蓬窗，漸坐近越羅裙衩。

——朱彝尊：《曝書亭集》第 27 卷，第 4 頁，《四庫全書》集部・別集類，第 1317 冊，第 693 頁。

1058. 摸魚子・粉牆青虬簷百尺

〔清〕朱彝尊

粉牆青虬簷百尺，一條天色催暮。洛妃偶值無人見，相送襪塵微步。教且住。攜玉手潛得莫惹冰苔僕。芳心暗訴。認香霧長鬟邊，好風衣上，分付斷魂語。　雙棲燕，歲歲花時飛度。阿誰花底催去。十年鏡裏樊川雪，空嫋茶煙千縷。離夢苦。渾不省鎖香金篋歸何處。小池枯樹。算只有當時，一丸冷月，猶照夜深路。〔註 137〕

——朱彝尊：《曝書亭集》第 27 卷，第 7 頁，《四庫全書》集部・別集類，第 1317 冊，第 694 頁。

〔註 137〕此為其三。

1059. 天香・龍涎香

〔清〕朱彝尊

泓下吟殘，波中焰後，珠宮不鎖癡睡。沫卷盤渦，星垂尺木，採入蜒船鮫市。南蕃新譜，和六一，丹泥分製。裹向羅囊未許，攜歸金匼先試。　　炎天最饒涼思。井華澆、帛鋪澄水。百沸瓊膏噓作、半窗雲氣。孱火溫磨欲陷，又折入，犀帷娲難起。螺甲重挑，茶煙較細。

——朱彝尊：《曝書亭集》第28卷，第4頁，《四庫全書》集部・別集類，第1317冊，第705頁。

1060. 浣溪沙・文石

〔清〕高士奇

一片藍田種不成，淺沙點點密於星，就中最愛小螺青。　　摩詰細皴添畫法，坡翁長供寄吟情，煮泉曾否入茶經？

——高士奇：《竹窗詞》，見國家圖書館藏《竹窗詞・蔬香詞》，清康熙年間刻本，第4頁。

1061. 巫山一段雲・遊小武當

〔清〕鄭熙績

石徑穿雲入，溪流映日斜。翠微深處訪煙霞，犬吠到仙家。　　樹積千年蘚，藤懸百丈花。山僧汲水漱壺沙，留試雨前茶。

——葉恭綽編：《全清詞鈔》第4卷，中華書局，1982年，第194頁。

1062. 一枝春・茶甌中有一莖豎立，俗名茶仙，主有客來

〔清〕俞樾

嫩展旗槍，有靈根嫋嫋，亭亭斜倚。伶仃乍見，便是藐姑仙子。纖腰倦舞，又羅襪、踏波而起。休誤認，杯內靈蛇，負了雨前清味。　　天然一莖搖曳。愛雲花霧葉，青蔥如此。擎甌細品，漫擬苦心蓮蕊。靈機偶動，又添得、喜花凝聚。應卜取、佳客連翩，桂舟共艤。

——俞樾：《賓萌集》詞二，天津圖書館藏本，第12頁。

1063. 好事近・茶壺茶瓶

〔清〕邊壽民

石鼎煮名泉，一縷迴廊煙細。絕愛漱香輕碧，是頭綱風味。　　素瓷淺盞紫泥壺，亦復當人意。聊淬辯鋒詞鍔，濯詩魂書氣。

——邊壽民：《揚州八怪詩文集》，江蘇美術出版社，1985 年，第 15 頁。

1064. 昭君怨・秋月蕩舟南山下

〔清〕彭孫貽

綠漲長川西壩，蕩槳豐山腳下，深水蓼花灘，把船彎。　　折葦烹茶煙起，驚覺鷺鷥沙觜，路斷問魚蠻，出前山。

——彭孫貽：《茗齋詩餘》第 1 卷，上海商務印書館，民國 25 年（1936）版，第 5 頁。

1065. 霜天曉角・賣花〔註 138〕

〔清〕彭孫貽

睡起煎茶，聽低聲賣花，留住賣花人問，紅杏下，是誰傢。　　兒家，花肯賒，卻憐花瘦些，花瘦關卿何事，且插朵，玉搔斜。

——彭孫貽：《茗齋詩餘》第 1 卷，上海商務印書館，民國 25 年（1936）版，第 8 頁。

1066. 御街行・和伯旃寓內庭韻

〔清〕彭孫貽

真茶滴乳濃於酒，吹筆篥，嚴更後。天街人靜月明中，露滑絳河珠斗。夾城鳳吹，穿花隱隱，風定還無有。　　御溝金水無聲久，玉鱗躍，聞魚狗。周廬上直羽林郎，風骨幾人將肘，悔教夫婿，閨中夢裏，曾到漁陽否？

——彭孫貽：《茗齋詩餘》第 1 卷，上海商務印書館，民國 25 年（1936）版，第 35～36 頁。

〔註 138〕用蔣竹山折花韻。

1067. 更漏子・齋中自遣

〔清〕彭孫貽

博山雲，沉水月，不及梅花清絕。茶臼雪，竹壚風，鉤簾香影中。　無些事，惟搜句，思入鷓鴣啼處。填曲尾，補詩餘，烏絲砑粉書。

——彭孫貽：《茗齋詩餘》第 1 卷，上海商務印書館，民國 25 年（1936）版，第 13 頁。

1068. 憶餘杭・追憶朱廣文

〔清〕彭孫貽

記得餘杭山下路，深入畫眉啼處去。破山寺下亂紅堆，到處杜鵑開。

而今兌得餘杭酒，好客主人今在否？獨隨虎跡出西溪，天目採茶歸。

——彭孫貽：《茗齋詩餘》第 1 卷，上海商務印書館，民國 25 年（1936）版，第 17 頁。

1069. 拜星月慢・立夏

〔清〕彭孫貽

燕子巢成，楝花風過，鵜鴂送春去罷。何處春歸，問新來初夏。小庭院，到處陰陰嫩綠襯貼，荼蘼低架摺，疊春衫展，生綃裙衩。　北源茶，寄到山僧舍。香篝火，雪帶松濤□，鬧殺兒女嬌嬰笑，爭分梅蔗尺。佳人筍，試春尖乍舍桃。小色溜，朱櫻罅，聽西園，惜別殘鶯，惱荼蘼欲謝。

——彭孫貽：《茗齋詩餘》第 2 卷，上海商務印書館，民國 25 年（1936）版，第 73 頁。

1070. 浣溪沙・初夏

〔清〕彭孫遹

小閣冰簾軸畫叉，水沉煙重暈輕紗。鵲爐分火潑新茶。　綠竹傳將歡子粉，紅蕉憐殺美人花。一池春雨鬧鳴蛙。

——孫默：《十五家詞》第 24 卷，第 9 頁，《四庫全書》集部・詞曲類，第 1494 冊，第 336 頁。

1071. 清平樂・吳中東寄百旃

〔清〕彭孫遹

少年情緒。分付東流去。水上浮漚花上露。一霎蜉蝣旦暮。　　故人休問彈冠。心隨雲水同寒。覓得新來活計，筆床茶灶蒲團。

——孫默：《十五家詞》第 24 卷，第 19～20 頁，《四庫全書》集部・詞曲類，第 1494 冊，第 341～342 頁。

1072. 感皇恩・題北隱山房

〔清〕彭孫遹

深戶映花關，紙窗茅屋。栽就瀟湘萬竿竹。捎雲拂日，染出一庭濃綠。石床欹枕處、茶初熟。　　中有高人，棲遲空谷。冰雪瀠洄絕塵俗。欲遺雜佩，采采露蘭霜菊。相思何處也、人如玉。

——孫默：《十五家詞》第 25 卷，第 19 頁，《四庫全書》集部・詞曲類，第 1494 冊，第 354 頁。

1073. 蕙蘭芳引・答悔庵餉酒茗

〔清〕彭孫遹

不斷鄉愁，煙水外、風帆如簇。恨芳草斜陽，迢遞偏傷遠目。扶筇歸去，正東鄰、酒香茶熟。乍飛箋來到，空館敲殘寒玉。　　綠蟻頻浮，翠旗才展，頓消煩燠。有紫鱠千頭，更汲取碧琳千斛。石爐徐沸，葛巾新漉。倚南窗、一枕清眠初足。

——孫默：《十五家詞》第 25 卷，第 21 頁，《四庫全書》集部・詞曲類，第 1494 冊，第 355 頁。

1074. 沁園春・酒後作歌與擎庵〔註 139〕

〔清〕彭孫遹

自賦歸來，為問先生，何計忘貧。想行吟竹裏，烹殘蟹眼，著書林下，倚遍龍鱗。長著荷裳，閒拖芒屨，野老柴門正比鄰。難孤負，是賞心樂事，月夕花晨。　　陶然自得天真。渾忘卻、春明舊日身。有石床小幾，新涼

〔註 139〕作者依詞調共譜四首，此為其三。

可襲，玉池秋水，芳草堪紉。時對西風，徐揮方曲，何物元規塵污人。因傳語，倘扁舟來訪，許問迷津。

——孫默：《十五家詞》第 26 卷，第 19～20 頁，《四庫全書》集部·詞曲類，第 1494 冊，第 365～366 頁。

1075. 小諾皋·維揚旅舍聞蟬

〔清〕彭孫遹

碧蘚庭除，綠陰城郭，雨過空蒼如洗。正疏林、兩兩鳴蟬，高低聲遞。何待移宮換羽，嶰竹天然相比。戛餘音、還共南薰搖曳。客去茶清，棋殘香細。故攪人、北窗好夢，一覺揚州驚起。欹枕處，偏清厲。　託體高枝，翳形密葉，直是如羹如沸。總不管、西候羈情，南冠客意。似水流光暗逝，漸入深秋天氣。轉眼向、孤雁寒蛩更替。玄鬢凋殘，白頭憔悴。試臨風、獨憑欄干，側耳哀吟此際。容易使，秋心碎。

——孫默：《十五家詞》第 26 卷，第 24～25 頁，《四庫全書》集部·詞曲類，第 1494 冊，第 368 頁。

1076. 減字木蘭花·夜涼人定

〔清〕洪亮吉

夜涼人定，正好明心同見性。一縷茶煙，透到梅花小閣邊。　休休莫莫，夢好正嫌無著落。與我周旋，莫門眉梢眼角禪。

——洪亮吉：《更生齋詩餘》第 1 卷，《洪北江詩文集》上冊，上海商務印書館，民國 24（1935）年，第 1312 頁。

1077. 念奴嬌·錢竹初松菊猶存圖

〔清〕洪亮吉

十年歸計，只剛剛長就，滿籬松菊。買得半園工位置，盡可賞心娛目。忽悟浮生，因求大藥，並禮西天竺。回頭自望，鬢毛鏡裏先禿。　差幸服食祈年，迷途未遠，末路仍堪贖。莫待扁盧俱束手，醫雅難於醫俗。一徑香清，一簾花好，一味茶初熟。這回休誤，白駒頭上行速。

——洪亮吉：《更生齋詩餘》第 1 卷，《洪北江詩文集》上冊，上海商務印書館，民國 24（1935）年，第 1313 頁。

1078. 賣花聲・過三叉河贈練塘僧

〔清〕洪亮吉

洲樣亦如瓜，淺泊江沙。二分月已透窗紗，留得雪泥鴻爪影，都為梅花。　　稍遠市樓嘩，港到三叉。山僧親為煮山茶。白髮一龕忘世久，與證年華。

——洪亮吉：《更生齋詩餘》第 1 卷，《洪北江詩文集》上冊，上海商務印書館，民國 24（1935）年，第 1323 頁。

1079. 漁家傲・題陳野航畫竹

〔清〕洪亮吉

午餘睡起茶初熟，一竿愛寫玲瓏玉，葉葉枝枝濃淡各，還須屬。三更窗外秋聲莫。　　娟娟穩稱輕綃薄，圖成好置闌干角，待得晚涼新雨足，天如沐。月痕倒掛梢頭綠。

——洪亮吉：《更生齋詩餘》第 2 卷，《洪北江詩文集》上冊，上海商務印書館，民國 24（1935）年，第 1326 頁。

1080. 桂殿秋・飯已熟

〔清〕洪亮吉

飯已熟，忽呼茶，滿盤堆得雨前芽。瓷杯到手復揮去，獨自開簾看杏華。

——洪亮吉：《更生齋詩餘》第 2 卷，《洪北江詩文集》上冊，上海商務印書館，民國 24（1935）年，第 1348 頁。

1081. 鷓鴣天・誰守柴門是野鷗

〔清〕宋琬

陳叔明行年七十有三，邑宰，高其誼，聘為鄉飲。介賓固辭不就，其殆隱君子之流歟？

誰守柴門是野鷗，花邊茶臼竹間樓。古人偏愛陶元亮，祭酒咸推陳太丘。九節杖，一扁舟，布衣焉敢謁諸侯。老人未鯁何須祝，且往前村飯牸牛。

——孫默：《十五家詞》第 6 卷，第 18 頁，《四庫全書》集部・詞曲類，第 1494 冊，第 63 頁。

1082. 鵲橋仙・雨中宿笑隱庵示笑魯和尚

〔清〕宋琬

沙鷗睡穩，雨聲驚起，竹裏雙扉開合。南屏一縷白雲生，早失卻、雷峰殘塔。　青苔妨屐，黃柑伴茗，松老應同僧臘。西風蕭瑟柁樓寒，向彌勒、龕中下榻。

——孫默：《十五家詞》第 6 卷，第 20～21 頁，《四庫全書》集部・詞曲類，第 1494 冊，第 64 頁。

1083. 浣溪紗・秋日園居二調

〔清〕曹爾堪

一

謝客微軀不願勞，病餘覺減酒狂豪。花間行礙接䍦高。　個個蔓牽黃荔子，垂垂架掛紫蒲萄。曉盛芳露和蘭膏。

二

消夏如忘伏日高，藤床一枕暑能逃。起呼童子候茶濤。　書有蠹巢思曝卷，箋遺蠅墨阻揮毫。編來團扇鶴遺毛。

——孫默：《十五家詞》第 8 卷，第 8 頁，《四庫全書》集部・詞曲類，第 1494 冊，第 86 頁。

1084. 南鄉子・春情

〔清〕曹爾堪

酒病中春朝，頰暈檳榔醉未消。手簡龍團吹活火，頻燒。茶灶輕翻蟹眼潮。　多事在今宵，淡寫青山半幅綃。付與紅兒收貯了，偏嬌。銀甲調成和紫簫。

——孫默：《十五家詞》第 8 卷，第 28 頁，《四庫全書》集部・詞曲類，第 1494 冊，第 96 頁。

1085. 中調臨江仙・贈僧

〔清〕曹爾堪

曾向山中消日月，飽看竹翠楓丹。馴猿守洞虎登壇。地爐燒鴨腳，晴葉焙龍團。　　偶到人間持缽坐，粥魚聲繞空灘。浮生彈指悟邯鄲。孤筇沖積雪，百衲護春寒。

——孫默：《十五家詞》第 8 卷，第 32 頁，《四庫全書》集部・詞曲類，第 1494 冊，第 98 頁。

1086. 滿江紅・王西樵考功見和江村詞用前韻示孫無言

〔清〕曹爾堪

新綠江村，陰陰與、溪流爭漲。煩寄訊、竹平安否，至今無恙。初見栗留穿柳去，忽驚松鼠緣藤上。正春深、穀雨焙槍旗，山僧餉。　　難消遣，情搖漾。蠻姬舞，秦青唱。正蒲萄濃潑，春波如釀。試向花前移玉案，休思閣裏燃藜杖。念平生、一枕夢悲歡，他年狀。

——孫默：《十五家詞》第 9 卷，第 9 頁，《四庫全書》集部・詞曲類，第 1494 冊，第 105 頁。

1087. 滿江紅・題柳村漁樂圖

〔清〕曹爾堪

碧樹清溪，孤亭外、汀沙紆曲。閒家具、筆床茶灶，漁舠如屋。湖上綸竿惟釣月，盤中鱸膾全堆玉。曉煙深、楊柳蘸晴波，村村綠。　　朝露泣，連畦菊。細雨灑，垂簷竹。有青蓑可著，短衣非辱。縮項鯿肥春水活，長腰米白江村足。醉香醪、船繫夕陽斜，眠方熟。

——徐釚：《詞苑叢談》第 9 卷，第 29 頁，《四庫全書》集部・詞曲類，第 1494 冊，第 714 頁。

1088. 菩薩蠻・閔際行花乳茶

〔清〕陳世祥

仙人高掌空青雨，玉蓉幾點花頭乳。一葉乍沉甌，春雲自在流。　　蘭香誰可贈，已證松蘿聖。瑞草陋陽坡，除非訪穆陀。

——孫默：《十五家詞》第 14 卷，第 13 頁，《四庫全書》集部・詞曲類，第 1494 冊，第 181 頁。

1089. 念奴嬌・題山語雨花臺看雲小幅

〔清〕陳世祥

山中住久，有栗留枝上，時時來伴。潔日疏風天氣好，坐向綠陰嬌喚。午後微涼，一簾幽夢，清迥無拘管。起來閒步，泉花恰注茶椀。　雨花臺上看雲，丹黃青碧，萬里奇光滿。非色非空無定相，未可作雲霞觀。我把虛空，攝歸丸墨，貯向山公腕。冥然靜坐，長天明月如盥。

——孫默：《十五家詞》第 15 卷，第 12 頁，《四庫全書》集部・詞曲類，第 1494 冊，第 195 頁。

1090. 滿江紅・自題舊照

〔清〕黃永溪

窣地相看，還引鏡、逌然欲笑。誰寫作、錦衣窄袖，入時風調。一卷長攜原似昨，怪翁當日曾英少。更可憐、捧硯煮茶人，年方妙。　容偃蹇，湖山靠。聽響屧，迴廊繞。任小園爛漫，春風花草。如此生平良不惡，呼兒早認而翁貌。倘將來、畫出不堪觀，皤然老。

——孫默：《十五家詞》第 17 卷，第 2 頁，《四庫全書》集部・詞曲類，第 1494 冊，第 215 頁。

1091. 霜天曉角・元夕

〔清〕陸求可

新正月半，皓影連雲漢。偏鬧六街燈火，好月無人看。　喧闐簫鼓亂，旦旦如何旦。歸坐小山梅下，香茗幾人清玩。

——孫默：《十五家詞》第 18 卷，第 4 頁，《四庫全書》集部・詞曲類，第 1494 冊，第 231 頁。

1092. 柳稍青・寒食

〔清〕陸求可

細柳生煙。夭桃吐火，寒食春天。茶灶停炊，薰籠罷熱，冷落榆錢。　佳人爭戲秋韆。飄蕩處、依稀半仙。一騎紅塵，九門魚鑰，樂事無邊。

——孫默：《十五家詞》第 18 卷，第 7 頁，《四庫全書》集部・詞曲類，第 1494 冊，第 232 頁。

1093. 齊天樂・中秋泛舟

〔清〕陸求可

蘭橈六幅秋帆錦。江上商飆清冷。茶灶煙輕，筆床墨淡，泛宅浮家風景。鱸魚切粉。兼蓴菜縈絲，推篷小飲。桂魄團圞，廣寒宮裏天香近。　武夷君在何處，想雲裀寶座，幔亭峰頂。按節觀濤，乘流弄月，銀漢無聲高迥。風和浪靜。任珠露橫空，金波千頃。此夕中秋，水仙能管領。

——孫默：《十五家詞》第 18 卷，第 11～12 頁，《四庫全書》集部・詞曲類，第 1494 冊，第 234～235 頁。

1094. 女冠子・春雪

〔清〕陸求可

風光堪愛，青天上彤雲無賴。遲誤了，酒緣花債。紅桃翠柳，芳菲轉眼，東皇顏色改。玉屑天山滿，飛甲龍初敗。看青樓朱幌，凝妝少婦，光生銀海。

更燕子休巢，鶯兒裏舌，不似三春世界。騎驢客，杏花村外。淺斟低唱，帳下將軍翻自在。學士風流，細烹茶，清閒瀟灑。把前朝留下，雙柑斗酒，圍爐相對。

——孫默：《十五家詞》第 18 卷，第 17～18 頁，《四庫全書》集部・詞曲類，第 1494 冊，第 237～238 頁。

1095. 風中柳・夏曉

〔清〕陸求可

聽罷鳴雞，又見風敲翠竹。啟紗窗、朝光四屋。滂沱揮汗，待蘭湯早浴。喜書童、煎茶正熟。磅礴解衣，難得玄冰一服。笑行車、侵晨轆轆。　澆花出戶，倚遍藥闌幾曲。看枝頭、茉莉如簇。

——孫默：《十五家詞》第 18 卷，第 27 頁，《四庫全書》集部・詞曲類，第 1494 冊，第 242 頁。

1096. 醉蓬萊・夏日遊湖

〔清〕陸求可

看遙遙北渚，瀲灩清光，炎蒸不到。綠舫輕搖，向綠楊停棹。紅藕香中，開懷散髮，好臨波長嘯。語向奚奴，清閒執事，筆床茶灶。　　試望蒹葭，離披湖上，荷葉荷花，亭亭窈窕。沙鶴溪禽，勸擎杯一笑。不用彈弦，何須吹管，聽漁家小調。落盡紅輪，疏螢幾個，又來相照。

——孫默：《十五家詞》第 18 卷，第 29～30 頁，《四庫全書》集部・詞曲類，第 1494 冊，第 243～244 頁。

1097. 小重山・夏懷

〔清〕陸求可

五柳陰陰罩小窗。夢回殘卷盡，對斜陽。誰家河朔共飛觴。銷愁處、漁唱滿滄浪。　　重坐竹方床。七輪丁緩扇，進風涼。惠山泉煮紫茸香。看新月、影落鬱金堂。

——孫默：《十五家詞》第 18 卷，第 34 頁，《四庫全書》集部・詞曲類，第 1494 冊，第 246 頁。

1098. 陽關引・冬興

〔清〕陸求可

燕裹前朝設，迎得玄冥節。口脂面藥，恩光遠，空悲切。念東梁詞賦，惟有鄒枚絕。筆吐花、庭樹不斷兔園雪。　　對四壁僵臥，歌一闋。看浮生內，能逢多少風月。且莫耽清酒，但許烹茶啜。縱妓圍成陣，不若慕彈鋏。

——孫默：《十五家詞》第 19 卷，第 16 頁，《四庫全書》集部・詞曲類，第 1494 冊，第 256 頁。

1099. 塞翁吟・冬怨

〔清〕陸求可

強起憑高望，唯有落木寒鴉。曝背坐，野人嗟。遠渚亂蒹葭。梅花紙帳風淒緊，樓外冷日殘霞。對短景、暖爐重會，村酒頻賒。堪誇。　　隋宮樹，宵深剪綵，遊上苑，春知放花。正晚去、江山似畫。乘清興、度臘藏鬮，掃雪煎茶。扶餘貢玉，黍穀吹箎，寒落誰家。

——孫默：《十五家詞》第 19 卷，第 18 頁，《四庫全書》集部・詞曲類，第 1494 冊，第 257 頁。

1100. 柳梢青・揚子江

〔清〕陸求可

如練澄江，百端交集，對此茫茫。雨後鍾陵，煙中北固，青入篷窗。　金焦頂上斜陽，浪淘盡，英雄伯王。願汲南零，旋烹顧渚，細話興亡。

——孫默：《十五家詞》第 20 卷，第 8～9 頁，《四庫全書》集部・詞曲類，第 1494 冊，第 273 頁。

1101. 連理枝・佳人捧茶

〔清〕陸求可

煮就驚雷莢。郎在應先啜。才聽松風，旋看蟹眼，擎來不迭。試喁喁小語問多情，恐柔荑怕熱。　紅袖蘭香泄。一笑春生睫。石枕拋書，方床閣扇，開顏相接。更纖纖十指玉生光，共瓷甌無別。

——孫默：《十五家詞》第 20 卷，第 20 頁，《四庫全書》集部・詞曲類，第 1494 冊，第 279 頁。

1102. 風入松・茶

〔清〕陸求可

雙鬟小小上蘭堂，檢點紫茸香。玉纖把玩團圞餅，雙飛鳳，燦燦生光。庭際風吹紈扇，爐邊紅袖飄揚。　松風蟹眼試新湯。一縷篆煙長。惠山泉水翻雲浪，擎甌至，強起方床。酒病幾分消卻，花陰閒送斜陽。

——孫默：《十五家詞》第 21 卷，第 15 頁，《四庫全書》集部・詞曲類，第 1494 冊，第 291 頁。

1103. 茶瓶兒・小鬟茶話

〔清〕鄒祗謨

水味中泠第一。喚雙鬟、點來新葉。正蟹眼魚針初歇。攙入蘭花清色。　小鬟怯、擎杯澀。銀瓶作汲。阿郎到底相如渴。應罰做、王朗水厄。

——孫默：《十五家詞》第22卷，第16頁，《四庫全書》集部・詞曲類，第1494冊，第307頁。

1104. 最高樓・丁亥答文友楚中寄詞

〔清〕鄒祗謨

離愁處，碧樹正蒼茫。伊人又一方。君譜茶經攜瓦銚，我修花史坐琴床。玳樓中，金彈處，可能忘。　他生撇不下鴛池被，今生瓚不上鮫盤淚。楊柳下，泛歸航。借得世情消酒甕，拾將奇字襯詩囊。喚風姨，招月姊，伴雲窗。

——孫默：《十五家詞》第22卷，第28頁，《四庫全書》集部・詞曲類，第1494冊，第313頁。

1105. 風流子・村居

〔清〕鄒祗謨

村居三畝地，東風暖、無數暗陰遮。見綠草方塘，些些睡鴨，白楊廢圃，點點歸鴉。況牆外、老藤方掛樹，苦筍正抽芽。宜夏宜冬，幾間茅屋，半村半郭，一帶人家。　主人無個事，正瓷甌酌酒，瓦銚煎茶。更課樵青數輩，自捕魚蝦。看拍手群兒，爭驅黃犢，垂鬟小女，笑插紅花。只此閒中日月，暗度年華。

——孫默：《十五家詞》第23卷，第18頁，《四庫全書》集部・詞曲類，第1494冊，第323頁。

1106. 八歸・行石封山中小憩見村姬焙茶偶詠

〔清〕鄒祗謨

翠靄朝輕，紅雲晝暖，石乳玉茗乍茁。斑筠初織青絲籠，恰是吳姬相約，春纖其擷。香刺濛濛沾綴露，應摘盡、金蕾珠蘖，攜輕篗、帶笑歸來，衣染暗香絕。　　卻早柴扉半掩，紅泉初汲，中婦拍茶才歇。蒸凝青瓊，焙來綠髓，制就些些雀舌。看雲鬟影動，幽意引奇芬初泄。倦文園、自來消渴，仙掌分嘗，甕甌斟潤雪。

——孫默：《十五家詞》第23卷，第23頁，《四庫全書》集部．詞曲類，第1494冊，第326頁。

1107. 思佳客．和吳夢窗詠半面髑髏〔註140〕

〔清〕董俞

杜宇啼殘一夜風，棠梨猶剪嫁衣紅。曾於簾內匆匆見，卻向溪邊草草逢。山靜悄，月朦朧，青燐數點蠟燈同。從今落盡鉛華色，天女鳩茶總是空。

——孫默：《十五家詞》第36卷，第19頁，《四庫全書》集部．詞曲類，第1494冊，第490頁。

1108. 御街行．題太湖傍精藍

〔清〕董俞

小亭無數秋雲壓。雨筱涼侵榻。簾前千頃即澄湖，點點青螺插。有個高僧，赤髭白足，說盡生公法。　　十年慣把溪山踏。野鶴孤飛匝。此中撇下萬千般，消受茶槍菜甲。松陰夜靜，長歌岸幘。皎月纖痕掐。

——孫默：《十五家詞》第37卷，第6～7頁，《四庫全書》集部．詞曲類，第1494冊，第495～496頁。

1109. 春從天上來．贈陸君暘

〔清〕董俞

白髮花卿。向梨花皓月，綠醑同傾。宮商自譜，樂府新聲。驪珠一串分明。看輕攏慢撚，掩抑無限深情。正魂消，漸曲終人散，斗轉參橫。　　當年禁廷寵召，喜子夜瀛臺，天語崢嶸。漢代延年，唐時幡綽，風流今古齊古。旋南馳叱撥，春江路、蟾白螺青。掩柴荊。蒲團茗碗，蝶夢初醒。

——孫默：《十五家詞》第37卷，第18頁，《四庫全書》集部．詞曲類，第1494冊，第501頁。

〔註140〕作者依詞調共譜四首，此為其四。

1110. 賀新郎・登龍池絕頂憑虛閣

〔清〕史鑒宗

蒼翠飛千狀。破松根，嶙峋石磴，曲隨煙上。一徑蹣跚攀絕頂，縱眼豁然遼曠。看足底，群峰鋪浪。小閣恰當巃嵸處，俯懸崖、萬仞臨虛漭。憑欄語，眾山響。　　掀髯不覺塵襟蕩。眺東湖，一泓杯水，空明微漾。老衲孤棲誰伴侶，虎嘯猿吼酬唱。問佛法，無言相向。酌我半甌中頂茗，傍龍湫，拍手雲生杖。登臨興，老猶壯。

——葉恭綽編：《全清詞鈔》第 2 卷，中華書局，1982 年，第 60 頁。

1111. 望江南・江南憶

〔清〕錢繼章

江南憶，四月住山家，墜粉亂堆新筍籜，煆泥細壅建蘭芽，松下焙新茶。

——沈宸垣、王奕清等編：《御選歷代詩餘》第 1 卷，第 20～21 頁，《四庫全書》集部・詞曲類，第 1493 冊，第 29 頁。

1112. 風中柳・一點遙鍾

〔清〕錢繼章

一點遙鍾，漸覺霜披岩谷。松尖影，染成山足。茶煙依竹，篆煙依菊，紙糊窗、半間茅屋。　　散髮披襟，有客來觀溪綠。恰痛飲，讀騷初熟。清謳非曲，短吟非築，愛群公、寤言歌宿。〔註 141〕

——沈宸垣、王奕清等編：《御選歷代詩餘》第 43 卷，第 5 頁，《四庫全書》集部・詞曲類，第 1492 冊，第 79 頁。

1113. 壺中天・茶船

〔清〕姚燮

玉船橫幾，似仙蓮拓瓣，供人清啜。一舸黃州詞客去，湖上蘋緣誰結。桃葉排鐺，鷗童試銚，小載春池月。松床濤沸，夢回簾水涼闊。須莫至正

〔註 141〕元代劉因有《風中柳・飲山亭留宿》一詞云：「我本漁樵，不是白駒空谷。對西山、悠然自足。北窗疏竹。南窗叢菊。愛村居、數間茅屋。　　風煙草屩，滿意一川平綠。問前溪、今朝酒熟。幽禽歌曲。清泉琴築。欲歸來、故人留宿。」錢繼章此詞，蓋是從中化出。

銀楂，碧山制在，新樣從伊奪。石甕殘梅香點後，慢誤波心羅襪。藥海吹笙，曲江讀畫，泛到魚煙活。旗槍戰午，邵陽遺事同說。

——姚燮：《疏影樓詞鈔．石雲吟雅》，天津圖書館藏清道光 13 年（1833）上湖草堂刻本，第 5 頁。

1114. 齊天樂．瞿湖訪孫幼連

〔清〕姚燮

高廬背柳臨湖水，湖風暗搖吟幌。茶籟鳴笙，琴香泛月，別結蘭騷幽賞。半生屐兩。話馬峪春雲，雁門秋瘴。嘯傲歸田，瘦棱棱骨總無恙。　還思眼前知己，有鴉寒鶴素，遙答清吭。柳舫晴移，篁燈涼剪，往事空增怊悵。搴簾凝望。見三五煙舟，打魚叢蔣。宿雨含曛，夕山橫翠爽。

——姚燮：《疏影樓詞鈔．畫邊琴趣》，天津圖書館藏清道光 13 年（1833）上湖草堂刻本，第 7 頁。

1115. 一枝春．姚燮

〔清〕姚燮

細擷昆吾，愛圓方範出，龍鱗凫脰。摩挲款識，底印綠花微鏽。香泥撥麝，許春信、寄梅邊否。渾不料、簾外寒深，未過雪時三九。　銅仙那年化去，望鴛湖一角，張山如舊。遺來雅製，熨暖幾人懷袖。龔壺茗凍，慢吟罷、借渠爇透。撩昨夢、綺閣回燈，牡丹鞋瘦。

——姚燮：《疏影樓詞鈔．剪燈夜話》，天津圖書館藏清道光 13 年（1833）上湖草堂刻本，第 12 頁。

1116. 高陽臺．中泠紀遊圖

〔清〕姚燮

樓閣鴛鴦，林巒翡翠，仙梯躡上芙蓉。莽蕩灑天，此身渺渺何從，青山送得行帆去，又迎來、海上孤鴻。指鴻邊，楚尾吳頭，一碧冥蒙。　蒼涼不盡興亡感，甚南朝夢短，枕石城雄。漁笛歌殘，又聞隔水疏鐘。斜陽落葉紛如掃，是東風、還是西風。且烹泉，枕石高眠，鶴背看峰。

——姚燮：《疏影樓詞鈔續鈔》，國家圖書館藏請抄本〔1644～1911，善本書號：05607〕，第 17～18 頁。

1117. 八聲甘州・指江城北去是誰家

〔清〕姚燮

指江城北去是誰家，萬綠繞篔簹。看柴門日夕，湖催雁遠，煙抱鷗涼。定有高人倚瑟，秋夢落瀟湘。消受清閒福，詩味茶香。　此境應非塵世，但海聲天色，無限蒼茫。問何時添鍾，八百舊田桑。任西風、揚帆爭險，讓柳陰、眠月聽漁榔。真難得、杜陵遭亂，不壞茆堂。

——姚燮：《疏影樓詞鈔續鈔》，國家圖書館藏請抄本〔1644～1911，善本書號：05607〕，第 29 頁。

1118. 小重山・理安寺

〔清〕姚燮

密竹當門雨氣拽。狖梯通百折、覓泉流。奔厓斷澗合靈湫。千重翠、都向茗煙收。　湖海任沉浮。白雲埋得住、古時秋。萬山拱笏佛當樓。清鍾響、塵夢一回頭。

——姚燮：《疏影樓詞鈔續鈔》，國家圖書館藏請抄本〔1644～1911，善本書號：05607〕，第 39 頁。

1119. 聲聲慢・陳雲閣竹泉煮茗圖，依高竹屋體

〔清〕姚燮

香眉玉髓，剪翠研紅，安爐石闌四角。嫩火須添，掃得蛩邊枯籜。　千竿萬竿風靜，讓瑤笙、碧空吹落。午夢釅，借靈崖秋乳，凍瓷涼瀹。悟否參寥禪味，坐沉沉，斜陽漸過庭幕。酹燕酬鶯，笑恁花筵傳酪。雲門餅師無恙，未愁他、趙州天邈。和清籟，有松枰、避煙臞鶴。

——清・姚燮：《玉篴樓詩餘》，出版年不詳，國家圖書館藏本，〔善本書號：16587〕，第 19 頁。

1120. 攤破浣溪沙・入無量山

〔今〕馮天春

無量深山問古茶，誤入澗邊野僧家。原來無心即禪味，煮煙霞。　古瓷深雪映泥瓦，紅葉溪聲聽變化。盡是天地心做主，自生發。

——《禪茶康養》。

第四編　性靈茶語

1121. 荈賦〔註 1〕

〔晉〕杜毓

靈山惟嶽，奇產所鍾。瞻彼卷阿，實曰夕陽。厥生荈草，彌谷被崗。承豐壤之滋潤，受甘霖之霄降。月惟初秋，農功少休；結偶同旅，是採是求。水則岷方之注，挹彼清流。〔註 2〕器擇陶簡，出自東隅；〔註 3〕酌之以匏，取式公劉。〔註 4〕惟茲初成，沫成華浮；煥如積雪，曄若春敷。若乃淳染真辰，色績青霜，□□□□〔註 5〕。白黃若虛。調神和內，倦解慵除。

——歐陽詢等編：《藝文類聚》第 82 卷草部下 · 茗，第 24 頁，《四庫全書》集部 · 總集類，第 888 冊，第 677 頁；虞世南：《北堂書鈔》第 144 卷，孔廣陶校注，《四庫全書》集部 · 總集類，第 889 冊，第 738 頁；馬積高主編：《歷代辭賦總匯》，湖南文藝出版社，2004 年，第 782 頁。

〔註 1〕杜毓（？～311），西晉末年人，先後任汝南太守、右將軍、國子監祭酒。《荈賦》被視為茶文學之創始，但歷代流傳版本內容頗有差異，學界對之爭論也非常大。此處所錄，乃綜合《藝文類聚》《北堂書鈔》《全晉書》，以及今人所編《歷代辭賦總匯》等文獻而得，雖未必最符合原賦，但內容、句義相對較全，可作參考。

〔註 2〕擇水，岷江之地山泉。

〔註 3〕擇器，東甌越州陶器。

〔註 4〕品茶，傚仿周族首領公劉，以葫蘆瓢之法盛茶。

〔註 5〕此處明顯有闕佚。

1122. 惠山寺新泉記

〔唐〕獨孤及

此寺居吳西神山之足，山小多泉。其高可憑而上，山下靈池異花，載在《方志》。山上有真僧隱客遺事故跡，而披勝錄異者賤近不書。無錫令敬澄，字深源，以割雞之餘，考古案圖，葺而築之，乃飾乃圬。有客竟陵陸羽，多識名山大川之名，與此峰白雲相與為賓主，乃稽厥創始之所以而志之。談者然後知此山之方廣，勝掩他境。其泉伏湧潛泄，潗𣸣舍下，無沚無竇，蓄而不注。深源因地勢以順水性，始雙墾袤丈之沼，疏為懸流，使瀑布下鍾。甘溜湍激，若醴醴乳，噴發於禪床，周於僧房，灌注於德地，經營於法堂。潺潺有聲，聆之耳清，濯其源，飲其泉，能使貪者讓，躁者靜，靜者勤道，道者堅固，境淨故也。夫物不自美，因人美之。泉出於山，發於自然，非夫人疏之鑿之之功，則水之時用不廣。亦猶無錫之政煩民貧，深源導之，則千室襦褲，仁智之所及，功用之所格，動若響答，其揆一也。予飲其泉而悅之，乃志美於石。

——李昉：《文苑英華》第 828 卷，集部．總集類，第 1341 冊，第 4～5 頁；陳夢雷等：《欽定古今圖書集成．方輿彙編．山川典》第 98 卷，惠山部藝文一，第 191 冊，第 26 葉。

1123. 盧尚書簡辭有別墅

〔唐〕康駢

《劇談錄》：盧尚書簡辭有別墅，近枕伊水。方冬，眺玩，忽見二人牽引水鄉篷艇，船頭覆青幕，中有白衣人，與衲僧偶坐船後。有小灶安銅甑而炊丱角僕，烹魚煮茗，聞舟中吟嘯方甚。問之，乃白傅往香山精舍。

——陳夢雷等：《欽定古今圖書集成．經濟彙編．考工典》第 133 卷，廚灶部紀事，第 791 冊，第 11 葉。

1124. 白尚書為少傅

〔唐〕康駢

《劇談錄》：白尚書為少傅，分務洛師。情興高逸，每有雲泉勝境，靡不追遊。常以詩酒為娛，因著《醉吟先生傳》以敘。盧尚書簡辭有別墅近枕，伊水亭榭清峻。方冬，與群從子侄同遊，倚欄眺玩嵩洛，俄而霰雪微下，情興益高。因話廉察金陵常記江南煙水，每見居人以葉舟浮泛，就食菰米鱸魚，近來思之如在心目。良久，忽見二人衣蓑笠循岸而來，牽引水鄉篷艇，船頭覆青幕，中有白衣人與衲僧偶坐，船後有小灶安銅甑而炊丱角，僕烹魚煮茗，溯流過於檻前。聞舟中吟嘯方甚，盧撫掌驚歎，莫知誰氏。使人從而問之，乃曰白少傅與僧佛光同自建春門往香山精舍。其後每遇親友，無不話之，以為高逸之情莫能及矣。

——陳夢雷等：《欽定古今圖書集成．經濟彙編．考工典》第 180 卷，舟楫部紀事一，第 795 冊，第 4 葉。

1125. 三月三日茶宴序

〔唐〕呂溫

三月三日上巳，禊飲之日也，諸子議以茶酌而代焉。乃撥花砌，愛庭陰。清風逐人，日色留興。臥措青靄，坐攀香枝。閒花近席而未飛，紅蕊拂衣而不散。乃命酌香沫，浮素杯。殷凝琥珀之色，不令人醉。微覺清思，雖五雲仙漿，無復加也。座右才子南陽鄒子，高陽許侯與二三子頃為塵外之賞，而曷不言詩矣。

——李昉：《文苑英華》第 711 卷，第 14 頁，《四庫全書》集部．總集類，第 1339 冊，第 714 頁。

1126. 飲茶十德

〔唐〕劉貞亮〔註 6〕

以茶散悶氣，以茶驅腥氣，
以茶養生氣，以茶除病氣，
以茶利禮仁，以茶表敬意，
以茶嘗滋味，以茶養身體，

〔註 6〕劉貞亮（？～813），宦官，原名俱文珍，曾任宣武監軍、右衛大將軍、知內侍省事。一度握有重權，曾主導罷免翰林學士王叔文，逼唐順宗內禪憲宗。此《飲茶十德》，並未見明確收錄處，蓋因劉貞亮並不以詩文名於世，無相應著作。所謂「十德」為劉貞亮撰，也多是茶學界流傳之說。類似茶德，在劉貞亮之前即廣有流傳，此處當是劉貞亮綜合各家而撰成。此處十德，乃引自《莊晚芳論文選集》。

以茶可雅志，以茶可行道。

——錄於莊晚芳、王家斌：《日本茶道與徑山茶宴》，《農史研究》第四輯，1984 年。

1127. 方竹柱杖

〔五代〕嚴子休

《桂苑叢談》：太尉朱崖公，兩出鎮於浙右。前任罷日，遊甘露寺，因訪別於老僧院。公曰：「弟子奉詔西行，祗別和尚。」老僧者熟於祗接，至於談話多空教所長，不甚對以他事。由是公憐而敬之。煮茗既終，將欲辭去。公曰：「昔有客遺筇竹杖一條，聊與師贈別。」亟令取之，須臾而至。其杖雖竹而方，所持向上，節眼須牙，四面對出，天生可愛。且朱崖所寶之物，即可知也。別後不數歲，再領朱方，復因事到院，問前時拄杖何在曰：「至今寶之。」公請出觀之，則老僧規圓而漆之矣。公嗟歎者彌日。自此不復目其僧矣。太尉多蓄古遠之物，云是大宛國人所遺竹，唯此一莖而方者也。昔者友人嘗語愚云：「往歲江行風阻，未得前去，沿岸野步，望出嶺而去。」忽見蘭若甚多，僧院睹客來，皆扃門不內，獨有一院，大敞其戶，見一僧翹足而眠，以手書空，顧客殊不介意。友人竊自思，書空有換鵝之能，翹足類坦床之事，此必奇僧也。直入造之，僧雖強起，全不樂。客不得已而問曰：「先達有詩云：『書空翹足睡，路險仄身行。』和尚其庶幾乎？」僧曰：「貧道不知何許事？」適者晝房門拔匙拋客，不辭而出。嗚呼。彌天四海之談，澄汰簸揚之對。故附於此。

——陳夢雷等：《欽定古今圖書集成·博物彙編·神異典》第 201 卷，僧部紀事一，第 505 冊，第 55 葉。

1128. 南有嘉茗賦〔註 7〕

〔宋〕梅堯臣

南有山原兮，不鑿不營，乃產嘉茗兮，囂此眾氓。土膏脈動兮雷始發聲，萬木之氣未通兮，此已吐乎纖萌。一之曰雀舌露，掇而製之以奉乎王

〔註 7〕梅堯臣，字聖俞，世稱宛陵先生，官至尚書都官員外郎，善詩文，有《宛陵先生集》傳世。

庭。二之曰鳥喙長，擷而焙之以備乎公卿。三之曰槍旗聳，搴而炕之將求乎利贏。四之曰嫩莖茂，團而範之來充乎賦徵。

當此時也，女廢蠶織，男廢農耕，夜不得息，晝不得停。取之由一葉而至一掬，輸之若百穀之赴巨溟。華夷蠻貊，固日飲而無厭；富貴貧賤，不時啜而不寧。所以小民冒險而競鬻，孰謂峻法之與嚴刑。

嗚呼！古者聖人為之絲枲絺綌而民始衣，播之禾麰麥菽粟而民不饑，畜之牛羊犬豕而甘脆不遺，調之辛酸鹹苦而五味適宜，造之酒醴而宴饗之，樹之果蔬而薦羞之，於茲可謂備矣。何彼茗無一勝焉，而競進於今之時？抑非近世之人，體惰不勤，飽食粱肉，坐以生疾，藉以靈荈而消腑胃之宿陳？若然，則斯茗也，不得不謂之無益於爾身，無功於爾民也哉。

——梅堯臣：《宛陵集》第 60 卷，第 5～6 頁，《四庫全書》集部・別集類，第 1099 冊，第 423 頁。

1129. 龍茶錄後序

〔宋〕歐陽修

茶為物之至精，而小團又其精者。錄序所謂上品，龍茶者是也。蓋自君謨始造而歲貢焉。仁宗尤所珍惜，雖輔相之臣，未嘗輒賜。惟南郊大禮，致齋之夕，中書樞密院各四人，共賜一餅。宮人剪金為龍鳳花草，貼其上。兩府八家，分割以歸。不敢碾試，相家藏以為寶。時有佳客，出而傳玩爾。至嘉祐七年，親享明堂齋夕，始人賜一餅。余亦忝預，至今藏之。余自以諫官供奉仗內，至登二府，二十餘年才一獲賜。因君謨著錄，輒附於後。庶知小團自君謨始而可貴如此。

——歐陽修：《歐陽文忠公集》第 65 卷，第 9～10 頁，《四庫全書》集部・別集類，第 1102 冊，第 519～520 頁。

1130. 草茶第一

〔宋〕歐陽修

臘茶出於劍建，草茶盛於兩浙。兩浙之品，日注為第一。自景祐以後，洪州雙井白芽漸盛。近歲製作尤精，囊以紅紗，不過一二兩，以常茶十數斤養之，用避暑濕之氣。其品遠出日注上，遂為草茶第一。

——歐陽修：《歸田錄》卷上，第 10～11 頁，見《歐陽文忠公集》卷 126，第 281 頁，《四庫全書》集部．別集類，第 1103 冊，第 281 頁。

1131. 進茶錄序

〔宋〕蔡襄

臣前因奏事，伏蒙陛下諭臣先任福建轉運使，日所進上品龍茶，最為精好。臣退念草木之微首，辱陛下知鑒，若處之得地，則能盡其材。昔陸羽《茶經》不第建安之品，丁謂《茶圖》獨論採造之本。至於烹試，曾未聞有。臣輒條數事，簡而易明，勒成二篇，名曰《茶錄》。伏惟清閒之晏，或賜觀採。臣不勝惶懼，榮幸之至。謹序。

——蔡襄：《茶錄．序》第 1 頁，《四庫全書》子部．譜錄類，第 844 冊，第 627 頁。

1132. 茶經序

〔宋〕陳師道

陸羽《茶經》家傳一卷，畢氏王氏書三卷，張氏書四卷，內外書十有一卷，其文繁簡不同。王畢氏書繁雜，意其舊文。張氏書簡明，與家書合而多脫誤。家書近古，可考正月七之事，其下亡。乃合三書以成之，錄為二篇，藏於家。夫茶之著書，自羽始。其用於世，亦自羽始。羽誠有功於茶者也。上自宮省，下迨邑里，外及夷戎蠻狄，賓祀燕享預陳於前。山澤以成市，商賈以起家。又有功於人者也，可謂智矣。經曰：「茶之否 ，存之口訣。」則書之所載，猶其粗也。夫茶之為藝下矣。至其精微，書有不盡，況天下之至理而欲求之，文字紙墨之間，其有得乎。昔者先王因人而教，同欲而治，凡有益於人者，皆不廢也。世人之說曰：「先王詩書，道德而已。」此乃世外執方之論，枯槁自守之行，不可群天下而居也。史稱羽持具飲李季卿，季卿不為賓主，又著論以毀之。夫藝者，君子有之，德成而後及，所以同於民也，不務本而趨末，故業成而下也。學者謹之。

——呂祖謙：《宋文鑒》第 91 卷，第 8～9 頁，《四庫全書》集部．總集類，第 1351 冊，第 67 頁。

1133. 茶賦

〔宋〕吳淑

夫其滌煩療渴，換骨輕身，茶荈之利，其功若神。則有渠江薄片，西山白露，雲垂綠腳，香浮碧乳。挹此霜華，卻茲煩暑。清文既傳於讀杜育，精思亦聞於陸羽。若夫擷此皋盧，烹茲苦茶。桐君之錄尤重，仙人之掌難逾。豫章之嘉甘露，王肅之貪酪奴。待槍旗而採摘，對鼎鑑以吹噓。則有療彼斛瘕，困茲水厄。擢彼陰林，得於爛石。先火而造，乘雷以摘。吳主之憂韋曜，初沐殊恩。陸納之待謝安，誠彰儉德。別有產於玉壘，造彼金沙，三等為號，五出成花。早春之來賓化，橫紋之出陽坡。復聞灉湖含膏之作，龍安騎火之名。柏岩兮鶴嶺，鳩坑兮西亭。嘉雀舌之纖嫩，玩蟬翼之輕盈。冬芽早秀，麥顆先成。或重西園之價，或侔團月之形。並明目而益思，豈瘠氣而侵精。又有蜀岡牛嶺，洪雅烏程，碧澗紀號，紫筍為稱。陟仙厓而花墜，服丹丘而翼生。至於飛自獄中，煎於竹裏，效在不眠。功存悅志，或言詩為報，或以錢見遺。復云葉如梔子，花若薔薇。輕飆浮雲之美，霜笴竹籜之差。唯芳茗之為用，蓋飲食之所資。

——吳淑：《事類賦》第 17 卷，飲食部，第 1～6 頁。《四庫全書》子部・類書類，第 892 冊，第 953～956 頁。

1134. 記唐李錡自煎茶

〔宋〕王讜

兵部員外郎約，汧公之子也，以近屬宰相子而有德量，多材藝，不邇聲色，善接引人物而不好俗談。晨起，草裹頭對客蹙容便過一日。多蓄古器。在潤州，嘗得古鐵一片，擊之清越。養一猿，名山公，常與相隨。常月夜獨泛江登金山，擊鐵鼓琴，猿必嘯和。

高陵令趙修夫人韋氏，即兵部之姨妹也，說汧公徐夫人生二子，中年於徐夫人小乖，及兵部生情好，復初而君於諸子中寶愛懸隔，在官所俸祿付與從子，一不問數，唯給奉崔氏元氏二孀姊。元氏亦有美行，祭酒華陰公為之傳君。

初至金陵，於李錡坐，屢贊招隱寺之美。一日，錡宴於寺中。明日謂君曰：「十郎常誇招隱寺，昨遊宴細看何殊？」州中君笑曰：「某所賞者疏野耳，若遠山將翠幕遮古松，用彩物裹腥膻涴鹿踣泉，音樂亂山鳥聲，此則實不如在叔父大廳也。」錡大笑。

性又嗜茶，能自煎，曰：「茶須緩火炙，活火煎。」活火謂炭火之有焰者也。客至，不限甌數，竟日執茶器不倦。嘗奉使行至陝州石硤縣東，愛渠水，留旬日忘發。

——王讜：《唐語林》第 6 卷，第 29～30 頁，《四庫全書》子部．小說家類，第 1038 冊，第 152～153 頁。

1135. 三山評茶

〔宋〕胡舜陟

五代時鄭遨茶詩云：「嫩芽香且靈，吾謂草中英。夜臼和煙搗，寒爐對雪烹。維憂碧粉散，常見綠花生。」最是堪珍重，能令睡思清。范文正公詩云：「黃金碾畔綠塵飛，碧玉甌中翠濤起。」茶色以白為貴，二公皆以碧綠言之，何邪？

茶之佳品，造在社前；其次則火前，謂寒食前也；其下則雨前，謂穀雨前也。佳品，其色白，若碧綠者乃常品也。茶之佳品，芽蘖細微不可多得，若此數多者皆常品也。茶之佳品皆點啜之，其煎啜之者，皆常品也。齊已茶詩曰：「甘傳天下口，貴占火前名。」又曰：「高人愛惜藏岩裏，白甀封題寄火前。」丁謂茶詩曰：「開緘試新火，須汲遠山泉。」凡此皆言火前，蓋未知社前之品為佳也。

鄭谷茶詩曰：「入坐半甌輕泛綠，開緘數片淺含香。」鄭雲叟茶詩曰：「維憂碧粉散，常見綠花生。」沈存中論茶謂「黃金碾畔綠塵飛，碧玉甌中翠濤起」，宜改「綠」為「玉」，「翠」為「素」。此論可也。

而舉「一夜風吹一寸長」之句以為茶之精美，不必以雀舌鳥觜為貴。今按：茶至於一寸長則其芽葉大矣，非佳品也。存中此論曲矣。

盧仝茶詩曰：「開緘宛見諫議面，手閱月團三百片。」薛能謝劉相公寄茶詩曰：「兩串春團敵夜光，名題天柱印維揚。」茶之佳品，珍踰金玉，未易多得，而以三百片惠盧仝，以兩串寄薛能者，皆下品可知也。

齊已詩「角開香滿室，爐動綠凝鐺」，丁謂詩曰「芽細烹還好，鐺新味更全」，此皆煎啜之也。煎啜之者，非佳品矣。

唐人於茶雖有陸羽為之說，而評論未精，至本朝蔡君謨《茶錄》既行，則持論精矣。以《茶錄》而覈前賢之詩，皆未知佳味者也。

——南宋．胡舜陟：《三山老人語錄》，見阮閱《詩話總龜．後集》第30卷，第1～3頁，《四庫全書》集部．詩文評類，第1478冊，第802～803頁。

1136. 對花啜茶

〔宋〕胡舜陟

義山雜纂，以對花啜茶謂之殺風景，故荊公寄茶與平甫詩有「金谷花開莫漫煎」之句。

——南宋．胡舜陟：《三山老人語錄》，見唐李商隱撰，清朱鶴齡注：《李義山詩集注．附錄．三山老人語錄一則》，第8頁，《四庫全書》集部．別集類，第1082冊，第232頁。

1137. 蔡寬夫評茶

〔宋〕蔡居厚

唐以前茶，惟貴蜀中所產，孫楚歌云「茶出巴蜀」，張孟陽《登成都樓詩》云「芳茶冠六清，溢味播九區」，他處未見稱者。唐茶品雖多，亦以蜀茶為重。然惟湖州紫筍入貢，每歲以清明日貢到先薦宗廟，然後分賜近臣。紫筍生顧渚，在湖常二境之間，當採茶時，兩郡守畢至，最為盛會。杜牧詩所謂「溪盡停蠻棹，旗張卓翠苔。柳村穿窈窕，桃澗渡喧豗」，劉禹錫「何處人間似仙境，春山攜妓採茶時」，皆以此建茶，絕無貴者，僅得掛一名爾。

至南唐李氏時漸見貴，始有團圈之製，而造作之精經丁晉公始大備。自建茶出天下所產皆不復可數，今其處壑源沙溪，土地相去丈尺之間，品味已不同，謂之外焙。況他處乎則知，雖草木之微，其顯晦亦自有時。然唐自常袞以前，閩中未有讀書者，自袞教之，而歐陽詹之徒始出，而終唐世亦不甚盛。

今閩中舉子常數倍天下，而朝廷將相公卿每居十四五。人物尚爾，況草木微物也。顧渚湧金泉，每造茶時，太守先祭拜。然後水漸出，造貢茶畢，水稍減；至供堂茶畢，已減半；太守茶畢，遂涸。蓋常時無水也。或聞今龍焙泉亦然。苕溪漁隱曰：「北苑官焙也，漕司歲以入貢，茶為上壑源私焙也。土人亦入貢茶，為次二焙。相去三四里間，若沙溪外焙也。與二焙相去絕遠，自隔一溪茶為下。山谷詩云「莫遣沙溪來亂真」正謂此也。官焙造茶常在驚蟄後一二日興工採摘，是時茶芽已皆一槍，蓋閩中地暖如此。舊讀歐公詩有「喊山」之說，亦傳聞之訛耳！龍焙泉即御泉也，水之增減亦隨水旱，初無，漸出，遂涸之異，但泉水極甘，正宜造茶耳。

——蔡居厚：《蔡寬夫詩話》，見阮閱：《詩話總龜》第 78 卷，第 3～4 頁，《四庫全書》集部・詩文評類，第 1478 冊，第 803～804 頁。

1138. 蜀之八處茶

〔宋〕范鎮

蜀之產茶凡八處，雅州之蒙頂，蜀州之味江，邛州之火井，嘉州之中峰，彭州之堋口，漢州之楊村，綿州之獸目，利州之羅村，然蒙頂為最佳也。其生最晚，常在春夏之交，其芽長二寸許，其色白，味甘美而其性溫暖，非他茶之比。蒙頂者，書所謂蔡蒙旅平者也，李景初與予書言，方茶之生，雲霧覆其上，若有神物護持之。其次，羅村茶色綠而味亦甘美。

——范鎮：《東齋記事》第 4 卷，第 8～9 頁，《四庫全書》子部・小說家類，第 1036 冊，第 601 頁。

1139. 李泌茶詩

〔宋〕范正敏

茶古不著所出，《本草》云「出益州」。唐以蒙山、顧渚、蘄門者為上品，尚雜以蘇椒之類，故李泌詩云：「旋沫翻成碧玉池，添蘇散出琉璃眼。」遂以碧色為貴，止曰「煎茶不知點試之妙」，大率皆草茶也。陸羽《茶經》統言福建、泉紹等十州所出者，其味極佳，而只今建安為天下第一。

——范正敏：《遁齋閒覽》，見宋曾慥：《類說》第 47 卷，第 24 頁，《四庫全書》子部・雜家類，第 873 冊，第 827 頁。

1140. 山僧歌

〔宋〕汾陽無德

卓犖風姿，寉眉烏髮。曾遍歷於山雲，亦廣行於海啜。普見宗師，躳身參謁。或則請問投機，或即開鋒提撥，或即大眾以同途，或即獨行而棲息。萬年松上，高聳一枝。千聖林中，明懸孤月。蹉跎於宇宙之間，蹭蹬於湘江避拙。是以岩阿凝定，身心而自在。俱間雄峰，宴坐神靜，而清虛總歇。或策杖而經行，或逢人而指訣。寶光影裏，願作明燈。玉軸函中，長為擊發。軟如綿，硬似鐵，一片真心常皎潔。縱橫不礙往來風，運用豈更有時節。坦蕩蕩，勿拘結，粥飯尋常茶又啜。寒即烘爐堂裏安，熱即青蘿松下歇。任王侯，從檀越，不怕嚴凝地凍裂。天晴萬象不能遮，雨後撥雲開日月。振威神，凝霜雪，霹靂鋒機如電掣。直言不見有纖毫，誰更將心誇巧拙。有人不會問如何，向道還同楔出楔。

——楚圓輯：《汾陽無德禪師語錄》卷下，《大正藏》第 47 冊，第 623～624 頁。

1141. 葉濤試茶

〔宋〕蔡絛

葉濤詩極不工而喜賦詠，嘗有試茶詩云：「碾成天上龍兼鳳，煮出人間蟹與蝦。」好事者戲云：「此非試茶，乃碾玉匠人嘗南食也。」

——蔡絛：《西清詩話》卷下，見宋胡仔：《漁隱叢話》第 46 卷，第 8 頁，《四庫全書》集部·詩文評類，第 1480 冊，第 304 頁。

1142. 夢寐

〔宋〕蘇軾

昨夜夢參寥師攜軸詩見過，覺而記其飲茶兩句云：「寒食清明都過了，石泉槐火一時新。」夢中問火固新矣，泉何故新？答曰：「俗以清明淘井。」當續成詩，以記其事。

——蘇軾：《東坡全集》第 101 卷，第 14～15 頁，《四庫全書》集部·別集類，第 1108 冊，第 606 頁。

1143. 陸子泉亭記

〔宋〕孫覿

陸鴻漸著《茶經》，別天下之水，而惠山之品最高。山距無錫縣治之西五里，而寺據山之麓，蒼崖翠阜，水行隙間，溢流為池，味甘寒，最宜茶。於是茗飲盛天下。而瓶罌負擔之所出，通四海矣。建炎末，群盜嘯其中，洿壞之餘，龍淵一泉遂涸。會今鎮潼軍節度使開府儀，同三司信安郡王、會稽尹孟公，以丘墓所在疏請於朝，追助冥福，詔從之，賜名旌忠。薦福始命寺僧法皞主其院，法皞氣質不凡，以有為法作佛事，糞除灌莽，疏治泉石，會其徒數百築堂居之。積十年之勤，大屋穹墉，負崖四出，而一山之勝復完。泉舊有亭覆其上，歲久腐敗，又斥其贏，撤而大之，廣深袤丈，廓焉四達，遂與泉稱。法皞請余文記之。余曰：一亭無足言，而余於法皞獨有感也。建炎南渡，天下州縣殘為盜區，官吏寄民閻，藏錢廩粟分寓浮圖老子之宮，市門日旰無行跡。遊客暮夜無託宿之地，藩垣缺壞，野鳥入室，如逃人家，士大夫如寓公，寄客屈指計歸。日襲常蹈，故相率成風。未有特立獨行，破苟且之俗，奮然以功名自立於一世，故積亂十六七年，視今猶視昔也。法皞者，不惟精悍絕人，而寺之廢興本末與古今詩人名章雋語刻留山中者，皆能歷歷為余道之。至其追營香火，奉佛齋眾，興頹起僕，潔除垢污於戎馬蹂踐之後，又置屋泉上，以待四方往來冠蓋之遊。凡昔所有皆具，而壯麗過之，可謂不欺其意者矣。而吾黨之士，猶以不織不耕，訾謷其徒，姑置勿論議焉！是宜日夜淬厲其材，振飭蠱壞以趨於成，無以毀瓦畫墁食其上，其庶矣乎？故書之，以寓一歎云！

——陳夢雷等：《欽定古今圖書集成・方輿彙編・山川典》第 98 卷，惠山部藝文一，第 191 冊，第 26 葉。

1144. 黔南道中行記

〔宋〕黃庭堅

紹聖二年三月辛亥，次下牢關，同伯氏元明、巫山尉辛紘傍厓尋三遊洞，繞山行竹間二百步許，得僧舍，號大悲院。才有小屋五六間，僧貧甚，不能為客煎茶。

過大悲，遵微行高，下二里許至三遊，間一徑棧閣繞山腹下，視深溪悚仄，一徑穿山腹，黮闇出洞，乃明洞中略可容百人，有石乳，久乃一滴。

中有空處，深二丈餘，可立，嘗有道人晏居，不耐久而去。壬子堯夫舟先發，不相待，日中乃至蝦蟆碚，從舟中望之，頤頷口吻，甚類蝦蟆也。予從元明尋泉源入洞中，石氣清寒，流泉激激，泉水出石腰，骨若虯龍糾結之狀，洞中有崩石，平潤可容數人晏坐也。水流循蝦蟆背，垂鼻口間乃入江耳。泉味亦不極甘，但冷熨人齒，亦其源深來遠故耶。

壬子之夕宿黃牛峽，明日癸丑，舟人以豚酒享黃牛神，兩舟人飲福，皆醉。長年三老請少駐，乃得同元明堯夫曳杖，清樾間觀歐陽文忠公詩及蘇子瞻記，丁元珍夢中事觀只耳。石馬道出神祠背，得石泉甚壯，急命僕夫運石去沙。泉且清，因憶陸羽《茶經》，紀黃牛峽茶可飲，因令舟人求之。

有嫗賣新茶一籠與草葉，無異山中無好事者，故耳癸丑夕宿鹿角灘下，亂石如囷，廩無復寸土。步亂石間見堯夫坐石據琴，兒大方侍側，蕭然在事物之外。元明呼酌，堯夫隨磐石為几案床。座夜闌乃見北斗在天中，堯夫為履霜烈女之曲，已而風激濤波，灘聲洶洶，大方抱琴而歸。

初余在峽州問士大夫夷陵茶，皆云粝澀不可飲，試問小吏，云唯僧茶味善。試令求之，得十餅，價甚平也，攜至黃牛峽，置風爐清樾間，身候湯手揃得味，既以享黃牛神且酌，元明、堯夫云不減江南茶味也。乃知夷陵士大夫但以貌取之耳，可因人告傅子正也。

——明．賀復徵：《文章辨體匯選》第 637 卷，第 2～4 頁，《四庫全書》集部．總集類，第 1409 冊，第 637～638 頁。

1145. 飲綠閣

〔宋〕釋道璨

閏藏主結閣湖光山色間，請銘，予摭東坡語扁曰「綠飲」，又從而為之銘銘曰：

謂綠可飲，山高奈何。山果高哉！嫩綠浮波。夜雨新霽，曉光融液。翠如潑醅，不壓自滴。倚闌一笑，和風薰人。呼吸咽嗽，百體皆春。松在屋頭，竹在屋角。招之斯來，汝酬我酢踖。月打門客，何人哉？我醉欲眠，君去勿來。

——宋．釋道璨：《柳塘外集》第 2 卷，第 3 頁，《四庫全書》集部．別集類，第 1186 冊，第 799 頁。

1146. 評東坡汲江水煎茶詩

〔宋〕胡仔

東坡汲江水煎茶詩云:「活水還須活火烹,自臨釣石取深清。大瓢貯月歸春甕,小杓分江入夜瓶。」此詩奇甚,道盡烹茶之要,且茶非活水則不能發其鮮馥。東坡深知此理矣。餘頃在富沙,嘗汲溪水烹茶,色香味俱,成三絕。又況其地產茶為天下第一,宜其水異於他處,用以烹茶,水功倍之。至於浣衣尤更潔白,則水之輕清益可知矣。近城山間有陸羽井水,亦清甘,實好事者名之羽,著經言建州茶未得詳,則知羽不曾至富沙也。

——胡仔:《漁隱叢話·後集》第 11 卷,第 15 頁,《四庫全書》集部·詩文評類,第 1480 冊,第 455 頁。

1147. 三不點

〔宋〕胡仔

《詩》云:「誰謂荼苦?」《爾雅》云:「檟,苦荼。注樹似梔子,今呼早採者為茶,晚採者為茗。一名荈,蜀人名為苦荼。」故東坡《乞茶栽詩》云:「周詩記苦荼,茗飲出近世。初緣厭粱肉,假此雪昏滯。」蓋謂是也。六一居士《嘗新茶詩》云:「泉甘器潔天色好,坐中揀擇客亦佳。」東坡《守維揚於石塔寺試茶詩》云:「禪窗麗午景,蜀井出冰雪。坐客皆可人,鼎器手自潔。」正謂諺云「三不點也」!

——胡仔:《漁隱叢話·前集》第 46 卷,第 8 頁,《四庫全書》集部·詩文評類,第 1480 冊,第 304 頁。

1148. 評黃魯直品令詞

〔宋〕胡仔

魯直諸茶詞,余謂《品令》一詞最佳,能道人所不能言,尤在結尾三四句。詞云:「鳳舞團團餅,恨分破,教孤令。金渠休淨,只輪慢碾,玉塵光瑩。湯響松風,早減了二分酒病。味濃香永,醉鄉路,成佳境。恰如燈下,故人萬里,歸來對影。口不能言,心下快活自省。」

——胡仔:《漁隱叢話》第 46 卷,第 9 頁,《四庫全書》集部·詩文評類,第 1480 冊,第 304 頁。

1149. 色黃烏得為佳茗

〔宋〕胡仔

東坡詩「春濃睡足午窗明，想見新茶如潑乳」，又云「新火發茶乳」，此論皆得茶之正色矣！至《贈謙師點茶》則云「忽驚午盞兔毫斑，打作春甕鵝兒酒」，蓋用老杜詩「鵝兒黃似酒，對酒愛鵝兒」，若是則其色黃烏得為佳茗矣！今東坡全〔註8〕集不載此詩，想自知其非故刪去之。

——胡仔：《漁隱叢話．後集》第 11 卷，第 19～20 頁，《四庫全書》集部．詩文評類，第 1480 冊，第 457 頁。

1150. 揚州有茶

〔宋〕胡仔

苕溪漁隱曰：歐公《和劉惇父揚州時會堂絕句》云：「積雪猶封蒙頂樹，驚雷未發建溪春。中州地暖萌芽早，入貢宜先百物新。」注云：時會堂，造茶所也，余以陸羽《茶經》考之，不言揚州出茶，惟毛文錫《茶譜》云：「揚州禪智寺，隋之故宮，寺枕蜀岡，其茶甘香，味如蒙頂焉。」第不知入貢之因起於何時，故不得而志之也。

——胡仔：《漁隱叢話．後集》第 11 卷，第 18 頁，《四庫全書》集部．詩文評類，第 1480 冊，第 456 頁。

1151. 雙井上品

〔宋〕胡仔

苕溪漁隱曰：「醉翁又有《雙井茶詩》云：『西江水清江石老，石上生茶如鳳爪。窮臘不寒春氣早，雙井芽生先百草。白毛囊以紅碧紗，十斤茶養一斤〔註9〕芽。長安富貴五侯家，一啜猶須三日誇。』蔡君謨好茗飲，又精於藻鑒，《答程公闢簡》云：『向得雙井四兩，其時人還未識，敘謝不悉，尋烹治之，色香味皆精好，是為茗芽之冠，非日注寶雲可並也。』涪翁尤譽雙井，蓋鄉物也。李公擇有詩誚之戲作解嘲云：『山芽落磑風回雪，曾與尚書破睡來。勿以姬姜棄憔悴，逢時瓦釜亦鳴雷。』又《答黃冕仲索煎雙

〔註 8〕「全」原本為「前」，然考其句義，當以「全」為妥。
〔註 9〕「斤」原詩為「兩」。

井並簡王揚休詩》云：『江夏無雙乃吾宗，同舍頗似王安豐。能澆茗碗前祓我，風袂欲挹浮邱公。吾宗落筆賞幽事，秋月下照澄江空。家山鷹爪是小草，敢與拜賜雲龍同。不嫌水厄幸來辱，寒泉湯鼎聽松風。』」

——胡仔：《漁隱叢話・後集》第 11 卷，第 18～19 頁，《四庫全書》集部・詩文評類，第 1480 冊，第 456～457 頁。

1152. 答傅尚書〔註 10〕

〔宋〕楊萬里

遠餉新茗，當自攜大瓢走汲溪泉，束澗底之散薪，燃折腳之石鼎，烹玉塵，啜香乳，以享天上故人之意。愧無胸中之書傳，但一味攪破菜園耳。

——楊萬里：《誠齋集》第 107 卷，第 21 頁，《四庫全書》集部・別集類，第 1161 冊，第 358 頁。

1153. 日用下工夫處

〔宋〕林之奇

嘗問尹和靖日用下工夫處。和靖曰：「須求喜怒哀樂未發以前底心。」

少蓬曰：「如今才舉便是發了，如何求得未發之心？」

和靖曰：「只如吉甫未發意來相見時，豈有許多事？才舉意來，乘轎來，相見吃茶吃湯，須如此類求之。」

少蓬曰：「道只在日用處。」師冕見云云。子張曰：「與師言之道歟？」子曰：「然，固相師之道也。故讀書須是玩。」

喻丈云：「天下事只要消平，不要激作。」

——林之奇：《拙齋文集》第 1 卷，第 1～2 頁，《四庫全書》集部・別集類，第 1140 冊，第 372 頁。

1154. 書陸羽點茶圖後

〔宋〕董逌

將作丞周潛出圖示余曰：「此蕭翼取蘭亭敘者也，其後書跋眾矣，不考

〔註 10〕亦名《謝傅尚書惠茶啟》，此為節選。

其說，爰聲據實謂審其事也。」余因考之，殿居邃巖飲茶者，僧也，茶具猶在，亦有監視而臨者，此豈蕭翼謂哉！觀孔延之記，蕭翼事商販而求受業，今為士服，蓋知其妄。余聞紀異言，積師以嗜茶久非漸兒供侍不鄉口，羽出遊江湖四五載，積師絕於茶味。代宗召入內供奉，命宮人善茶者以餉，師一啜而罷。上疑其詐，私訪羽召入。翌日賜師齋，俾羽煎茗，喜動顏色，一舉而盡。使問之，師曰：「此茶有若漸兒所為也。」於是歎師知茶，出羽見之。此圖是也。故曰陸羽點茶圖。

——宋・董逌：《廣川畫跋》（6 卷本）第 2 卷，第 6～7 頁，《四庫全書》子部・藝術類，第 813 冊，第 457 頁。

1155. 深雪偶談〔註 11〕

〔宋〕方岳

山谷《中秋詩》云：「寒藤老木被光景，深山大澤皆龍蛇。」蓋本左氏深山大澤，實生龍蛇，用事誠有據，景趣似差乏爾，然未失為佳。坡公《月夜與客飲酒杏花下詩》：「杏花飛簾散餘春，明月入戶尋幽人。褰衣步月踏花影，炯如流水涵青蘋。」流水青蘋之喻，景趣盡矣，前人未嘗道也，獨杏花影下，洞簫聲中，著此句辱爾。及《志林》所記：「徐州時，冬夜解衣欲睡，月色入戶，欣然起行念，無與樂者。遂至承天寺尋張懷民，亦未寢，相與步於中庭。庭下如積水空明，水中蘋藻交橫，蓋竹柏影也。何夜無月？何處無竹柏？但少閒人如吾兩人爾。」使施前句於斯時，豈非稱歟？淳祐初，僧友自南嘗從天竺歸，隱溪之南岡。餘日夕落葉訪之，小尨迎吠，時佛燈猶在，啟關煮茗，既而侶行溪間，篙小舟自拜龍巖順流東下，誦坡谷詩，徘徊久之。捨舟登岸，借僧裘禦寒而返，僂指二十霜矣。嘗感舊有詩：「昔年訪月寒溪頭，霜高酒劣稜生裘。溪僧輟寢從吾幽，共移不繫漁人舟。斷崖老木紛金虬，又如蘋藻涵清流。鶴骨浸煩風露憂，妙語滿地無人收。」蓋指二公詩歟？自南師既亡，余亦就老，悵前遊之，不能踐也。

——宋・方岳：《深雪偶談》，見明・陶宗儀《說郛》第 20 卷下，第 5～6 頁，《四庫全書》子部・雜家類，第 877 冊，第 185～186 頁。

〔註 11〕此為節選。

1156. 倪氏樂事

〔宋〕倪思

倪正父《經鋤堂雜誌》述五事云：靜坐第一，觀書第二，看山水花木第三，與良朋講論第四，教子弟第五。《述齊齋十樂》云：讀義理書，學法帖字，澄心靜坐，益友清談，小酌半醺，澆花種竹，聽琴玩鶴，焚香煎茶，登城觀山，寓意奕棋，雖有他樂，吾不易矣。

——宋．陳直：《壽親養老新書》第 2 卷，第 29～30 頁，《四庫全書》子部．醫家類，第 738 冊，第 343～344 頁。

1157. 棲深賦

〔元〕劉詵

六合之內，八荒之壖，匪皋匪涘，不甸不廛。有岡伏輿，望之芊綿，蓋得名於吾黨而託之乎槐黃之一言！

於是過者喟然而語曰：「此非姓溪以冉而名谷以隱者之盤旋邪？非科目之已遠而寄想像於千年者邪？爰有有道築居其巔，問其所從來，則蓋元祐之初元矣！青山繚屋，古木橫天，蘺援翳塗，藤茨入椽。內環洗墨之池，外繞種秫之田。竹分徑造之所，蔬滿日涉之園。春林雨過，花澗流泉，孤鶯自啼，時鳥雜喧。清風墮籜，永日聞蟬，焚香起坐，茶味入禪。微涼蕭瑟，林木自弦，臨清賦詩，脫葉如船。天寒酒熟，梅花入簷，峰雪成畫，牆暾獻暄。閱大化之迭序，甘窮居以為緣。族四世而廡狹，乃構寬於厥先。折干雲以為棟，逝棲鳥而為櫋。鳴機隱於內溜，藏籍矗於西偏。文公題記，韻士贊篇，風月不待，獻而彌勝。江山不假飾而增妍，念百年之種樹，終自庇於本根，又歌聚之從起，待千載之云聞。豈飄風之晝語，異茅雨之夜。眠比隱橘而非幻，擬種桃而非仙。」

於是先生欣然而笑曰：「深矣！吾之棲也！可以驕元亮而傲玉川矣！」

客有難之曰：「吾聞淺深表裏所分，山之深也，在穀水之深也為淵。今先生之居介毫末，於一馬寄圭粟於大千，南非其中，北匪其邊，而先生何所指以為深焉？左眺高闉，右接廣阡，喝車望其林翳，饑袂想其炊煙。而先生何所恃以為深焉？窮搜邃討，談空說元，問字填巷，受經款門，使昧者欲赴於其燧，辨者欲磨於其堅。而先生何所匿以為深焉？」

先生曰：「夫泥於跡者常有所窮，遊於化者或有所全。吾聞至人入水不濡，入火不爇，會光塵於一隙，混涇渭於同源，故卜於肆者庸知其非隱？行於市者安知其非仙？嵇康好琴，靈運遊山，伯倫酒狂，張旭草顛，豈所託之或淺嘗不離乎人間？顧吾深之安在，誠可指於目前，彼山林之委塊，亦身外之附懸。」

於是客莫能詰，走若季咸，望其棲而不見，渺山水之蒼然！

——見清謝旻卷：《江西通志》第 146 卷，藝文．辭賦，第 20～22 頁，《四庫全書》史部．地理類，第 518 冊，第 319～320 頁。

1158. 茶灶歌

〔元〕陳泰

長安食肉多虎頭，大鼎六尺誇函牛。撾鍾考鼓燕未足，鼎折還驚覆公餗。山中儒生守蠹魚，一朝射策昇天衢。居官廩祿不及口，釜甑長年滿塵垢。一貧一富俱可傷，一饑一飽俱亡羊。今我閉門學祀灶，祀灶何用神仙方！敬為告曰：灶兮灶兮，但使我生，不富不貧，適飽適饑！朝從爾餐，夕從爾糜！時時得佳茗，與爾同襟期！君不見青原山，紫芝客，獨立清風灑蘭雪！蘭雪堂中一事無，茶灶筆床相媚悅！方其煮茶時，自撫一曲琴。琴聲落茶鼎，宛若鸞鳳鳴。客來固自佳，客去情亦適。坐看茶煙靜，松鶴飛相及。烹茶得趣惟此君，傲睨鍾鼎如浮雲。名章俊語出肝肺，白雪璀璨蘭芳芬。蘭芳芬，雲菡萏，瀉入磁甌碧香滿！更從龐老吸西江，卻笑玉川論七碗！

——陳泰：《所安遺集》，第 16 頁，《四庫全書》集部．別集類，第 1210 冊，第 552 頁。

1159. 煮茶圖並序

〔元〕袁桷

《煮茶圖》一卷，仿石窗史處州燕居故事所作也。石窗諱文卿，字景賢，外高祖忠定王曾孫。儀觀清朗，超然綺紈之習。聚四方奇石，築室曰山澤居。而自號曰石窗山樵。此圖左列圖卷，比束如玉筍，錦繡間錯，旁有一童，出囊琴拂塵以俟命。右横重屏，石窗手執烏絲，闌書展玩，疑有所搆思。屏後一幾，設茶器數十，一童傴揹運碾，綠塵滿巾。一童篝火候湯，蹙眉望鼎口，若懼主人將索者。如意塵、尾巾、壺、研紙皆纖悉，整具羽衣、烏巾玉色絢起，望之真飛仙人餘意。永和諸賢，放浪泉石，當不過是。而其泊然宦意，翰墨清灑，誠足以方駕而無愧。甲午冬十月，其孫公疇出以相示，因記而賦之，以發千古之遠想云：

石窗山樵晉公子，獨鶴蕭蕭煙竹裏。月湖一頃碧琉璃，高築虛堂水中沚。堂深六月生涼秋，萬柄風搖紅旖旎。遵南更有山澤居，四面晴峰插天倚。憶昔王門豪盛時，甲族丁黃總朱紫。曉趨黃閣袖香塵，俯首脂韋希雋美。一官遠去長安門，德色欣欣對妻子。豈如高懷脫榮辱，妙出清言洗紈綺。郡符一試不掛意，岸幘看雲臥林墅。平生嗜茗茗有癖，古井汲泉和石髓。風回翠碾落晴花，湯響雲鐺袞珠蕊。齒寒意冷復三咽，萬事無言歸坎止。何人丹青悟天巧，落筆毫芒研妙理。黃粱初炊夢未古，舊事淒零誰復記。展圖縹緲憶遺蹤，玉佩珊珊響秋水。

——袁桷：《清容居士集》第 7 卷，第 1～2 頁，《四庫全書》集部．別集類，第 1203 冊，第 85～86 頁。

1160. 李約活火

〔元〕辛文房

李約，字存博，汧公李勉之子也。元和中仕為兵部員外郎，與主客員外張諗極相知。每聯枕，靜言達旦不寐。常贈韋況曰：「我有心中事，不向韋郎說。秋夜洛陽城，明月照張八。」性清潔寡欲，一生不近粉黛，博古探奇。初汧公海內名臣，多蓄古今玩器，約愈好之，所居軒屏几案，必置古銅怪石，法書名畫，皆歷代所寶。座間悉雅士清談，終日彈琴煮茗，心略不及塵事也。嘗使江南於海門山，得雙峰石及綠石琴，並為好事者傳，閟然亦寓意，未嘗戛然，寡情豪奪吝與。復嗜茶，與陸羽、張又新論水品特詳，曾授客煎茶法，曰：「茶須暖火炙，活火煎，當使湯無妄沸，始則魚目散佈，微微有聲，中則四畔泉湧，累累然，終則騰波鼓浪，水氣全消，此老湯之法。固須活火，香味俱真矣。」時知音者賞之，有詩集，後棄官終隱，又著《東杓引譜》一卷，今傳。

——元．辛文房：《唐才子傳》第 4 卷，第 3～4 頁。《四庫全書》史部．傳記類，第 451 冊，第 440 頁。

1161. 雖事有隆替而法無廢興〔註 12〕

〔元〕無際

師將功畢，遺囑諸徒曰：「甲乙而住〔註 13〕之。」春秋七十四而逝，林泉郭家莊二處營塔存焉。有盤公上足淨道，一日茶煙間，告其昆仲曰：「林泉古道場也，自先師經營積累方落其成。二六時中勤於香燈，精於禪誦，用祝吾皇萬壽無疆，以保黎民十善之樂。師既功勤，夥來若不鑱石以旌其德，殆將泯滅，後來者無所考焉。」眾僉曰然。即求文於無際。無際曰：「僕若沙井之無潤，空雲而無雨。是林泉者，木石雲煙，薄空飛翠，四時一色，文殊之真境也。松風怒吼，山禽相鳴，開軒煮茗，掃榻焚香，對賓客以清談，聽鐘聲而受供。雖事有隆替而法無廢興，矧此山皆修心體道者所居，神物所護，安有湮沒無聞於世！既聞通公之命，義不得辭，真摭其實而為銘曰：『皎皎月華，森森古剎，突秀梵宮，鱗排萬瓦，彩繪聖容，光流華夏。水陸勝因，追茲薦拔。梵利興隆，飛成大廈。道德安居，林幽蕭灑。將此深心，報國恩化。』」

——和珅編：《欽定熱河志》第 119 卷，藝文十三，第 21～24 頁。《四庫全書》史部．地理類，第 496 冊，第 825～827 頁。

1162. 三茅山頂望江天雪霽

〔明〕鍾惺

三茅乃郡城內山，高處襟帶江湖，為勝覽最歡喜地。時乎積雪初晴，疏林開爽。江空漠漠，寒煙山迴。重重雪色，江帆片片。風度銀梭，村樹幾家。影寒玉瓦，山徑人跡。板橋客路。車翻縞帶。樵歌凍壑，魚釣冰蓑。目極去鳥歸雲，感我遠懷無際。時得僧茶烹雪，村酒浮香。坐傍幾樹梅花，助人清賞更劇。

——陳夢雷：《欽定古今圖書集成．曆象彙編．乾象典》第 88 卷．雪部匯考，中華書局影印版，1934 年，第 14 冊，第 8 葉。

〔註 12〕節選自無極撰《太寧路惠州東錦川鄉月華山林泉禪寺創建地產四至碑》。
〔註 13〕原文即為「住」。如是往生之義，一般用「往」；用「住」者，一般做「住涅槃」理解。

1163. 掃雪烹茶玩畫

〔明〕鍾惺

茶以雪烹，味更清洌，所為半天河水是也，不受塵垢。幽人啜此，足以破寒。時乎南窗日暖，喜無霽發惱人。靜展古人畫軸，如風雪歸人，江天雪棹，溪山雪竹，關山雪運等圖。即假對真，以觀古人。摸擬筆趣，要知實景畫圖，俱屬造化機局。即我把圖，是人玩景。對景觀我，謂非我在景中。千古塵緣，孰為真假，當就圖畫中了悟。

——陳夢雷：《欽定古今圖書集成．曆象彙編．乾象典》第 88 卷．雪部匯考，中華書局影印版，1934 年，第 14 冊，第 8 葉。

1164. 茶德頌

〔明〕周履靖

有嗜茗友生，烹瀹不論夕朝。沸湯在須臾，汲泉與燎火。無暇躡長衢，竹爐列牖，獸炭陳罏。盧仝應讓，陸羽不如。堪賤羽觴酒觚，所貴茗碗茶壺。一甌睡覺，二碗飯餘。遇醉漢渴夫、山僧逸士，聞馨嗅味，欣然而喜，乃掀唇快飲，潤喉嗽齒，詩腸濯滌，妙思猛起。友生詠句而嘲其酒糟，我輩惡醪，啜其湯飲，猶勝醽糟。一吸懷暢，再吸思陶。心煩頃舒，神昏頓醒。喉能清爽而發高聲，秘傳煎烹瀹啜真形。始悟玉川之妙法，近魯望之幽情。燃石鼎儼若翻浪，傾磁甌葉泛如萍。雖擬酒德頌，不學古調詠螟蛉。

——周履靖：《茶德頌》，《古今圖書集成》，臺北文星書局，1964 年，第 87 冊，第 184～185 頁。

1165. 密陀僧散

〔明〕張介賓（景岳）

治驚氣入心，瘖不能言。密陀僧研極細末，每用一錢，茶清調下，或熱酒調下。有熱者，麝香湯調下。昔有人為虎蛇所驚，久瘖，服此即愈。

單方：

又方：密陀僧為極細末，每服一錢，點茶飲之，聲即出。又方：皂角一條，去皮子蘿蔔三枚，煎服數次，聲則出。風冷寒鬱失音，用桂心為末，頻放舌下，漸漸咽汁，聲自出。（丹溪下同。）

驚氣入心，瘖不能言，密陀僧茶服一匙。

——陳夢雷：《欽定古今圖書集成．博物彙編．藝術典》第344卷，醫部匯考三百二十四．聲音門，中華書局影印版，1934年，第449冊之五四葉。

1166. 送茶

〔明〕佚名

夜白凝煙，不數槍旗。垂腳寒爐烹雪，何須紗帽籠頭。敬呈天上月團，請試人間泉水。

——陳夢雷：《欽定古今圖書集成．明倫彙編．交誼典》第48卷，饋遺部選句，中華書局影印版，1934年，第334冊，第60葉。

1167. 謝惠新茶

〔明〕佚名

揀分雀舌，賜出龍團。開諫議之緘，有同面見。好李生之客，不憚手煎。豈直破悶，搜腸更堪輕身換骨。鏤金黃於餅上，命樵青於竹中。候蟾背之分香，三沸成於活火。觀蝦目之湧浪，一壺汲於石城。驚讀書春困之眠，療飲酒宿酲之渴。劉琨真茶之札，烏用十行。蘇子風松之歌，敬當三復。

——陳夢雷：《欽定古今圖書集成．明倫彙編．交誼典》第48卷，饋遺部選句，中華書局影印版，1934年，第334冊，第60葉。

1168. 竹嶼山房製茶法

〔明〕宋詡

一、合足味茶法

甘三苦四妙通神（甘草三兩，苦參四兩），五斤乾茶五斤蒸（乾茶葉，五斤蒸；過茶，五斤），菉豆四升同擣合（豆炒過），此方宜利勝燒銀。

二、製孩兒香茶法

孩兒茶一斤，研極細，羅過，用白豆蔻仁四錢研為細末，粉草炙一二錢，碾為細末，蓽澄茄一二錢，研細末，川百藥煎半兩為末。將已上四件和匀，磁器收貯，勿沾味。沉香半兩，劈成一二定子，插入鵝梨內，用紙裹了，水濕過，灰火內煨梨，熟為度，取出沉香曬乾，為細末，同一二錢，和之前劑。將梨汁製麝香，用梅花片腦一二錢，米腦亦可，用製過寒水石同研，和拌入料。寒水石半斤，於炭火內煆紅，先將薄荷葉四兩水浸得，透鋪在紙上，將煆過寒水石放在葉上，裹了放冷，取出秤五錢與腦子同研。餘者待後次用之，葉棄去不用。死腦子法也不死，則腦子氣味去矣。麝香二錢，揀去毛，令淨，研開。用元製沉香梨汁和為泥，泥在磁盞內或銀器內，上用紙糊口，用針透十數孔。慢火焙乾，研為末，再施盞內焙熱，合和前藥，其香滿室。此其法也。右將潔淨糯米一升煮極爛稠粥，擂細冷定，用絹絞取濃汁和劑，須要硬，於淨搥帛石上搥三五千下，愈多愈好，故名千搥膏。卻用白檀煎油抹印，印成小餅，於透風處懸弔一二日，刷光磁器內收。

三、酥合茶

將好酥於銀石器內鎔化，傾入江茶末，攪匀，旋旋添湯，攪成稀膏子散在盞內，卻著湯浸供之。茶與酥看客多少用，但酥多於茶，此為佳。此法至簡且易，尤珍美，四季皆用湯造，冬間造在風爐子上。

四、腦子茶

先將好茶研細，薄紙包，梅花片腦一錢許於茶末內，埋之經宿，湯點則有腦子氣味，極妙。

五、薰花茶

用好淨錫打連蓋四層盒子一個，下一層裝上號高茶末一半，中一層底透作數十個箸頭大竅，薄紙襯松裝花至一半，盒蓋定紙封縫密，經宿開盒，去舊花換新花。如此一二次，湯點，其香拂鼻可愛，四時中但有香頭皆可為之，只要晾乾，不可帶潤，若紙微潤，非徒無益，而又害之也。

又法：用淨磁器將茶末捺實，用箸頭簽十數竅，每竅安花頭一個，如此安滿，卻以茶末蓋之，紙糊封口，待經宿。用此法惟造些少暫時則可，若多造被濕氣，反害茶香味也。

——明．宋詡：《竹嶼山房雜部》第 22 卷．茶部，第 13～16 頁，《四庫全書》子部．雜家類。第 871 冊，第 327～328 頁。

1169. 挹翠亭雪遊記

〔明〕張延登

元夕張燈，遺俗固然，自初十後，燈事始矣。乙亥冬，無雪。至是，雪庭砌皆滿。十一日，晨起登小樓俯瞯，萬瓦鱗鱗皆白，猶以垣礙不能快觀，意將出郊一看。童子請止，強作解事，語曰：「雪中宜樓宜暖閣，郊外寒甚凍人。」奈何余不聽，攜茗碗酒具，步出東郊，至黃山挹翠亭。

一望平原，皎然無際，空中片片，繽紛亂墜，又為微風所攪，乍翻乍起，如回如瀠，大似作態，以媚遊人。嗟嗟如此曠觀，不至不見，宜樓宜暖閣，幾何不以此言誤耶！因大叫快哉！不輟雪意益復飛舞飄漾，與人意競。

亭前池冰將解，為雪花所蕩，冷凝洞徹，作玻璃光。池外則石岩層層，疊嶂複嶺，不啻玉嵌玲瓏矣。今年歲前立春，柳色毿毿，新黃欲綻，忽為瓊蕊妝綴，正如小蠻初學舞時。纖腰乍彎，嬰娜輕盈，粉頰皓裳，素豔撩人，真是天地尤物。若以濃桃繁李配之，未免脂粉氣，不其辱哉。

於時靜對良久，人境俱寂。因命童子取階上淨雪，溶鐺中，煮峒山茶，啜盡二三甌。一派清思，往來心目間，儼然坐冰壺而飲沆瀣，不覺喉吻皆潤，骨體欲仙。此中恍若有會，急需一人與之語，而不可得。遙望前林，蒼松翠柏，中隱露絳紅色，巧為點染，一幅好畫。

熟視乃被氈策蹇而來者，至則季習李生也。取酒嚼梅花二卮，同蹈雪虎岩上，寒不可禁，乃歸。

歸至世掬堂，紅屏圍座，燒燭轟飲，試看雪裏燈，光景又何如也。

——陳夢雷：《欽定古今圖書集成・方輿彙編・職方典》第206卷，濟南府部藝文二，中華書局影印版，1934年，第79冊，第22葉。

1170. 春遊西山記〔註14〕

〔明〕陸釴

出平則門，行可數里，清風徐來，塵意灑落。遂遵湖堤繞村徑，後先惟意行歌相答，舉盻間樓臺鱗次出沒，煙靄若非人世所有者。午至功德寺，主僧汲泉瀹茗，酒數進。起陟英廟行宮已，乃促騎西往緣崖攀磴，穿雲霧

〔註14〕此為《春遊西山記》節選。

間，溪花石竹幽芳襲人。徐憩玉泉，登望湖亭，撫看花臺，道傍諸剎，不能遍歷，惟聽主僧談名耳。

——清．孫承澤：《春明夢餘錄》第 68 卷，第 8 頁，《四庫全書》子部．雜家類，第 869 冊，第 254 頁。

1171. 高梁橋遊紀

〔明〕袁宏道

公安袁宏道《高梁橋遊紀》：高梁橋在西直門外，京師最勝地也。兩水夾堤，垂楊十餘里，流急而清，魚之沉水底者鱗鬣皆見。精藍棋置丹樓珠塔，窈窕綠樹中，而西山之在几席者，朝夕設色以娛遊人。當春盛時，城中士女雲集，縉紳士大夫非甚不暇未有不一至其地者也。三月一日，偕王生章甫僧寂子出遊，時柳稍新翠，山色微嵐，水與堤平，絲管夾岸，趺坐石根，上茗飲以為酒，浪紋樹影以為侑。魚鳥之飛沉，人物之往來，以為戲具。堤上遊人見三人坐枯樹下若癡禪者，皆相視以為笑。而余等亦竊謂彼筵中人，諠囂怒詬山情水意，了不相屬，於樂何有也！少頃，遇同年黃昭質拜客，出呼而下，與之語步至極樂寺，觀梅花而返。

——清．孫承澤：《春明夢餘錄》第 68 卷，第 8 頁，《四庫全書》子部．雜家類，第 869 冊，第 255 頁。

1172. 西塔寺記

〔明〕楊一俊

竟陵面水背陸，其�然抱城流者，東西湖也。湖中各存古剎：東曰乾明，從來靡考；西曰西塔，唐裴迪詩竟陵西塔寺是也。

寺在唐興於積公傳稱，陸羽鴻漸，寺僧見而育之，積公是也。余令茲土，一日過梵宮，弔陸跡。汲井烹茶，登高望遠，已而梵唄聲聞，鍾鼓新爽，則見重閣靜悄，朱欄間開者，律堂前扉也。妙閣雲流，龍華充牣者，藏經樓也。虛敞弘闊，几筵盛設者，齋僧堂也。再度重門，為桑苧居。其正北，則香積廚也；正西律堂，高衲居之。東臨滄波，蓮葉千重。繞法界者，聞思閣也。

下則律主靜室焉。喬木龍嵷，上干碧落，迴廊繚繞，四達松房，缽演宗風，偈奏仙響。予訊從來，寺若此乎？曰：未也。

寺僧真公謁匡廬，秉大戒，宰官長者發大願，布金置田，大眾既集，宇舍建立。真公復提衲走白下，請藏歸延白足，翻閱演說，妙法無虛日。余矙然起曰：師行至此乎。後數與真相晤，談中要領匪夷所思。

余與給諫王公諸檀輩，累土伐石，疊為雁橋，構亭其上。額曰茶醉然，真公隱於廬者也。廬東遠公種蓮處。安知真非再來乎。他日，余登廬山，當與真笑於虎溪橋畔。

——陳夢雷：《欽定古今圖書集成．方輿彙編．職方典》第1146卷，安陸府部藝文二，中華書局影印版，1934年，第150冊，第59葉。

1173. 煮台山茗〔註15〕

〔明〕王思任

大朱篆瘦硬不滅，李當塗數折而下，坐石橋松樾間，望驚漢之翻落，恨不多人共之。更恨奴子，且別往下方。廣覺公喚取活火，煮本山茗，眼見萬里天上水，須臾到口，冰壺洗鼻，人在雪宮，不禁此清絕也。

——陳夢雷：《欽定古今圖書集成．方輿彙編．山川典》第123卷．天台山部藝文一，中華書局影印版，1934年，第193冊，第13葉。

1174. 若聽茶聲〔註16〕

〔明〕魏學洢

舟尾橫臥一楫，楫左右舟子各一人。居右者椎髻仰面，左手倚一衡木，右手攀右趾，若嘯呼狀。居左者右手執蒲葵扇，左手撫爐，爐上有壺，其人視端容寂，若聽茶聲然。

——賀復徵編：《文章辨體匯選》第588卷，第13頁，《四庫全書》集部．總集類，第1409冊，第231頁。

1175. 中峰茶〔註17〕

〔明〕馮夢禎

又東為幻住庵，中峰住處皆以幻名，佔地雖勝而屋舍甚陋。稍南，亂

〔註15〕此為《天台山記》部分選錄。

〔註16〕此為魏學洢《核舟記》部分選錄。

〔註17〕選錄於馮夢禎《西目記略》。

石如筍，離立絕壑，大類馬鬣，因題之曰馬鬣云。即中峰三年立禪處。舊為立玉亭，今廢。右畔有僧屋數椽，一入啜茶。自此至西方庵，一徑如發，下臨無際。斷處綴以木，甚險甚奇，四面俱奇峰峭壁，夐絕人境。

——馮夢禎：《西目記略》，見《欽定古今圖書集成．方輿彙編．山川典》第 107 卷，天目山部藝文一，中華書局影印版，1934 年，第 192 冊，第 9 葉。

1176. 茶屋記

〔明〕貝瓊

檇李屠生，兼善顏，其遊息之所曰茶屋，蓋兼善耆茶，尤善烹茶之法。凡茶之產於名山，若吳之陽羨，越之日鑄，閩之武夷者，收而貯之屋中。客至輒汲泉烹以奉客，與之劇談，終日不待郗莒之會焉。余因告之曰：「昔陸鴻漸著《茶經》三篇，蔡君謨亦著《茶經》上下二篇，而玉川子則有答《孟諫議惠茶詩》，兼善嘗取而讀之乎？彼奴視茶者，未若鴻漸之深於味，惜計口腹之小而不免御史李季卿之辱。君謨以宋之名臣，乃進龍鳳團，希寵一時如丁晉公。所為不免歐陽永叔之譏，若玉川子洛陽布衣耳！諫議餉以先春之品，其於潤燥吻沃枯腸飲之不厭，可謂好之至矣！然不徒足一已之好為事，且憂百萬億蒼生困於顛崖，未獲其蘇息。遂因以諷在位之君子，是以天下為心者乎？此三子皆知。耆茶鴻漸固不足言，君謨烏能無愧於玉川子也，兼善必辯。」於是而有玉川之心已，亟起而求書為記。余復笑謂之曰：「俟大雪之夜，過茶屋，聽松風洶洶作秋濤聲，酒醒一書未晚也。」而請之益堅，遂書之。洪武五年冬十月初吉，兩山老樵貝瓊記，七年秋七月七日重書於成均東齋。

——貝瓊：《清江文集》第 16 卷，第 10～11 頁，《四款全書》集部．別集類，1228 冊，第 394～395 頁。

1177. 人心有真境

〔明〕洪應明

人心有真境，非絲非竹而自恬愉，不煙不茗而自清芬。須念淨境空，慮忘形釋，才得以遊衍其中。

——洪應明：《菜根譚》一卷本．閒適。

1178. 名茶美酒，自有真味〔註 18〕

〔明〕陳繼儒

名茶美酒，自有真味。好事者投香物佐之，反以為佳，此與高人韻士誤墮塵網中何異。

——陳繼儒：《小窗幽記》第 1 卷・集醒，清乾隆三十五年問心齋刊本。

1179. 好茶用以滌煩

〔明〕陳繼儒

好香用以薰德，好紙用以垂世，
好筆用以生花，好墨用以煥彩，
好茶用以滌煩，好酒用以消憂。

——《小窗幽記》第 4 卷・集靈。

1180. 獨坐丹房，瀟然無事，烹茶一壺

〔明〕陳繼儒

獨坐丹房，瀟然無事，烹茶一壺，燒香一炷，看達摩面壁圖。垂簾少頃，不覺心淨神清，氣柔息定，濛濛然如混沌境界，意者揖達摩與之乘槎而見麻姑也。

——《小窗幽記》第 4 卷・集靈。

1181. 茶鐺初熟，酒甕乍開

〔明〕陳繼儒

客散門扃，風微日落，碧月皎皎當空，花陰徐徐滿地；近簷鳥宿，遠寺鐘鳴，茶鐺初熟，酒甕乍開；不成八韻新詩，畢竟一個俗氣。

——《小窗幽記》第 4 卷・集靈。

〔註 18〕錄於陳繼儒《小窗幽記》。《小窗幽記》亦名《醉古堂劍掃》。當前部分學者認為《小窗幽記》乃明代陸紹珩托名陳繼儒而作，有一定合理性。但此處不作爭論，乃據問心齋刊本引錄。

1182. 茶不甚精，壺亦不燥

〔明〕陳繼儒

箕踞於班竹林中，徙倚於青磯石上；所有道笈梵書，或校讎四五字，或參諷一兩章。茶不甚精，壺亦不燥，香不甚良，灰亦不死；短琴無曲而有弦，長謳無腔而有音。激氣發於林樾，好風逆之水涯，若非羲皇以上，定亦稽阮之間。

——《小窗幽記》第 4 卷．集靈。

1183. 聽琴玩鶴，焚香煮茶

〔明〕陳繼儒

讀理義書，學法帖字；澄心靜坐，益友清談；小酌半醺，澆花種竹；聽琴玩鶴，焚香煮茶；泛舟觀山，寓意奕棋。雖有他樂，吾不易矣。〔註 19〕

——《小窗幽記》第 4 卷．集靈。

1184. 焚香煮茗，把酒吟詩，不許胸中生冰炭

〔明〕陳繼儒

家居苦事物之擾，惟田舍園亭，別是一番活計；焚香煮茗，把酒吟詩，不許胸中生冰炭。

——《小窗幽記》第 5 卷．集素。

1185. 餉時而起，則啜苦茗

〔明〕陳繼儒

余嘗淨一室，置一幾，陳幾種快意書，放一本舊法帖；古鼎焚香，素麈揮塵，意思小倦，暫休竹榻。餉時而起，則啜苦茗，信手寫漢書幾行，隨意觀古畫數幅。心目間，覺灑灑靈空，面上俗塵，當亦撲去三寸。

——《小窗幽記》第 5 卷．集素。

〔註 19〕此語當源於倪思《述齊齋十樂》，見前 1156 則《倪氏樂事》所錄，二者僅數字差異。

1186. 焚香煮茗，閱偈翻經

〔明〕陳繼儒

白雲在天，明月在地；
焚香煮茗，閱偈翻經；
俗念都捐，塵心頓盡。

——《小窗幽記》第 5 卷．集素。

1187. 三月茶筍初肥，梅風未困

〔明〕陳繼儒

三月茶筍初肥，梅風未困；九月蓴鱸正美，秫酒新香；勝友晴窗，出古人法書名畫，焚香評賞，無過此時。

——《小窗幽記》第 5 卷．集素。

1188. 茶欲白，欲重，欲新

〔明〕陳繼儒

茶欲白，墨欲黑；茶欲重，墨欲輕；茶欲新，墨欲陳。

——《小窗幽記》第 5 卷．集素。

1189. 採茶，藏茶，烹茶

〔明〕陳繼儒

採茶欲精，藏茶欲燥，烹茶欲潔。

——《小窗幽記》第 5 卷．集素。

1190. 茶見日而味奪

〔明〕陳繼儒

茶見日而味奪，墨見日而色灰。

——《小窗幽記》第 5 卷．集素。

1191. 夜寒坐小室中

〔明〕陳繼儒

夜寒坐小室中，擁爐閒話。渴則敲冰煮茗，饑則撥火煨芋。

——《小窗幽記》第 5 卷．集素。

1192. 穀雨前後

〔明〕陳繼儒

穀雨前後，為和凝湯社，雙井白茅，湖州紫筍，掃臼滌鐺，徵泉選火。以王蒙為品司，盧仝為執權，李贊皇為博士，陸鴻漸為都統。聊消渴吻，敢諱水淫，差取嬰湯，以供茗戰。

——《小窗幽記》第 5 卷．集素。

1193. 殆非塵中物也

〔明〕陳繼儒

因葺舊廬，疏渠引泉，周以花木，日哦其間；故人過逢，瀹茗奕棋，杯酒淋浪，殆非塵中物也。

——《小窗幽記》第 5 卷．集素。

1194. 茅屋三間，木榻一枕

〔明〕陳繼儒

茅屋三間，木榻一枕，燒高香，啜苦茗，讀數行書，懶倦便高臥松梧之下，或科頭行吟。日常以苦茗代肉食，以松石代珍奇，以琴書代益友，以著述代功業，此亦樂事。

——《小窗幽記》第 5 卷．集景。

1195. 山居之樂

〔明〕陳繼儒

山房之磬，雖非綠玉，況明輕清之韻，盡可節清歌洗俗耳。山居之樂，頗愜冷趣，煨落葉為紅爐，況負暄於岩戶。土鼓催梅，荻灰暖地，雖潛凜以蕭索，見素柯之凌歲。同雲不流，舞雪如醉，野因曠而冷舒，山以靜而不晦。枯魚在懸，濁酒已注，朋徒我從，寒盟可固，不驚歲暮於天涯，即是挾纊於孤嶼。

——《小窗幽記》第 6 卷・集景。

1196. 酒固道廣，茶亦德素

〔明〕陳繼儒

熱湯如沸，茶不勝酒；幽韻如雲，酒不勝茶。茶類隱，酒類俠。酒固道廣，茶亦德素。

——《小窗幽記》第 6 卷・集景。

1197. 命酒呼茶

〔明〕陳繼儒

明月可人，清風披坐，班荊問水，天涯韻士高人；下箸佐觴，品外澗毛溪蔌，主之榮也。高軒寒戶，肥馬嘶門，命酒呼茶，聲勢驚神震鬼；疊筵累幾，珍奇罄地窮天，客之辱也。

——《小窗幽記》第 6 卷・集景。

1198. 今世且有焚香啜茗，清涼在口，塵俗在心

〔明〕陳繼儒

人生斯世，不能讀盡天下秘書靈笈。有目而昧，有口而啞，有耳而聾，而面上三斗俗塵，何時掃去？則韻之一字，其世人對症之藥乎？雖然，今世且有焚香啜茗，清涼在口，塵俗在心，儼然自附於韻，亦何異三家村老嫗，動口念阿彌，便云昇天成佛也。

——《小窗幽記》第 7 卷・集韻。

1199. 茶令人爽

〔明〕陳繼儒

香令人幽，酒令人遠，茶令人爽，琴令人寂，棋令人閒，劍令人俠，杖令人輕，塵令人雅，月令人清，竹令人冷，花令人韻，石令人雋，雪令

人曠，僧令人淡，蒲團令人野，美人令人憐，山水令人奇，書史令人博，金石鼎彝令人古。

——《小窗幽記》第 7 卷・集韻。

1200. 吾齋之中，不尚虛禮

〔明〕陳繼儒

吾齋之中，不尚虛禮，凡入此齋，均為知己。隨分款留，忘形笑語，不言是非，不侈榮利，閒談古今，靜玩山水，清茶好酒，以適幽趣，臭味之交，如斯而已。

——《小窗幽記》第 7 卷・集韻。

1201. 雪宜茶聲

〔明〕陳繼儒

窗宜竹雨聲，亭宜松風聲，幾宜洗硯聲，榻宜翻書聲，月宜琴聲，雪宜茶聲，春宜箏聲，秋宜笛聲，夜宜砧聲。

——《小窗幽記》第 7 卷・集韻。

1202. 雲林性嗜茶

〔明〕陳繼儒

雲林性嗜茶，在惠山中，用核桃、松子肉和白糖，成小塊，如石子，置茶中，出以啖客，名曰清泉白石。

——《小窗幽記》第 7 卷・集韻。

1203. 如此相逢，逾於知己

〔明〕陳繼儒

登山遇厲瘴，放艇遇腥風，抹竹遇繆絲，修花遇酲霧，歡場遇害馬，吟席遇傖夫，若斯不遇，甚於泥塗。偶集逢好花，踏歌逢明月，席地逢軟草，攀磴逢疏藤，展卷逢靜雲，戰茗逢新雨，如此相逢，逾於知己。

——《小窗幽記》第 7 卷・集韻。

1204. 煎茶非漫浪

〔明〕陳繼儒

茶中著料，碗中著果，譬如玉貌加脂，蛾眉著黛，翻累本色。煎茶非漫浪，要須人品與茶相得，故其法往往傳於高流隱逸，有煙霞泉石磊落胸次者。

——《小窗幽記》第7卷・集韻。

1205. 松軒竹塢，酒甕茶鐺

〔明〕陳繼儒

屏絕外慕，偃息長林，置理亂於不聞，託清閒而自佚。松軒竹塢，酒甕茶鐺，山月溪雲，農蓑漁罟。

——《小窗幽記》第7卷・集韻。

1206. 皆聲之至清

〔明〕陳繼儒

松聲，澗聲，山禽聲，夜蟲聲，鶴聲，琴聲，棋子落聲，雨滴階聲，雪灑窗聲，煎茶聲，皆聲之至清，而讀書聲為最。

——《小窗幽記》第7卷・集韻。

1207. 以破孤岑

〔明〕陳繼儒

春夜宜苦吟，宜焚香讀書，宜與老僧說法，以銷豔思。夏夜宜閒談，宜臨水枯坐，宜聽松聲冷韻，以滌煩襟。秋夜宜豪遊，宜訪快士，宜談兵說劍，以除蕭瑟。冬夜宜茗戰，宜酌酒說《三國》《水滸》《金瓶梅》諸集，宜箸竹肉，以破孤岑。

——《小窗幽記》第7卷・集韻。

1208. 旦起理花，午窗剪茶

〔明〕陳繼儒

旦起理花，午窗剪茶，或截草作字；夜臥懺罪，令一日風流蕭散之過，不致墮落。

——《小窗幽記》第7卷・集韻。

1209. 三生石談月

〔明〕高濂

中竺後山，鼎分三石，居然可坐，傳於澤公。三生遺跡，山僻景幽，雲深境寂，松陰樹色，蔽日張空，人罕遊賞。炎天月夜，煮茗烹泉，與禪僧詩友分席相對，覓句賡歌，談禪說偈。滿空孤月，露浥清輝，四野輕風，樹分涼影，儼然人在冰壺，直欲談空玉宇，寥寥岩壑，竟是仙都最勝處矣。忽聽山頭鶴唳，溪上雲生，便是駕我仙去，俗抱塵心，蕭然冰釋。恐朝來去此，是即再生五濁欲界。

——明・高濂：《遵生八箋》第 4 卷，第 59～60 頁，《四庫全書》子部・雜家類，第 871 冊，第 445 頁。

1210. 石井記

〔明〕費元錄

石井在鵝湖山下，去城五里。其井負山而出，始方涓涓耳，積至瀠泓。其味甘美，近郭諸原田皆仰此。多文魚遊者，汲以煮茗，魚依依來親人。其旁巨石錯出，壁立插天；松桂竹木，蕭疏可愛。其上則僧建塔及普陀岩，普陀相亦極精絕。別構精舍五間，在左方。其水通潮汐，或曰龍處其下，有磐石磴道，狹可受足，而石勢參錯，趾相齵。有白蝙蝠，如掌大，飛如撲人，如吳地志禹穴中物。法顯傳曰：饒彝城南接恒水，城之西北六七里，恒水北岸，佛為諸弟子說法處。白淨王夫人入池洗浴，出池北岸二十步，東向舉手攀樹，生太子。太子墮地，行七步，二龍吐水浴太子。遂成井。眾僧所汲養也。太子見行足跡尚存石上，此得無類是耶。余與吳孟堅箕踞坐井上觀魚，命童子列茗具，召山僧為作茗飲，以陸處士法治之。各觴六七觥而起，兩腋習習風生。登山坡，望天鵝浴處，欲翩翩仙去。處士嘗言：郡茶山泉，當天下第二水。余嘗汲嚼之，不若井甚。奈何遺此井也。或未履其地爾。前督學李北地有詩，邑大夫作亭覆其上。余與孟堅徘徊者久之，捉筆聊為題詠。孟堅詩成，以誇余。余曰：驪龍頷下珠，君探得之，是遭其睡也。雖然，未若象罔得元也。君誠俟之。比一揮，則泠泠之向無異。孟堅相與抵掌拊石而歌曰：醉石磷磷，吾將抱此以自沉。按縣志，此水發脈，下流田中，轉入邑北門，經清風洞。劉知道讀書於此，舉宋進士第一，則王氣之符也。於此求源，形家所取，故為彷彿矣。

——陳夢雷：《欽定古今圖書集成．方輿彙編．坤輿典》第 41 卷，井部藝文一，第 54 冊，第 42 葉。

1211. 不知身在囂塵中也

〔明〕曹學佺

虛己者，成都柏林院僧，善山水，有圖軸傳世，今白馬院僧慧琳多蓄其筆。士大夫入茲，相對爇香煮茗，終日蕭然，不知身在囂塵中也。有雪障及山水二圖見存。

——明．曹學佺：《蜀中廣記》第 108 卷，第 27 頁，《四庫全書》史部．地理類，第 592 冊，第 732 頁。

1212. 茶坡卷後

〔明〕王世貞

此茶坡圖，故中丞劉公家物也。蘇長公恒云：茶欲白，墨欲黑，茶欲新，墨欲陳，二者正相反。今所謂茶坡與劉公者俱不可見，而白石翁之墨猶若新，良可歎也。圖後有王父司馬公一歌，因悚然敬題其後。

——明．王世貞：《弇州四部稿．續稿》第 169 卷，第 9 頁，《四庫全書》集部．別集類，第 1284 冊，第 442 頁。

1213. 沈石田虎丘圖

〔明〕王世貞

沈石田先生此圖為虎丘寫，而讀先生手書詩與匏翁歌，似皆以遊靈巖雨興敗而次日得。虎丘足之者，蓋以靈巖不可雨故也。若虎丘則風雪花月之境，無不與人宜者。余嘗再遊靈巖，其一亦遇雨，委頓返而雨中宿虎丘蘭若，汲第三泉，拾松枝煮茗啜之。取所攜酒脯從僧雛作，起麴餅供賦詩。小酌至夜分後，猶聞四山歌聲隱隱出簷溜樹滴外。若靈巖有此，當不得二公敗興語也。

——明．王世貞：《弇州四部稿．續稿》第 169 卷，第 9 頁，《四庫全書》集部．別集類，第 1284 冊，第 442 頁。

1214. 無思而無不通

〔明〕王心齋

往年有一友問心齋先生云：「如何是無思而無不通？」先生呼其僕，即應，命之取茶，即捧茶至。其友復問，先生曰：「才此僕未嘗先有期我呼他的心，我一呼之便應，這便是無思無不通。」是友曰：「如此則滿天下都是聖人了。」先生曰：「卻是。日用而不知，有時懶困著了，或作詐不應，便不是此時的心。」

——清・黃宗羲：《明儒學案》第 16 卷，第 34 頁，《四庫全書》史部・傳記類，第 457 冊，第 236 頁。

1215. 學問須要平易近情，不可著手太重〔註 20〕

〔明〕羅近溪

問：「別後如何用工？」曰：「學問須要平易近情，不可著手太重。如粗茶淡飯，隨時遣日，心既不勞，事亦了當，久久成熟，不覺自然有個悟處。蓋此理在日用間，原非深遠，而工夫次第亦難以急迫而成。學能如是，雖無速化之妙，卻有雋永之味也。」

問：「某用工致知，力行不見有個長進處。」曰：「子之致知，知個甚的？力行，行個甚的？」曰：「是要此理親切。」曰：「如何是理？」曰：「某平日說理，只事物之所當然便是。」曰：「汝要求此理親切，卻捨了此時而言平日，便不親切；捨了此時問答，而言事物，當然又不親切。」曰：「此時問答，如何是理之親切處？」曰：「汝把問答與理看作兩件，卻求理於問答之外，故不親切。不曉我在言說之時，汝耳凝然聽著，汝心炯然想著，則汝之耳，汝之心，何等條理明白也。言未透徹，則默然不答，言才透徹，便隨眾欣然，如是則汝之心，汝之口，又何等條理明白也。」曰：「果是親切。」曰：「豈止道理為親切哉！如此明辯到底，如此請教不怠，又是致知力行而親切處矣。」

〔註 20〕此文從《明儒學案》中擇錄，乃羅近溪及其弟子有關性命修學、茶事方面的問答。心學、禪學雖然在理論模式上極為相似，但二者語境、方式、價值觀並不能簡單等同。此處收錄心學所論茶事，乃為其於日常生活中以茶修道、見道。

問：「吾儕或言觀心，或言行己，或言博學，或言守靜，先生皆未見許，然則誰人方可以言道耶？」曰：「此捧茶童子卻是道也。」一友率爾曰：「豈童子亦能戒慎恐懼耶？」羅子曰：「茶房到此，幾層廳事？」眾曰：「三層。」曰：「童子過許多門限階級，不曾打破一個茶甌。」其友省悟曰：「如此童子果知戒懼，只是日用不知。」羅子難之曰：「他若不是知，如何會捧茶，捧茶又會戒懼？」其友語塞。徐為解曰：「知有兩樣，童子日用捧茶是一個知，此則不慮而知，其知屬之天也。覺得是知能捧茶，又是一個知，此則以慮而知，其知屬之人也。天之知是順而出之，所謂順，則成人成物也。人之知卻是返而求之，所謂逆，則成聖成神也。故曰以先知覺後知，以先覺覺後覺。人能以覺悟之竅，而妙合不慮之良，使渾然為一方，是睿以通微，神明不測也。」

問：「今若全放下，則與常人何異？」曰：「無以異也。」曰：「既無以異，則何以謂之聖學也？」曰：「聖人者，常人而肯安心者也；常人者，聖人而不肯安心者也。故聖人即是常人，以其自明，故即常人而名為聖人矣；常人本是聖人，因其自昧，故本聖人而卒為常人矣。」

諸友靜坐，寂然無譁，將有欲發問者，羅子止之。良久，語之曰：「當此靜默之時，澄慮反求：如平時躁動，今覺凝定；平時昏昧，今覺虛朗；平時怠散，今覺整肅。使此心良知，炯炯光徹，則人人坐間，各抱一明鏡於懷中，卻請諸子將自己頭面對鏡觀照，若心事端莊，則如冠裳濟楚，意態自然精明；若念頭塵俗，則蓬頭垢面，不待旁觀者恥笑，而自心惶恐，又何能頃刻安耶？」曰：「三自反可是照鏡否？」曰：「此個鏡子，與生俱生，不待人照而常自照，人纖毫瞞他不過。故不忠不仁，亦是當初自己放過。自反者，反其不應放過而然，非曰其始不知，後因反己乃知也。」曰：「吾儕工夫，安能使其常不放過耶？」曰：「羞惡之心，人皆有之，誰肯蓬頭垢面以度朝夕耶？」

一廣文自敘平生為學，已能知性。羅子問：「君於此時，可與聖人一般否？」曰：「如此說則不敢。」曰：「既知是性，豈又與聖人不似一般？」曰：「吾性與聖一般，此是從赤子胞胎時說。若孩提稍有知識，已去聖遠矣。故吾儕今日只合時時照管本心，事事歸依本性，久則聖賢乃可希望。」時方飲茶遜讓，羅子執茶甌問曰：「君言照管歸依，俱是恭敬持甌之事，今且未見甌面，安得遽論持甌恭謹也？」曰：「我於甌子，也曾見來，也曾持來，但有時見，有時不見，有時持，有時忘記持，不能如聖人之常不失耳。」曰：「此個性，只合把甌子作譬，原卻不即是甌子。甌子則有見有不見，而性則無不見也。甌子則有持有不持，而性則原不待持也。不觀《中庸》說『率性謂道，道不可須臾離』，今云見持不得？常，則是可以離矣。可離則所見所持原非是性。」曰：「此性各在。當人稍有識者，誰不能知，況用功於此者乎？」曰：「君言知性，如是之易！此性之所以難知也，孟子之論知性，必先之以盡心。苟心不能盡，則性不可知也。知性則知天，故天未深知，則性亦未可為知也。君試反而思之，前日工夫，果能既竭其心思乎？今時受用，果能知天地之化育乎？若果知時，便骨肉皮毛，渾身透亮，河山草樹，大地回春，安有見不能常持、不能久之弊？苟仍是舊日境界，我知其必然未曾知也。」廣文沉思，未有以應。

童子捧茶方至，羅子指而謂一友曰：「君自視與童子何如？」曰：「信得更無兩樣。」頃此復問曰：「不知君此時何所用功？」曰：「此時覺心中光明，無有沾滯。」曰：「君前云與捧茶童子一般，說得盡是；今云心中光明，又自己翻帳也。」友遽然曰：「並無翻帳。」曰：「童子見在，請君問他，心中有此光景否？若無此光景，則分與君兩樣。」廣文曰：「不識先生心中工夫卻是如何？」曰：「我的心，也無個中，也無個外。所謂用功也，不在心中，也不在心外。只說童子獻茶來時，隨眾起而受之，從容啜畢，童子來接時，隨眾付而與之。君必以心相求，則此無非是心；以工夫相求，則此無非是工夫。若以聖賢格言相求，則此亦可說動靜不失其時，其道光明也。」廣文恍然自失。

廣文再過訪，自述近得個悟頭，甚是透徹。羅子問其詳，對曰：「向時見未真確，每云自己心性時得時失，中無定主，工夫安能純一。殊不知耳目口鼻心思，天生五官，職司一樣。試說吾此耳、此目，終日應接事物，誰曾一時無耳目哉？耳目既然，則終日應接事物，又誰曾一時無心思哉？耳目心思既皆常在，則內外主宰已定，而自己工夫豈不漸漸純熟而安全也哉？」羅子笑曰：「此悟雖妙，恐終久自生疑障。」廣文不服，羅子曰：「今子悟性固常在，獨不思善則性在時為之，而不善亦性在時為之也，以常在而主張性宗，是又安得謂性善耶？」廣文自失，問：「將奈何？」曰：「是不難。蓋常在者，性之真體，而為善為不善者，性之浮用。體則足以運用，用不能以遷體也。試思耳之於聲，目之於色，其千變萬化於前者，能保其無美惡哉？是則心思之善不善也，然均聽之、均視之，一一更均明曉而辯別之，是則心思之能事，性天之至善，而終日終身更非物感之可變遷者也。」廣文曰：「先生之悟小子也，是死而復生之矣。」

——清．黃宗義：《明儒學案》第 34 卷，第 13～19 頁，《四庫全書》史部．傳記類，第 457 冊，第 550～552 頁。

1216. 遊銀山記

〔明〕李元陽

曉起騎行幾二十里，路人乃云：「赤獨子去密雲已旬日矣。」眾相顧，色沮。南沙謂予曰：「銀山鐵壁去此不遠，盍往遊焉。」遂折北而去，諸君相尾，問程或言遠，或言近，各有難色，遲回不進。南沙與予恐為所阻，遂策馬亟馳行六十里，至鄧隱峰道場。八角亭東北有鐵崖壁立，石色熒然。頃之，月出爛如銀界，洗盞更酌，夜分不寐。明日將拄杖登頂，寺僧曰：「頂由閻王鼻行。僧住此十餘年，亦不敢度。」予二人笑而不聽，竟趨鼻側。山脊如刀背，僅容一足，長約十步，兩旁如削，下臨萬仞，不可凝視，罡風吹衣，足不能立。予曰：「列子履萬仞之險，足二分垂外，何如？」乃去靴鞋，趺坐徘徊，取棋枰對奕。南沙忽推棋東行，比予回顧，渠已渡鼻矣。予亦側身起立，逐其武而東，遂相與登山頂。予曰：「君無擬議，予無思量，乃能至此，向使擬議思量，東瞻西顧，則私意起而安能至此哉？」南沙曰：「士之立朝能以無擬議思量之心行之，何事不辦！」坐有頃，寺僧憑樵者送茶，各飲一盞。樵者指長城外曰，此為黃花鎮，此為居庸關，又西為某關，又東為某鎮，皆在煙光微茫中。萬里龍沙，風霾無際，令人氣吞邊塞，眼隘寰區矣。罡風稍定，挺身度鼻而回，初無難者，回入僧院，崔都尉京山自外來曰：「聞二公在此，願得同遊。」遂舉觴薦。山殽坐月下，說長城險易，夜分各就宿。明日京山早發來別，予二人尚未下榻，飯已，由捷路向昌平道。中多木柵如圈，初不知其故，既而問樵人，乃知其為致虎圈也。頃之，從人告饑，遂就流泉而飯，甚甘之。馬上作銀山鐵壁歌，夜投昌平公署，不食而臥。明日，荊川、少海攜酒來相勞，頃之，湛泉亦至，因為言山水之情狀，諸君頗以不遊為恨。荊川名順之，編修，武進人。湛泉名與齡，驗封郎，山西人。少海名瀚，考功郎，順慶人。

南沙名過，職方郎，富順人。予則名元陽，字仁甫，號仲溪，大理人，為御史。

——陳夢雷：《欽定古今圖書集成・方輿彙編・山川典》第 11 卷，天壽山部藝文一，第 184 冊，第 2 葉。

1217. 禊泉

〔明〕張岱

惠山泉不渡錢塘，西興腳子挑水過江，喃喃作怪事。有縉紳先生造大父，飲茗大佳，問曰：「何地水？」大父曰：「惠泉水。」縉紳先生顧其價曰：「我家逼近衛前，而不知打水吃，切記之。」董日鑄先生常曰：「濃、熱、滿三字盡茶理，陸羽《經》可燒也」兩先生之言，足見紹興人之村之樸。余不能飲潟鹵，又無力遞惠山水。甲寅夏，過斑竹庵，取水啜之，磷磷有圭角，異之。走看其色，如秋月霜空，噀天為白；又如輕嵐出岫，繚松迷石，淡淡欲散。余倉卒見井口有字劃，用帚刷之，「禊泉」字出，書法大似右軍，益異之。試茶，茶香發。新汲少有石腥，宿三日氣方盡。辨禊泉者無他法，取水入口，第橋舌舐齶，過頰即空，若無水可咽者，是為禊泉。好事者信之，汲日至，或取以釀酒，或開禊泉茶館，或甕而賣，及饋送有司。董方伯守越，飲其水，甘之，恐不給，封鎖禊泉，禊泉名日益重。會稽陶溪、蕭山北幹、杭州虎跑，皆非其伍，惠山差堪伯仲。在蠡城，惠泉亦勞而微熱，此方鮮磊，亦勝一籌矣。長年鹵莽，水遞不至其地，易他水，余笞之，詈同伴，謂發其私。及余辨是某地某井水，方信服。昔人水辨淄、澠，侈為異事。諸水到口，實實易辨，何待易牙？余友趙介臣亦不余信，同事久，別余去，曰：「家下水實行口不得，須還我口去。」

——張岱：《陶庵夢憶》第 3 卷，商務印書館，1939 年，第 18 頁。

1218. 蘭雪茶

〔明〕張岱

日鑄者，越王鑄劍地也。茶味棱棱，有金石之氣。歐陽永叔曰：「兩浙之茶，日鑄第一。」王龜齡曰：「龍山瑞草，日鑄雪芽。」日鑄名起此。京師茶客，有茶則至，意不在雪芽也。

而雪芽利之，一如京茶式，不敢獨異。三峨叔知松蘿焙法，取瑞草試之，香撲冽。余曰：「瑞草固佳，漢武帝食露盤，無補多欲；日鑄茶藪，『牛雖瘠僨於豚上』也。」遂募歙人入日鑄。

杓法、掐法、挪法、撒法、扇法、炒法、焙法、藏法，一如松蘿。他泉瀹之，香氣不出，煮禊泉，投以小罐，則香太濃鬱。雜入茉莉，再三較量，用敞口瓷甌淡放之，候其冷；以旋滾湯沖瀉之，色如竹籜方解，綠粉初匀；又如山窗初曙，透紙黎光。取清妃白，傾向素瓷，真如百莖素蘭同雪濤並瀉也。

雪芽得其色矣，未得其氣，余戲呼之「蘭雪」。四五年後，「蘭雪茶」一哄如市焉。越之好事者不食松蘿，止食蘭雪。蘭雪則食，以松蘿而纂蘭雪者亦食，蓋松蘿貶聲價俯就蘭雪，從俗也。乃近日徽歙間松蘿亦名蘭雪，向以松蘿名者，封面係換，則又奇矣。

——張岱：《陶庵夢憶》第 3 卷，商務印書館，1939 年，第 18～19 頁。

1219. 露兄

〔明〕張岱

崇禎癸酉，有好事者開茶館，泉實玉帶，茶實蘭雪，湯以旋煮，無老湯，器以時滌，無穢器，其火候、湯候，亦時有天合之者。余喜之，名其館曰「露兄」，取米顛「茶甘露有兄」句也。為之作《鬥茶檄》，曰：「水淫茶癖，爰有古風；瑞草雪芽，素稱越絕。特以烹煮非法，向來葛灶生塵；更兼賞鑒無人，致使羽《經》積蠹。邇者擇有勝地，復舉湯盟，水符遞自玉泉，茗戰爭來蘭雪。瓜子炒豆，何須瑞草橋邊；橘柚查梨，出自仲山圃內。八功德水，無過甘滑香潔清涼；七家常事，不管柴米油鹽醬醋。一日何可少此，子猷竹庶可齊名；七碗吃不得了，盧仝茶不算知味。一壺揮麈，用暢清談；半榻焚香，共期白醉。」

——張岱：《陶庵夢憶》第 8 卷，商務印書館，1939 年，第 71 頁。

1220. 蓮花茶

〔元～清〕倪瓚、屠隆、王韜、沈復

一

蓮花茶，就池沼中於早飯前，日初出時，擇取蓮花蕊略綻者，以手指撥開，入茶滿其中，以麻絲縛紮定，經一宿。次早，蓮花摘之取茶，用紙包曬，如此三次，錫罐盛貯，紮口收藏。

——倪瓚《清閟閣全集》第11卷。

二

蓮花茶，於日未出時，將半含白蓮花撥開，放細茶一撮，納滿蕊中，以麻皮略繫，令其經宿，次早摘花傾出茶葉，用建紙包茶焙乾。再如前法，隨意以別蕊製之，焙乾收用，不勝香美。

——屠隆《考槃餘事》第3卷。

三

余戚串家嘗居此（甫裏海藏禪院前）。每於日晚，置茶葉於花心，及晨取出，以清泉瀹之，其香沁齒。

——王韜《漫遊隨錄》第1卷。

四

夏月荷花初開時，晚含而曉放。芸用小紗囊撮茶葉少許，置花心，明早取出，烹天泉水泡之，香韻尤絕。

——沈復《浮生六記．閒情記趣》。

1221. 唐寅事茗圖

〔清〕張照

明唐寅《事茗圖》，素箋本，著色畫，款題云：「日長何所事？茗碗自齎持。料得南窗下，清風滿鬢絲。〔註21〕吳趨唐寅。」

下有唐居士一印，前有吳趨唐伯虎二印，卷前有珍秘宜爾子孫二印；卷後有會侯之章、耿會侯鑒定書畫之章、公字信公珍賞諸印；引首隸書「事茗」二大字，款署徵明。前有也園索氏收藏書畫一印，後有九如清玩長白索氏珍藏圖書印二印；前隔水有丹誠千山耿信公書畫之章、耿會侯鑒定書畫之章；諸印押縫有半古軒書畫印、長字真賞友古軒東平諸印；後隔水有耿嘉祚印、耿湛恩章、琴書堂都尉耿信公書畫之章；諸印押縫有友古軒、

〔註21〕此即所謂唐寅《事茗圖詩》。

半古軒書畫印各二印；又阿爾喜普之印、樂庵信公鑒定珍藏、會侯珍藏諸印。

拖尾陸粲書《事茗辯》云：「陳子事茗，客曰：『陳子尚乎？』予曰：『否。』『陳子溺歟？』曰：『曷溺哉？陳子寓也，天下莫不由之。孰則知之？陳子誠知之，斯寓爾。』『然則陳子曷事？』曰：『列具綺僚，分江貯月，然松明瀹蟹眼，爰發幽抱，乃集良友，酬嘉風物，於於然也。若是幾於溺矣。』曰：『征諸羽濛哉！夫誠深於茗，恬於直，遂於厄，非溺耶？陳子弗為也。事必有道，由事而知道，有之矣！陳子豈安於茗哉？』陳子操縵，有雍門之遺，一時學者頡頏未逮，知其弗究於茗也。弗究而事固寓也，已曷弗於縵。曰：『莫不飲食，鮮能知味。先民則之入道者邇焉！陳子謂知茗也，將淵其意於茲乎？是益不可以究矣。陳子平居，抑抑不抗，篤信質直，介然有為，故於事事亶乎其寓也。』客唯唯謝曰：『今而後知陳子事茗。』」

嘉靖乙未孟秋之吉，平原陸粲著前，署「事茗辯」三字，有樂聖、且銜杯、御賜忠孝堂、長白山索氏珍藏、耿嘉祚印、湛恩記、耿嘉祚章諸印；後有漱六主人印、也園索氏收藏書畫讀畫諸印；押縫有友古軒印，凡二；又耿昭忠信公氏一字在良，別號長白山長收藏書畫印、記半古軒書畫印、會侯之章諸印。卷高九寸九分，廣三尺二寸九分。

——清．張照：《石渠寶笈》第 15 卷，第 15～17 頁，《四庫全書》子部．藝術類，第 824 冊，第 447～448 頁。

1222. 一僧一鶴，一童子煮茗

〔清〕錢謙益

《列朝詩集》〔註 22〕：顧璘字華玉，吳縣人，在浙物色孫太初不可得。稍閒，輒道衣幅巾，放舟湖上。幾行求得之。月下有舟泊斷橋下，一僧一鶴，一童子煮茗。笑曰：「此必太初也。移舟就之，遂往還無間。」

——陳夢雷：《欽定古今圖書集成．曆象彙編．乾象典》第 42 卷，月部紀事，第 10 冊，第 35 葉。

〔註 22〕實為《列朝詩集小傳》，乃錢謙益為所撰《列朝詩集》諸家所立傳記。

1223. 蟾宮吸月亭

〔清〕馮達道

蟾宮吸月亭在斗山後，時有白氣亙天，土人多見之。明孝廉方策偕友讀書斗山寺間，偶步山麓，忽見重門洞開，視其額有蟾宮吸月亭字。遂入，有一女子以茗飲之。方謂如此清異之處，當與友共遊，置茗於幾，急出呼友。至，已迷矣。

——清・劉於義：《陝西通志》第 100 卷，第 95 頁，《四庫全書》史部・地理類，第 556 冊，第 834 頁。

1224. 人法皆空，心自休也

〔清〕張鍾秀

按《太平縣志》：文齋和尚，年六十餘，提瓶笠寄居望仙譚昌引靜舍。不談禪，不持誦，止言萬法俱空。一善實，惟勸人行善而已。居數年，忽一日語譚云：「予明年八月十六日回首矣。」初未之信，次年六月一日，從譚索錢買缸二口，遂別往。囊披剃箬嶺，八里岡庵。至八月十五日，引子、庠生、學份，偕諸昆季往探之，乃邀同視卜葬所託。比晚煮茗設果，談笑自若，份請教言誦云：「人法皆空，心自休也。無歡喜，也無愁，風平浪靜言歸去，月照寒潭一色秋。」話畢辭歸方丈，誦佛不歇。詰晨禮佛畢，持蒲團出山門外，合掌跏趺，向西端坐而化焉。

——陳夢雷：《欽定古今圖書集成・博物彙編・神異典》第 191 卷，僧部列傳六十七，第 505 冊，第 1 葉。

1225. 天語成讖

〔清〕袁枚

丁卯冬，余宰江寧，以公事往揚州，阻風燕子磯。宏濟寺僧默默，年九十餘，導余遊山；並出西林、桐城兩相國及諸公卿詩相示。余亦贈四律而別。後辛未南巡，默默接駕。上問其年。奏曰：「一百二歲。」上笑曰：「和尚還有二十年壽。」隨賜紫衣。默默謝恩而出。乾隆二十年，竟圓寂矣，方知天語之成讖也。高文定公贈以詩云：「默默僧年八十餘，麥塍猶愛荷春鋤。抬頭見客心先喜，款坐烹茶意自如。千尺娑羅庭外樹，兩朝丞相壁間書。救生舟送風帆穩，利涉長江信不虛。」

——清・袁枚：《隨園詩話》第 9 卷，群學社民國 22 年〔1933〕出版，第 62～63 頁。

1226. 才女佳句〔註 23〕

〔清〕袁枚

余聞人佳句，即錄入《詩話》，並不知是誰何之作。甲寅三月，余遊華亭，張夢喈先生飲餘古藤花下，其郎君興載耳語曰：「家姊願見先生。」余為愕然。已而搴簾出拜，執弟子之禮，方知《詩話補遺》第一卷中，曾載其所作《秋信》等詩故也。貌亦莊姝。其母夫人汪佛珍詩，久採入《詩話》第四卷中。始信風雅淵源，其來有自。其姑佛繡嫁姚氏，亦才女也。《不寐》云：「欹枕閒吟夢境空，殘燈閃閃影朦朧。梧桐不管人惆悵，翻盡銀塘一夜風。」他如：「一徑泥香飛燕子，滿甌茶熟亂松聲。何須地僻心方靜，才覺身閒夢亦清。」俱妙。

——袁枚：《隨園詩話・補遺》第 7 卷，清道光 24 年（1844）經元堂刻本 8 冊版，天津圖書館藏，第 8 冊，第 14～15 頁。

1227. 題汪近人煎茶圖

〔清〕厲鶚

巢林先生愛梅兼愛茶，啜茶日日寫梅花。要將胸中清苦味，吐作紙上冰霜椏。敲門走送古梅枝，索我煎茶圖子詩。此圖乃是西唐山人所作之橫幅，窠石苔安皴矮屋。石邊修竹不受厄，合和茶煙上空綠。石兄竹弟玉川居，山屐田衣野態疏。素瓷傳處四三客，盡讓先生七碗餘。先生一目盲似杜子夏，不事王侯恣瀟灑。尚留一目花梢，鐵線圈成春染惹。春風過後發茶香，放筆橫眼夢蝶床。南船北馬喧如沸，肯出城陰舊草堂。

——厲鶚：《樊榭山房續集》第 1 卷，第 3～4 頁，《四庫全書》集部・別集類，第 1328 冊，第 145～146 頁。

〔註 23〕原無此題，據文義補。

1228. 吃茶

〔現代〕周作人

前回徐志摩先生在平民中學講「吃茶」，——並不是胡適之先生所說的「吃講茶」，——我沒有工夫去聽，又可惜沒有見到他精心結構的講稿，但我推想他是在講日本的「茶道」（英文譯作 Teaism），而且一定說的很好，茶道的意思，用平凡的話來說，可以稱作「忙裏偷閒，苦中作樂」，在不完全的現世享樂一點美與和諧，在剎那間體會永久，是日本之「象徵的文化」裏的一種代表藝術。關於這一件事，徐先生一定已有透徹巧妙的解說，不必再來多嘴，我現在所想說的，只是我個人的很平常的喝茶罷了。

喝茶以綠茶為正宗，紅茶已經沒有什麼意味，何況又加糖——與牛奶？葛辛（George Gissing）的《草堂隨筆》（Private Papers of Henry Ryecroft）確是很有趣味的書，但冬之卷裏說及飲茶，以為英國家庭裏下午的紅茶與黃油麵包是一日中最大的樂事，支那飲茶已歷千百年，未必能領略此種樂趣與實益的萬分之一，則我殊不以為然，紅茶帶「土斯」未始不可吃，但這只是當飯，在肚餓時食之而已；我的所謂喝茶，卻是在喝清茶，在賞鑒其色與香與味，意未必在止渴，自然更不在果腹了。中國古昔曾吃過煎茶及抹茶，現在所用的都是泡茶，岡倉覺三在《茶之書》（Book of Tea，1919）裏很巧妙的稱之曰「自然主義的茶」，所以我們所重的即在這自然之妙味。中國人上茶館去，左一碗右一碗的喝了半天，好像是剛從沙漠裏回來的樣子，頗合於我的喝茶的意思（聽說閩粵有所謂吃工夫茶者，自然也有道理），只可惜近來太是洋場化，失了本意，其結果成為飯館子之流，只在鄉村間還保存一點古風，唯是屋宇器具簡陋萬分，或者但可稱為頗有喝茶之意，而未可許為已得喝茶之道也。

喝茶當於瓦屋紙窗之下，清泉綠茶，用素雅的陶瓷茶具，同二三人共飲，得半日之閒，可抵十年的塵夢。喝茶之後，再去繼續修各人的勝業，無論為名為利，都無不可，但偶然的片刻優游乃至亦斷不可少。中國喝茶時多吃瓜子，我覺得不很適宜，喝茶時所吃的東西應當是輕淡的「茶食」。中國的茶食卻變了「滿漢餑餑」，其性質與「阿阿兜」相差無幾；不是喝茶時所吃的東西了。日本的點心雖是豆米的成品，但那優雅的形色，樸素的味道，很合於茶食的資格，如各色的「羊羹」（據上田恭輔氏考據，說是出於中國唐時的羊肝餅），尤有特殊的風味。江南茶館裏有一種「乾絲」，用豆腐乾切成細絲，加薑絲醬油，重湯燉熱，上澆麻油，出以供客，其利益為「堂倌」所獨有。豆腐乾中本有一種「茶乾」，今變而為絲，亦頗與茶相宜。在南京時常食此品，據云有某寺方丈所製為最，雖也曾嘗試，卻已忘記，所記得者乃只是下關的江天閣而已。學生們的習慣，平常「乾絲」既出，大抵不即食，等到麻油再加，開水重換之後，始行舉箸，最為合式，因為一到即罄，次碗繼至，不遑應酬，否則麻油三澆，旋即撤去，怒形於色，未免使客不歡而散，茶意都消了。

吾鄉昌安門外有一處地方，名三腳橋（實在並無三腳，乃是三出，因以一橋而跨三叉的河上也），其地有豆腐店曰周德和者，製茶乾最有名。尋常的豆腐乾方約寸半，厚三分，值錢二文，周德和的價值相同，小而且薄，幾及一半，黝黑堅實，如紫檀片。我家距三腳橋有步行兩小時的路程，故殊不易得，但能吃到油炸者而已。每天有人挑擔設爐鑊，沿街叫賣，其詞曰：

辣醬辣，
麻油炸，
紅醬搽，
辣醬拓：
周德和格五香油炸豆腐乾。

其製法如上所述，以竹絲插其末端，每枚值三文。豆腐乾大小如周德和，而甚柔軟，大約係常品。惟經過這樣烹調，雖然不是茶食之一，卻也不失為一種好豆食。——豆腐的確也是極東的佳妙的食品，可以有種種的變化，唯在西洋不會被領解，正如茶一般。

日本用茶淘飯，名曰「茶漬」，以醃菜及「澤庵」（即福建的黃土蘿蔔，日本澤庵法師始傳此法，蓋從中國傳去。）等為佐，很有清淡而甘香的風味。中國人未嘗不這樣吃，唯其原因，非由窮困即為節省，殆少有故意往清茶淡飯中尋其固有之味者，此所以為可惜也。

——田中慶太郎編輯：《周作人隨筆抄》，東京：文求堂昭和 16 年（1941）發行，第 28～33 頁。

1229. 喝茶

〔現代〕魯迅

某公司又在廉價了，去買了二兩好茶葉，每兩洋二角。開首泡了一壺，怕它冷得快，用棉襖包起來，卻不料鄭重其事的來喝的時候，味道竟和我一向喝著的粗茶差不多，顏色也很重濁。

我知道這是自己錯誤了，喝好茶，是要用蓋碗的，於是用蓋碗。果然，泡了之後，色清而味甘，微香而小苦，確是好茶葉。但這是須在靜坐無為的時候的，當我正寫著《吃教》的中途，拉來一喝，那好味道竟又不知不覺的滑過去，像喝著粗茶一樣了。

有好茶喝，會喝好茶，是一種「清福」。不過要享這「清福」，首先就須有工夫，其次是練習出來的特別的感覺。由這一極瑣屑的經驗，我想，假使是一個使用筋力的工人，在喉乾欲裂的時候，那麼，即使給他龍井芽茶，珠蘭窨片，恐怕他喝起來也未必覺得和熱水有什麼大區別罷。所謂「秋思」，其實也是這樣的，騷人墨客，會覺得什麼「悲哉秋之為氣也」，風雨陰晴，都給他一種刺戟，一方面也就是一種「清福」，但在老農，卻只知道每年的此際，就要割稻而已。

於是有人以為這種細膩銳敏的感覺，當然不屬於粗人，這是上等人的牌號。然而我恐怕也正是這牌號就要倒閉的先聲。我們有痛覺，一方面是使我們受苦的，而一方面也使我們能夠自衛。假如沒有，則即使背上被人刺了一尖刀，也將茫無知覺，直到血盡倒地，自己還不明白為什麼倒地。但這痛覺如果細膩銳敏起來呢，則不但衣服上有一根小刺就覺得，連衣服上的接縫、線結、布毛都要覺得，倘不穿「無縫天衣」，他便要終日如芒刺在身，活不下去了。但假裝銳敏的，自然不在此例。

感覺的細膩和銳敏，較之麻木，那當然算是進步的，然而以有助於生命的進化為限。如果不相干，甚而至於有礙，那就是進化中的病態，不久就要收梢。我們試將享清福，抱秋心的雅人，和破衣粗食的粗人一比較，就明白究竟是誰活得下去。喝過茶，望著秋天，我於是想：不識好茶，沒有秋思，倒也罷了。

——魯迅：《準風月談》，魯迅全集出版社，1947 年，第 132～133 頁。

1230. 中國人的茶壺

〔現代〕林語堂

捧著一把茶壺，中國人把人生煎熬到最本質的精髓。

——林語堂

第五編　茶聯禪句

1231. 芳茶冠六清

芳茶冠六清，
溢味播九區。

——晉・張載撰

1232. 山中習靜觀朝槿

山中習靜觀朝槿，
竹下無言對紫茶。

——唐・王維、錢起撰〔註 1〕

1233. 茶為滌煩子

茶為滌煩子，
酒為忘憂君。

——唐・施肩吾撰

1234. 一甌解卻山中醉

一甌解卻山中醉，
便覺身輕欲上天。

——唐・崔道融撰

〔註 1〕上聯集王維《積雨輞川莊》，下聯集錢起《與趙莒茶宴》。

1235. 黃金碾畔綠塵飛

黃金碾畔綠塵飛，
碧玉甌中翠濤起。
——宋・范仲淹撰

1236. 小石冷泉留翠味

小石冷泉留翠味，
紫泥新品泛春華。
——宋・梅堯臣撰

1237. 春煙寺院敲茶鼓

春煙寺院敲茶鼓，
夕照樓臺卓酒旗。
——宋・林逋撰

1238. 潞公煎茶學西蜀

潞公煎茶學西蜀，
定州花瓷琢紅玉。
——宋・蘇軾撰

1239. 磨成不敢付僮僕

磨成不敢付僮僕，
自看雪湯生璣珠。
——宋・蘇軾撰

1240. 坐客皆可人

坐客皆可人，
鼎器手自潔。
——宋・蘇軾撰

1241. 烹茶可供西天佛

烹茶可供西天佛，
把酒能邀北海仙。〔註2〕
——宋・蘇軾撰

1242. 蜀土茶稱聖

蜀土茶稱聖，
蒙山味獨珍。
——宋・文同撰

1243. 拂石雲離帚

拂石雲離帚，
嘗茶月入鐺。
——宋・釋惠崇撰

1244. 青燈耿窗戶

青燈耿窗戶，
設茗聽雪落。
——宋・陸游撰

1245. 茶映盞毫新乳上

茶映盞毫新乳上，
琴橫薦石細泉鳴。
——宋・陸游撰

1246. 寒澗挹泉供試墨

寒澗挹泉供試墨，
墮巢篝火吹煎茶。
——宋・陸游撰

〔註2〕全詩共五句，茲錄：「宛如銀河下九天，鋼斧劈開山骨髓，輕鉤釣出老龍涎。烹茶可供西天佛，把酒能邀北海仙。」

1247. 更作茶甌清絕夢

更作茶甌清絕夢，
小窗橫幅畫江南。

——宋・陸游撰

1248. 寒泉自換菖蒲水

寒泉自換菖蒲水，
活火閒煎橄欖茶。

——宋・陸游撰

1249. 茶鼓適敲靈鷲院

茶鼓適敲靈鷲院，
夕陽欲壓赭圻城。

——明・陳選撰

1250. 事簡茶香

事簡茶香，
庭閒酒聖。

——宋・葉庭珪撰，《海錄碎事》

1251. 平生於物之無取

平生於物之無取，
消受山中水一杯。

——明・孫一元撰

1252. 味為甘露勝醍醐

味為甘露勝醍醐，
服之頓覺沉屙蘇。

——宋・白玉蟾撰

1253. 茶甘酒美汲雙井

茶甘酒美汲雙井，
魚肥稻香派百泉。

——宋・黃庭堅撰

1254. 蟹豪留客飯

蟹豪留客飯，
芎細約僧茶。

——宋・高似孫撰

1255. 春風解惱詩人鼻

春風解惱詩人鼻，
非葉非花自是香。

——宋・楊萬里撰

1256. 閒院自煎茶，蓮花妙享清涼福

閒院自煎茶，蓮花妙享清涼福；
古寺倚修竹，貝業旁行別授經。

——宋・陸游、王質、韓元吉、張孝祥撰〔註3〕

1257. 石徑過雲棲鶴冷

石徑過雲棲鶴冷，
松堂留客煮茶香。

——元・倪元鎮題，見卞永譽《書畫匯考》

1258. 茶鼎夜烹千古雪

茶鼎夜烹千古雪，
花影晨動九天風。

——元・黃鎮成撰

〔註 3〕上聯集陸游《烏夜啼》、王質《滿江紅》，下聯集韓元吉《水調歌頭》、張孝祥《鷓鴣天》。

1259. 玉杵和雲春素月

玉杵和雲春素月，
金刀帶雨剪黃芽。

——元・耶律楚材撰

1260. 詩床竹雨涼

詩床竹雨涼，
茶鼎松風細。

——元・張可久撰

1261. 乘興詩人棹

乘興詩人棹，
新烹學士茶。

——元・張可久撰

1262. 舌底朝朝茶味

舌底朝朝茶味，
眼前處處詩題。

——元・張可久撰

1263. 臥雲歌酒德

臥雲歌酒德，
對雨著茶經。

——明・詹同撰

1264. 竹灶煙輕香不變

竹灶煙輕香不變，
石泉水活味逾新。

——明・藍仁撰

1265. 揀茶為款同心友

松間鳴瑟驚棲鶴，
竹裏茶煙起定僧。

——明・王守仁撰

1266. 小橋小店沽酒

小橋小店沽酒，
初火新煙煮茶。

——明・楊基撰

1267. 春風修禊憶江南

春風修禊憶江南，
酒榼茶爐共一擔。

——明・唐寅撰

1268. 寒燈新茗月同煎

寒燈新茗月同煎，
淺甌吹雪試新茶。

——明・文徵明撰

1269. 方床睡起茶煙細

方床睡起茶煙細，
矮紙詩成小草斜。

——明・文徵明《初夏次韻答石田先生》

1270. 青箬小壺冰共裹

青箬小壺冰共裹，
寒燈新茗月同煎。

——明・文徵明《雪夜鄭太吉送惠山泉》

1271. 草堂幽事許誰分

草堂幽事許誰分，
石鼎茶煙隔戶聞。

——明．浦瑾撰

1272. 泠然一啜煩襟滌

泠然一啜煩襟滌，
欲御天風弄紫霞。

——明．潘允哲撰

1273. 碧碗茶香清瀹乳

碧碗茶香清瀹乳，
紅爐朩火暖生煙。

——明．田汝成撰，《西湖遊覽志》

1274. 加起炊茶灶

加起炊茶灶，
聲聞汲井甌。

——明．吳兆撰

1275. 花溝安釣艇

花溝安釣艇，
蕉地著茶甌。

——明．德祥撰

1276. 寂寞南山下

寂寞南山下，
茶煙出樹林。

——明．德祥《春雪有懷湛然禪師》

1277. 道人家住中峰上

道人家住中峰上，
時有茶煙出薜蘿。

——明・宗林《題鍾欽禮所畫雲山江水隱者圖》

1278. 待到春風二三月

待到春風二三月，
石壚敲火試新茶。

——明・魏時敏《殘年書事》

1279. 一碗午茶鑿醉北

一碗午茶鑿醉北，
半溪春水帶愁東。

——明・馬中錫《早春自述》

1280. 山雲茶屋暖

山雲茶屋暖，
海月竹窗虛。

——明・方登《自述》

1281. 損之又損，栽花種竹，僅交還烏有先生

損之又損，栽花種竹，僅交還烏有先生；
忘無可忘，焚香煮茗，總不問白衣童子。

——明・洪應明撰，《菜根譚》二卷本・後集

1282. 茶不求精而壺也不燥

茶不求精而壺也不燥，
酒不求冽而樽也不空。

——《菜根譚》二卷本・後集

1283. 千載奇逢，無如好書良友

千載奇逢，無如好書良友；
一生清福，只在碗茗爐煙。

——《菜根譚》一卷本・閒適

1284. 閒烹山茗聽瓶聲，爐內識陰陽之理

閒烹山茗聽瓶聲，爐內識陰陽之理；
漫履楸枰觀局戲，手中悟生殺之機。

——《菜根譚》一卷本・閒

1285. 席擁飛花落絮，坐林中錦繡團裀

席擁飛花落絮，坐林中錦繡團裀；
爐烹白雪清冰，熬天上玲瓏液髓。

——《菜根譚》一卷本・閒適

1286. 風階拾葉，山人茶灶勞薪

風階拾葉，山人茶灶勞薪；
月逕聚花，素士吟壇綺席。

——明・陳繼儒：《小窗幽記》卷二・集情

1287. 臨風弄笛，欄杆上桂影一輪

臨風弄笛，欄杆上桂影一輪；
掃雪烹茶，籬落邊梅花數點。

——《小窗幽記》卷二・集情

1288. 雲水中載酒，松篁裏煎茶，豈必鑾坡侍宴

雲水中載酒，松篁裏煎茶，豈必鑾坡侍宴；
山林下著書，花鳥間得句，何須鳳沼揮毫。

——《小窗幽記》卷三・集峭

1289. 問婦索釀，甕有新芻

問婦索釀，甕有新芻；
呼童煮茶，門臨好客。

——《小窗幽記》卷四．集靈

1290. 竹風一陣，飄颺茶灶疏煙

竹風一陣，飄颺茶灶疏煙；
梅月半灣，掩映書窗殘雪。

——《小窗幽記》卷四．集靈

1291. 茅齊獨坐茶頻煮，七碗後，氣爽神清

茅齊獨坐茶頻煮，七碗後，氣爽神清；
竹榻斜眠書漫抛，一枕餘，心閒夢穩。

——《小窗幽記》卷五．集素

1292. 帶雨有時種竹，關門無事鋤花

帶雨有時種竹，關門無事鋤花；
拈筆閒刪舊句，汲泉幾試新茶。

——《小窗幽記》卷五．集素

1293. 翠竹碧梧，高僧對奕

翠竹碧梧，高僧對奕；
蒼苔紅葉，童子煎茶。

——《小窗幽記》卷五．集素

1294. 編茅為屋，疊石為階，何處風塵可到

編茅為屋，疊石為階，何處風塵可到；
據梧而吟，烹茶而語，此中幽興偏長。

——《小窗幽記》卷五．集素

1295. 淨几明窗

淨几明窗，一軸畫，一囊琴，一隻鶴，一甌茶，一爐香，一部法帖；小園幽徑，幾叢花，幾群鳥，幾區亭，幾拳石，幾池水，幾片閒雲。

——《小窗幽記》卷五·集素

1296. 蕭齋香爐書史，酒器俱捐

蕭齋香爐書史，酒器俱捐；
北窗石枕松風，茶鐺將沸。

——《小窗幽記》卷六·集景

1297. 半輪新月數竿竹

半輪新月數竿竹，
千卷藏書一盞茶。

——《小窗幽記》卷六·集景

1298. 客到茶煙起竹下，何嫌展破蒼苔

客到茶煙起竹下，何嫌展破蒼苔；
詩成筆影弄花間，且喜歌飛白雪。

——《小窗幽記》卷七·集韻

1299. 紙帳梅花，休驚他三春清夢

紙帳梅花，休驚他三春清夢；
筆床茶灶，可了我半日浮生。

——《小窗幽記》卷七·集韻

1300. 茶取色臭俱佳，行家偏嫌味苦

茶取色臭俱佳，行家偏嫌味苦；
香須沖淡為雅，幽人最忌煙濃。

——《小窗幽記》卷七·集韻

1301. 掃石烹泉，舌底朝朝茶味

掃石烹泉，舌底朝朝茶味；
開窗染翰，眼前處處詩題。

——《小窗幽記》卷七・集韻

1302. 溪畔輕風，沙汀印月，獨往閒行，嘗喜見漁家笑傲

溪畔輕風，沙汀印月，獨往閒行，嘗喜見漁家笑傲；
松花釀酒，春水煎茶，甘心藏拙，不復問人世興衰。

——《小窗幽記》卷七・集韻

1303. 一勺水，便具四海水味，世法不必盡嘗

一勺水，便具四海水味，世法不必盡嘗；
千江月，總是一輪月光，心珠宜當獨朗。

——《小窗幽記》卷八・集奇

1304. 則何益矣，茗戰有如酒兵

則何益矣，茗戰有如酒兵；
試妄言之，談空不若說鬼。

——《小窗幽記》卷八・集奇

1305. 窗外梅開，喜有騷人弄笛

窗外梅開，喜有騷人弄笛；
石邊雪積，還須小妓烹茶。

——《小窗幽記》卷九・集綺

1306. 雙杵茶煙，具載陸君之灶

雙杵茶煙，具載陸君之灶；
半床松月，且窺揚子之書。

——《小窗幽記》卷十二・集倩

1307. 春來新筍，細可供茶

春來新筍，細可供茶；
雨後奇花，肥堪待客。

——《小窗幽記》卷十二·集倩

1308. 茅屋竹窗，一榻清風邀客

茅屋竹窗，一榻清風邀客；
茶爐藥灶，半簾明月窺人。

——《小窗幽記》卷十二·集倩

1309. 明窗淨几，好香苦茗，有時與高衲談禪

明窗淨几，好香苦茗，有時與高衲談禪；
豆棚菜圃，暖日和風，無事聽友人說鬼。

——《小窗幽記》卷十二·集倩

1310. 竹雨松風琴韻

竹雨松風琴韻，
茶煙梧月書聲。

——清·傅山撰

1311. 門開紅葉林間寺

門開紅葉林間寺，
泉煮青山石上池。〔註4〕

——清·陳鳳鳴撰

1312. 綠樹陰陰人跡少

綠樹陰陰人跡少，

〔註 4〕清劉靖《順寧雜著》中記：「三楚陳君鳳鳴，以篆書題寺樓一聯曰『門開紅葉林間寺，泉煮青山石上池』。明代高啟有詩《廬山》云：「騎馬尋幽度嶺遲，老僧不識使君誰。門開紅葉林中寺，泉浸青山石上池。殘果已收猿食少，枯松欲折鶴巢危。壁間不用題名字，無數蒼苔沒舊碑。」此句即從詩中化出。

枳籬茅屋焙茶香。

——清・張英撰，《文端集》

1313. 潤畦舒茶甲

潤畦舒茶甲，

暖樹拆花槍。

——清・黄遵憲撰

1314. 揀茶為款同心友

揀茶為款同心友，

築室因藏善本書。

——清・張延濟撰

1315. 氷冷酒，一點水，兩點水，三點水

氷冷酒，一點水，兩點水，三點水；

丁香茶，百人頭，千人頭，萬人頭。

——清・乾隆、彭元瑞撰

1316. 楓溪梅雨山樓醉

楓溪梅雨山樓醉，

竹塢茶香佛閣眠。

——清・陳洪綬撰

1317. 試院煎茶並飲甘泉一勺水

試院煎茶並飲甘泉一勺水，

仙潭分竹常平苦海萬重波。

——清・王師儉撰

1318. 坐，請坐，請上坐

坐，請坐，請上坐；

茶，敬茶，敬香茶。

——清・鄭板橋撰

1319. 從來名士能評水

從來名士能評水，
自古高僧愛鬥茶。

——清・鄭板橋撰

1320. 白菜青鹽糝子飯

白菜青鹽糝子飯，
瓦壺天水菊花茶。

——清・鄭板橋撰

1321. 墨蘭數枝宣德紙

墨蘭數枝宣德紙，
苦茗一杯成化窯。

——清・鄭板橋撰

1322. 雷文古泉八九個

雷文古泉八九個，
日鑄新茶三兩甌。

——清・鄭板橋撰

1323. 楚尾吳頭，一片青山入座

楚尾吳頭，一片青山入座；
淮南江北，半潭秋水烹茶。

——清・鄭板橋撰

1324. 山光撲面因朝雨

山光撲面因朝雨，
江水回頭為晚潮。

——清・鄭板橋撰

1325. 仙蹤桃熟尋楊子

仙蹤桃熟尋楊子，
禪夢茶香證了拳。

——清・丘逢甲撰

1326. 待到春風二三月

待到春風二三月，
石爐敲火試新茶。

——清・魏時敏撰

1327. 山僧許我移茶社

山僧許我移茶社，
天仙偶厭住瓊樓。

——清・龔自珍撰

1328. 琴譜茶經，輪換風雅

琴譜茶經，輪換風雅；
園花池月，五車禪機。

——清・康有為撰

1329. 春茗半甌高士坐

春茗半甌高士坐，
山松一束野樵歸。

——清・徐世昌撰

1330. 功名富貴總由天，即漁水樵山，亦算一生事業

功名富貴總由天，即漁水樵山，亦算一生事業；
脾肺心肝都是病，奈藥爐茶盞，虛拋三載光陰。

——清・汪介予撰

1331. 靜坐一杯茶，聞得天香，便是與眾生說法

靜坐一杯茶，聞得天香，便是與眾生說法；
縱談三教錄，證明宗旨，又何須盡日參禪。

——清・鍾耘舫撰

1332. 酒伴詩緣，虛庭待月

酒伴詩緣，虛庭待月；
棋談茗約，香室留春。

——清・鍾耘舫撰

1333. 公論一杯茶，省多少風雲雷雨

公論一杯茶，省多少風雲雷雨；
天良幾道碼，總昭然日月星辰。

——清・鍾耘舫撰

1334. 天地與我無情，已安排茗碗棋枰，酒瓢詩架

天地與我無情，已安排茗碗棋枰，酒瓢詩架；
園林得君有主，好種植風蘭雅竹，韻柏音松。

1335. 酒醉金剛，和尚煎茶道士灌

酒醉金剛，和尚煎茶道士灌；
火燒羅漢，觀音灑淚佛王悲。

——清・鍾耘舫撰

1336. 好容易結得佛家緣，兜兩袖春風，大喝三聲，倏爾六根皆淨

好容易結得佛家緣，兜兩袖春風，大喝三聲，倏爾六根皆淨；
慢消停卸下塵間事，瀹半杯苦茗，焚香一炷，肅然萬籟都沉。

——清・鍾耘舫撰

1337. 古墨半濃評硯譜

古墨半濃評硯譜，

新泉初沸補茶經。

——近．丁佛言撰

1338. 濟入茶水行方便

濟入茶水行方便，
悟道庵門洗俗塵。

——近．周杏村撰

1339. 烹調味盡東南美

烹調味盡東南美，
最是工夫茶與湯。

——近．冼玉清撰

1340. 此地有茶山茶水茶風茶月，更兼有茶事茶人，添千秋茶話

此地有茶山茶水茶風茶月，更兼有茶事茶人，添千秋茶話；
世間多癡男癡女癡心癡夢，況復多癡情癡意，是幾輩癡人。

——近．舒玉傑撰

1341. 塵濾一時淨

塵濾一時淨，
清風兩腋生。

——近．胡絜青撰〔註5〕

1342. 舊雨集名園，風前煎茗，琴酒留題，諸公回望燕雲，應喜清流同茂苑

舊雨集名園，風前煎茗，琴酒留題，諸公回望燕雲，應喜清流同茂苑；
德星臨吳會，花外停旌，桑麻閒課，笑我徒尋鴻雪，竟無佳句續梅村。

——近．陸潤庠

〔註 5〕化用盧仝的《走筆謝孟諫議寄新茶》。

1343. 酒後高歌，聽一曲鐵板銅琶，唱大江東去

酒後高歌，聽一曲鐵板銅琶，唱大江東去；
茶邊話舊，看幾番星軺露冕，從淮海南來。

——近・劉樹屏

1344. 紅綠杯中，邀來天外千秋月

紅綠杯中，邀來天外千秋月；
縱橫紙上。原是人間一局棋。

——當代・趙仲牧撰

1345. 春共山中採

春共山中採，
香宜竹裏煎。

——《楹聯寶庫》

1346. 石鼎煎香，俗腸盡洗

石鼎煎香，俗腸盡洗；
松濤烹雪，詩夢初醒。

——《分類楹聯寶庫》

1347. 陸羽普經，盧仝解渴

陸羽普經，盧仝解渴；
武夷品俊，顧渚濃香。

——《聯珠集》

1348. 掃雪應憑陶學士

掃雪應憑陶學士，
辨泉猶待陸仙人。

——《古今楹聯十萬》

1349. 採向雨前，烹宜竹裏

採向雨前，烹宜竹裏；
經翻陸羽，歌記盧仝。

——《楹聯寶庫》

1350. 風流茶說合

風流茶說合，
酒是色媒人。

——《金瓶梅》

1351. 閒是閒非休要管

閒是閒非休要管，
渴飲清泉悶煮茶。

——《金瓶梅》

1352. 茶香高山雲霧質

茶香高山雲霧質，
水甜幽泉霜雪魂。

——北京張一元茶莊聯

1353. 雀舌未經三月雨

雀舌未經三月雨，
龍芽已點上時春。〔註 6〕

——湖北京山鐘鼓樓茶樓聯

1354. 如此湖山歸得去

如此湖山歸得去，
詩人不做做茶農。

——西湖民間聯

〔註 6〕有些地方也記為：「雀舌未經三月雨，龍芽新占一枝春。」

1355. 蘭芽雀舌今之貴

蘭芽雀舌今之貴，
鳳餅龍團古所珍。

——上海茶葉進出口公司品茶亭

1356. 清泉烹雀舌

清泉烹雀舌，
活水煮龍團。

——北京茶館聯

1357. 掃來竹葉烹茶葉

掃來竹葉烹茶葉，
劈碎松根煮菜根。

——鄭板橋撰，四川青城山天師洞聯

1358. 香生玉茗春三月

香生玉茗春三月，
光照臨川筆一枝。

——玉茗堂聯

1359. 若教陸羽持公論

若教陸羽持公論，
應是人間第一茶。

——蒙山白雲岩詩聯

1360. 紫霧弄蓮影

紫霧弄蓮影，
白雲繞茶香。

——泉州觀音龕木柱聯

1361. 剪取吳淞半江水

剪取吳淞半江水，
且盡盧仝七碗茶。

——上海半淞園一集句

1362. 西天紫竹千年翠

西天紫竹千年翠，
南海蓮花九品香。

——泉州蓮花峰山門石刻聯

1363. 陸羽泉中水

陸羽泉中水，
御史山上茶。

——紫竹巷門聯

1364. 茶是蒙山好

茶是蒙山好，
水緣天蓋奇。

——蒙山茶廳聯

1365. 茶苑重開，撫景歌一泓春水

茶苑重開，撫景歌一泓春水；
魁星高照，臨風詠十代名都。

——南京魁光閣茶館聯

1366. 大碗茶廣交九洲賓客

大碗茶廣交九洲賓客，
老二分奉獻一片凡心。

——北京老舍茶館聯

1367. 三楚遠來肩且息

三楚遠來肩且息，
六安前去味先嘗。

——湖北英山陶家坊茶亭聯

1368. 小天地，大場合，讓我一席

小天地，大場合，讓我一席；
論英雄，說古今，喝它幾杯。

——福建泉州中山路一茶室聯

1369. 幽借山頭雲霧質

幽借山頭雲霧質，
香分岩面蕙蘭魂。

——鍾耘舫撰，四川江津某茶社

1370. 奇乎？不奇，不奇亦奇

奇乎？不奇，不奇亦奇；
園耶？是園，是園非園！

——憩廣撰，西安蓮湖公園舊「奇園茶社」聯

1371. 入寺參孤衲

入寺參孤衲，
烹茶試十泉。

——安徽六安光福寺聯

1372. 匝地茶香，杯舉天池，願黎民洗心覺悟

匝地茶香，杯舉天池，願黎民洗心覺悟；
參天佛妙，松撐地脈，為信善入眼菩提。

——安徽霍山南岳祠聯

1373. 竹露松風蕉雨

竹露松風蕉雨，
茶煙琴韻書聲。

——張鼇撰，峨眉山萬年寺聯

1374. 托缽僧回，信剪湖雲縫破衲

托缽僧回，信剪湖雲縫破衲；
聽經客至，閒敲石火煮新茶。

——陳衍虞撰，廣東潮州西岩寺大雄寶殿聯

1375. 山猿借缽藏新果

山猿借缽藏新果，
野鹿銜筐送早茶。

——徐鐵孫撰，廣東白雲山鄭仙寺山門聯

1376. 春夢慣迷人，一品朝衣，誤了九環仙骨

春夢慣迷人，一品朝衣，誤了九環仙骨，雞鳴紫陌，馬踏紅塵，教弟子向那頭跳出？

空山曾約伴，八閩片語，相邀六詔杯茶，劍影橫天，笛聲吹海，問先生從何處飛來。

——陳用賓撰，昆明鸚鵡山環翠宮聯

1377. 登閣憑欄，一樹紅茶遮古寺

登閣憑欄，一樹紅茶遮古寺；
撥雲縱覽，萬山綠瓦映斜陽。

——李異常撰，雲南臨滄鳳慶石洞寺聯

1378. 雞籠雨，鵝鼻月，鹿耳湖，看他萬象森嚴，無非大覺真心現

雞籠雨，鵝鼻月，鹿耳湖，看他萬象森嚴，無非大覺真心現；
趙州茶，雪峰球，雲門餅，待我一拳粉碎，莫被山僧巧舌瞞。

——張劍芬撰，臺灣石方大覺寺禪堂聯

1379. 禪榻閒眠，穀雨新茶留客坐

禪榻閒眠，穀雨新茶留客坐；
鷗波戲浴，岩頭瀑水灑油潭。

——安徽黃山松谷庵聯

1380. 禪榻常閒，看嫋嫋茶煙隨落花風去

禪榻常閒，看嫋嫋茶煙隨落花風去；
遠帆無數，坐盈盈秋水從罨畫溪來。

——潘伯彥撰，江西宜興牧之水榭聯

1381. 雲水漫匆匆，半日閒談僧院竹

雲水漫匆匆，半日閒談僧院竹；
海山還歷歷，一庵同吃趙州茶。

——陶澍撰，江蘇連雲港朝陽茶庵聯

1382. 萬壑松風，一簾花雨

萬壑松風，一簾花雨；
三椽茅屋，半榻茶煙。

——青城山西客堂聯

1383. 松閣頻招溪上月

松閣頻招溪上月，
茶爐重和卷中詩。

——北京頤和園雲香閣聯

1384. 玉甌引泉清住客

玉甌引泉清住客，
石爐煮茗飲高僧。

——江西九華山煎茶峰聯

1385. 隨手烹茗化白鶴

隨手烹茗化白鶴，
緣地垂柳釣青錢。

——張雅民撰，湖北公安縣藕池鎮隨緣茶社聯

1386. 分道揚鑣姑駐馬

分道揚鑣姑駐馬，
水光山色最宜人。

——通城縣分水嶺茶亭聯

1387. 來為利，去為名，百年歲月無多，到此且留片刻

來為利，去為名，百年歲月無多，到此且留片刻；
西有湖，東有畈，八里程途尚遠，勸君更盡一杯。

——新洲縣龍五墩茶亭聯

1388. 僧入碧岩參佛果

僧入碧岩參佛果，
客來禪院品靈泉。

——石井修道詠夾山聯

1389. 買絲客去休澆酒

買絲客去休澆酒，
糊餅人來且吃茶。

——雲南趙州金山寺古茶亭聯

1390. 一掬甘泉，好把清涼洗熱客

一掬甘泉，好把清涼洗熱客；
兩頭嶺路，須將危險告行人。

——元稹撰，紹興駐蹕嶺茶亭曾掛聯

1391. 後會有期，此後莫忘今日語

後會有期，此後莫忘今日語；
前程無量，向前須問過來人。

——湖南祁陽某茶亭聯

1392. 茶亦醉人何必酒

茶亦醉人何必酒，
書能香我無須花。

——北京萬和樓茶社聯〔註7〕

1393. 鹿鳴飲宴，迎我佳客

鹿鳴飲宴，迎我佳客；
閣下請坐，喝杯清茶。

——孝感鹿鳴閣茶樓聯

1394. 品泉茶三口白水

品泉茶三口白水，
竹仙寺兩個山人。

——潛江縣竹仙寺茶樓聯

1395. 邂逅相逢，坐片刻不分你我

邂逅相逢，坐片刻不分你我；
彳亍而來，品一盞漫話古今。

——廣州大同茶樓聯

1396. 茶可清心

茶可清心，
酒能亂性。

——廣州大同茶樓聯

〔註7〕另有饒惠熙撰：「茶亦醉人何必酒，書能香我不須煙。」

1397. **最宜茶夢同圓，海上壺天容小隱**

最宜茶夢同圓，海上壺天容小隱；
休得酒家借問，座中春色亦常留。

——上海一壺春茶樓聯

1398. **一日無茶則滯**

一日無茶則滯，
三日無茶則病。

——蒙藏民間聯

1399. **樓外是五百里嘉陵，非道子一筆劃不出**

樓外是五百里嘉陵，非道子一筆劃不出；
胸中有幾千年歷史，憑盧仝七碗茶引來。

——重慶嘉陵江茶樓聯

1400. **泉從石出情宜冽**

泉從石出情宜冽，
茶自峰生味更圓。

——西湖龍井茶室秀草堂聯

1401. **好事不容易做，大包不容易賣，針鼻鐵，薄利只憑微中削**

好事不容易做，大包不容易賣，針鼻鐵，薄利只憑微中削；
攜子飲茶者多，同父飲茶者少，簷前水，點滴何曾倒轉流。

——清末民初廣州大同茶樓聯

1402. **陶潛善飲，易牙善烹，飲烹有度**

陶潛善飲，易牙善烹，飲烹有度；
陶侃惜分，夏禹惜寸，分寸無遺。

——清代廣州茶樓陶陶居聯〔註 8〕

〔註 8〕相傳，清代廣州著名茶樓陶陶居，以「陶陶」兩字徵聯，一人應徵寫了一聯：

1403. 小住為佳，且吃了趙州茶去

小住為佳，且吃了趙州茶去；
回歸可緩，試同歌陌上花來。

——樊增祥撰，杭州九溪林海亭聯

1404. 一鑒澄潭，暮暮朝朝，唯雲景天光山色留連不去

一鑒澄潭，暮暮朝朝，唯雲景天光山色留連不去；
幾株古木，風風雨雨，數唐梅宋柏明茶閱歷最深。

——昆明黑龍潭公園一聯

1405. 入座煮龍團，去天尺五

入座煮龍團，去天尺五；
造樓舒鳳彩，拔俗千尋。

——上海滬江第一茶樓

1406. 海上掃狂鯨，金甌無缺

海上掃狂鯨，金甌無缺；
樓頭煮團鳳，玉液流香。

——上海滬口第一茶樓聯

1407. 紅透夕陽，如趁餘輝停馬足

紅透夕陽，如趁餘輝停馬足；
茶烹活水，須從前路汲龍泉。

——衡山望嶽門外一茶聯

1408. 山好好，水好好，開門一笑無煩惱

山好好，水好好，開門一笑無煩惱；
來匆匆，去匆匆，下馬相逢各西東。

——福州古茶亭

將東晉名人陶潛，陶侃嵌入聯中，「陶陶」二字嵌得自然得體。

1409. 何須調水置符，蘇髯竹筒

何須調水置符，蘇髯竹筒；
自有清風入座，陸羽茶經。

——福建羅源聖水寺茶樓

1410. 詩寫梅花月

詩寫梅花月，
茶煎穀雨春。〔註9〕

——汪開顏撰，杭州西湖龍井聯

1411. 水汲龍腦液

水汲龍腦液，
茶烹雀舌春。

——明代童漢臣茶聯

1412. 入座煮龍團，去天五尺

入座煮龍團，去天五尺；
造樓舒彩鳳，拔俗千尋。

——葉蒲蓀撰，上海江滬第一茶樓聯

1413. 西天紫竹千年翠

西天紫竹千年翠，
南海蓮花九品香。

——泉州蓮花峰山門石刻聯

1414. 試第二泉，且對明亭黯竇

試第二泉，且對明亭黯竇；
擕小團月，分嘗山茗溪茶。

〔註 9〕此外也有：「詩寫梅花月，茶烹穀雨香。」

——無錫惠山二泉亭聯

1415. 溪邊奇茗冠天下

溪邊奇茗冠天下，
武夷仙人從古栽。

——武夷岩茶贊聯

1416. 認春軒內一杯茶

認春軒內一杯茶，
春在堂前笑語嘩。

——浙江德清「春在堂」茶室聯

1417. 處處通途，何去何從，求兩餐，分清邪正

處處通途，何去何從，求兩餐，分清邪正；
頭頭是道，誰賓誰主，吃一碗，各自西東。

——廣州長三眼橋茶亭聯

1418. 得與天下同其樂

得與天下同其樂，
不可一日無此君。

——杭州「茶人之家」聯

1419. 汲來江水烹新茗

汲來江水烹新茗，
買盡青山當畫屏。

——鄭板橋，鎮江焦山吸江樓聯

1420. 花箋茗碗香千載

花箋茗碗香千載，
雲影波光活一樓。

——何紹基，成都望江樓茶聯

1421. 座畔花香留客飲

座畔花香留客飲，
壺中茶浪擬松濤。

——杭州吳山茶室聯

1422. 欲把西湖比西子

欲把西湖比西子，
從來佳茗似佳人。

——杭州湧金門藉香居茶室聯

1423. 何必動口便云禪，且自吃當家茶飯

何必動口便云禪，且自吃當家茶飯；
須知到頭才有味，說不出個裏甜酸。

——曾學祖撰，雞足山雲居齋堂聯

1424. 古寺聳雲天，松浪如濤歌浩氣

古寺聳雲天，松浪如濤歌浩氣；
岑樓映碧水，茶林似錦泛春光。

——顧峰撰，雲南楚雄紫溪山聯

1425. 名茶之中是珍品

名茶之中是珍品，
國際紅茶是英豪。

——國際市場贊祁門紅茶

1426. 忙什麼？喝我這雀舌茶，百文一碗

忙什麼？喝我這雀舌茶，百文一碗；
走哪裏？聽他擺龍門陣，再飲三盅。

——鍾耘舫撰，四川江津茶社聯

1427. 山好好，水好好，開門一笑無煩惱

山好好，水好好，開門一笑無煩惱；
來匆匆，去匆匆，飲茶几杯各西東。

——杜履陔撰，福州南門外古茶亭聯

1428. 寶鼎茶閒煙尚綠

寶鼎茶閒煙尚綠，
幽窗棋罷指猶涼。

——瀟湘館聯

1429. 靈蘊於心，慧藏於眼，不說法，不看經，不傳衣缽

靈蘊於心，慧藏於眼，不說法，不看經，不傳衣缽，了脫凡塵，直開覺路三千界；

峰環其外，水流其間，好烹茶，好採藥，好打坐臥，得真自在，懶下名山六十年。

——湖南新化掛榜山寺聯

1430. 天下幾人閒，問杯茗待誰，消磨半日

天下幾人閒，問杯茗待誰，消磨半日？
洞中一佛大，有池荷招我，來證三生！

——馬來西亞怡保霹靂洞聯

1431. 識得此中滋味

識得此中滋味，
覓得無上清涼。

——劉雋甫撰，安徽歙縣施茶亭聯

1432. 這上頭酌酒好，飲茶好，當戲臺亦好，一旦好時誰不呼好好好

這上頭酌酒好，飲茶好，當戲臺亦好，一旦好時誰不呼好好好；
那裡面參禪難，悟道難，講儒術更難，十分難處你莫說難難難。

——劉爾炘撰，甘肅蘭州玉泉山尋真樂聯

1433. 茶煙乍起，鶴夢未醒，此中得少佳趣

茶煙乍起，鶴夢未醒，此中得少佳趣；
松風徐來，山泉清聽，何處更著點塵。

——陳清森撰，見《品花寶鑒》

1434. 明窗啜茗時，半日閒，三日忙，須勘破庭前竹影

明窗啜茗時，半日閒，三日忙，須勘破庭前竹影；
畫船攜酒處，衡山月，嶷山雨，冷思量城外鐘聲。

——王壬秋撰，湖南衡陽雁峰寺聯

1435. 斗酒恣歡，方向騷人正妙述

斗酒恣歡，方向騷人頻妙述；
茶杯泛碧，庵前過客暫停車。

——范壽濤撰，湖北浠水縣斗方山茶庵聯

1436. 南南北北，總須歷此關頭

南南北北，總須歷此關頭，且望斷鐵門限，備夏水冬湯，應接過去現在未來三世諸佛上天下地；

東東西西，那許瞞了根腳，試豎起金剛拳，擊晨鐘暮鼓，喚醒眼耳鼻舌心意六道眾生吃飯穿衣。

——江謙子撰，貴州黟縣羊棧嶺茶亭聯

1437. 品茶論道焚松果

品茶論道焚松果，
醉月飛觴弄桂花。

——祝欽波撰，長沙松桂園賓館飲食部聯

1438. 色到濃時方近苦

名園別有天地，
老樹不知歲時。

——北京春明館聯

1439. 兀兀醉翁情，欲借斗杓共酌杯

兀兀醉翁情，欲借斗杓共酌杯；
田田詞客句，閒傾荷露試烹茶。

——張午橋撰，廣東肇慶寶月臺聯

1440. 四大皆空，坐片刻不分你我

四大皆空，坐片刻不分你我；
兩頭是路，吃一盞各走東西。

——吳興八里店茶亭聯

1441. 心隨流水去

心隨流水去，
身與風雲閒。

——四川青城山茶園聯

1442. 繞屋青山，隔江水樹

繞屋青山，隔江水樹；
雨前茶葉，石上泉聲。

——江蘇無錫梅園聯

1443. 半壁山房待明月

半壁山房待明月，
一盞清茗酬知音。

——峨眉山報國寺聯

1444. 空襲無常，貴客茶資先付

空襲無常，貴客茶資先付；
官方有令，國防秘密休談。

——抗戰時重慶一茶館聯

1445. 秀萃明湖，遊目客來過溪處

秀萃明湖，遊目客來過溪處；
腴含古井，怡情正及採茶時。

——杭州龍井

1446. 入山無處不飛翠

入山無處不飛翠，
碧螺春香百里醉。

——詠碧螺春聯

1447. 雪芽芳香孝勻生

雪芽芳香孝勻生，
不亞龍井碧螺春。

——都勻毛尖贊聯

1448. 送水送茶，熱情備至

送水送茶，熱情備至；
問寒問暖，體貼入微。

——佚名（注：此後所錄，流傳之中均不見注明作者，多數當屬古人所撰，但可能也有出自今人之手者。限於編者見識及能力，無法一一查證，只好注為佚名，敬請讀者及今諸作者見諒。）

1449. 凝成雲霧頂

凝成雲霧頂，
飄出晨露香。

——佚名

1450. 秋夜涼風夏時雨

秋夜涼風夏時雨，
石上清泉竹裏茶。

——佚名

1451. 難怪西山春茶好

難怪西山春茶好，
只緣多情采茶人。

——佚名

1452. 樣迭魚鱗碎

樣迭魚鱗碎，
香分雀舌鮮。

——佚名

1453. 綠叢遍山野

綠叢遍山野，
戶戶有茶香。

——佚名

1454. 陸羽搖頭去

陸羽搖頭去，
盧仝拍手來。

——佚名

1455. 淡中有味茶偏好

淡中有味茶偏好，
清茗一杯情更真。

——佚名

1456. 陸羽閒說常品茗

陸羽閒說常品茗，
元龍豪氣快登樓。

——佚名

1457. 揚子江中水

揚子江中水，
蒙山頂上茶。

——佚名〔註 10〕

1458. 瑞草抽芽分雀舌

瑞草抽芽分雀舌，
名花採蕊結龍團。

——佚名

1459. 酒醉英雄漢

酒醉英雄漢，
茶引博士文。

——佚名

1460. 賣茶客渡回風嶺

賣茶客渡回風嶺，
驅犢人耕活水田。

——佚名

1461. 綠甲蟬膏泛

綠甲蟬膏泛，
紅丁蟹眼遮。

——佚名

1462. 水流清影通茶灶

水流清影通茶灶，
風遞幽香入酒筵。

——佚名

〔註 10〕據傳源於元代李德載小曲：「蒙山頂上春光早，揚子江心水味高。陶家學士更風騷，應笑倒，銷金帳，飲羊羔。」此句另有人延伸為：「雖無揚子江中水，卻有蒙山頂上茶。」

1463. 莫惜更長濁短

莫惜更長濁短，
一簾疏月茗濃。

——佚名

1464. 舌本芳頻漱

舌本芳頻漱，
頭綱味最佳。

——佚名

1465. 瓦罐煎茶燒樹葉

瓦罐煎茶燒樹葉，
石泉流水洗椰瓢。

——佚名

1466. 洞庭碧螺春

洞庭碧螺春，
茶山百里翠。

——佚名

1467. 洞庭帝子春長恨

洞庭帝子春長恨，
二千年來草更香。

——佚名

1468. 瀹泉嘗玉茗

瀹泉嘗玉茗，
潑乳試金甌。

——佚名

1469. 毛尖香溢，從來生機在當下

毛尖香溢，從來生機在當下；
普洱甘回，果然禪悟須潛沉。

——佚名

1470. 兼然幽興處

兼然幽興處，
院裏滿茶煙。

——佚名

1471. 佳餚無肉亦可

佳餚無肉亦可，
雅談離茶難成。

——佚名

1472. 琴裏知聞唯綠水

琴裏知聞唯綠水，
茶中幫舊是蒙山。

——佚名

1473. 十載許句留，與西湖有緣，乃嘗此水

十載許句留，與西湖有緣，乃嘗此水；
千秋同俯仰，唯青山不老，如見故人。

——佚名

1474. 陽羨春茶瑤草碧

陽羨春茶瑤草碧，
蘭陵美酒鬱金香。

——佚名

1475. 飲茶思源，何曾望極

飲茶思源，何曾望極；
吃菇念樹，豈可忘恩。

——佚名

1476. 一杯茶，品人生沉浮

一杯茶，品人生沉浮；
平常心，造萬年世界。

——佚名

1477. 松濤烹雪醒詩夢

松濤烹雪醒詩夢，
竹苑浮煙蕩俗坐。

——佚名

1478. 吟詩不厭搗香茗

吟詩不厭搗香茗，
乘興偏宜聽雅彈。

——佚名

1479. 活火烹泉價增盧陸

活火烹泉價增盧陸，
春風啜茗譜品旗槍。

——佚名

1480. 陽羨春茶杯杯好

陽羨春茶杯杯好，
蘭陵美酒盞盞香。

——佚名

1481. 酒醇，飯香，茶濃

酒醇，飯香，茶濃；
花鮮，月明，人壽。

——佚名

1482. 清源山泉流芳韻

清源山〔註11〕泉流芳韻，
鯉城河畔訪茗茶。

——佚名

1483. 玉碗光含仙掌露

玉碗光含仙掌露，
金芽香帶玉溪雲。

——佚名

1484. 趣言能適意，茶品可清心

趣言能適意，茶品可清心；
心清可品茶，意適能言趣。

——佚名

1485. 歇一歇消消暑氣

歇一歇消消暑氣，
喝二杯品品香茗。

——佚名

1486. 花間渴想相如露

花間渴想相如露，
竹下閒參陸羽經。

——佚名

〔註11〕福建清源山，而非江西清原山。

1487. 南峰紫筍來仙品

南峰紫筍來仙品，
北苑春芽快客談。

——佚名

1488. 細品清香趣更清

細品清香趣更清，
屢嘗濃釅情愈濃。

——佚名

1489. 製出月華圓若鏡

製出月華圓若鏡，
切來雲片薄如羅。

——佚名

1490. 薰心只覺濃如酒

薰心只覺濃如酒，
入口方知氣勝蘭。

——佚名

1491. 酒後茶餘香聞蘭蕙

酒後茶餘香聞蘭蕙，
風情月白味辨芭菰。

——佚名

1492. 龍井茶香飄宇高

龍井茶香飄宇高，
虎跑水溢滿寰瀛。

——佚名

1493. 嫩色新香盡堪療渴

嫩色新香盡堪療渴，
金英綠片悉是名珍。

——佚名

1494. 龍泊雨前，茶香自有名家品

龍泊雨前，茶香自有名家品；
軒中美茗，滋味只待您來嘗。

——佚名

1495. 為愛清香頻入座

為愛清香頻入座，
欣同知己細淡心。〔註 12〕

——佚名

1496. 龍飲四海，味難及我店中一葉

龍飲四海，味難及我店中一葉；
軒納八極，香源自爾杯裏名茶。

——佚名

1497. 閒來品茗入龍軒

閒來品茗入龍軒，
不覺一夢過百年。

——佚名

1498. 清心三泡茶，始知名利淡

清心三泡茶，始知名利淡；
飲譽八方客，誠信友緣長。

——佚名

〔註 12〕有的地方也記為：「為品清香頻入座，歡同知心細談心。」

1499. 客至心常熱

客至心常熱，
人走茶不涼。

——佚名

1500. 玉盞霞生液

玉盞霞生液，
金甌雪泛花。

——佚名

1501. 來不請，去不辭，無束無拘方便地

來不請，去不辭，無束無拘方便地；
煙自抽，茶自酌，說長說短自由天。

——佚名〔註 13〕

1502. 武夷春暖月初圓

武夷春暖月初圓，
採摘新芽獻地仙。

——佚名

1503. 燒惠山泉，座上佳賓邀陸羽

燒惠山泉，座上佳賓邀陸羽；
泡龍井葉，壺中美味羨盧仝。

——佚名

1504. 為善讀書是安樂法

為善讀書是安樂法，
種竹植茶是明妙心。

——佚名

〔註 13〕另有稱名汪春花撰者安徽宿松縣八里涼亭聯：「來不招，去不辭，禮儀不拘方便地；煙自奉，茶自飲，悠閒自得大羅天。」

1505. 新安人傑地靈，傳古閣牌坊，一曲徽腔成絕響

新安人傑地靈，傳古閣牌坊，一曲徽腔成絕響；
黃山物華天寶，獻屯綠祁紅，三杯猴魁餘雅興。

——佚名

1506. 巧剜明月染春水

巧剜明月染春水，
輕旋薄冰盛綠雲。

——佚名

1507. 聆妙曲，品佳茗，金盤盛甘露，縹緲人間仙境

聆妙曲，品佳茗，金盤盛甘露，縹緲人間仙境；
觀古俗，賞絕藝，瑤琴奏流水，優游世外桃源。

——佚名

1508. 小徑山茶綠

小徑山茶綠，
疏離木槿紅。

——佚名

1509. 泉香好解相如渴

泉香好解相如渴，
火紅閒評坡老詩。

——佚名

1510. 山靜無音水自喻

山靜無音水自喻，
茗因有泉味更香。

——佚名

1511. 青山似欲留人住

青山似欲留人住，
香茗何妨為客嘗。

——佚名

1512. 半榻夢剛回，活火初煎新澗水

半榻夢剛回，活火初煎新澗水；
一簾春欲暮，茶煙細颺落花風。

——佚名

1513. 世間重擔實難挑，菱角凹中，也好息肩聊坐凳

世間重擔實難挑，菱角凹中，也好息肩聊坐凳；
天下長途不易走，梅花嶺上，何妨歇腳品斟茶。

——佚名

1514. 飲茶思源，何曾望極

飲茶思源，何曾望極；
吃菇念樹，豈可忘恩。

——佚名

1515. 翠葉煙騰冰碗碧

翠葉煙騰冰碗碧，
綠芽光照玉甌清。

——佚名

1516. 此地千古茶國

此地千古茶國，
滿城都是君子。

——佚名

1517. 壺在心中天在壺

壺在心中天在壺，
心在壺中地在心。

——佚名

1518. 鹿鳴飲宴，迎我佳客

鹿鳴飲宴，迎我佳客；
閣下請坐，喝杯清茶。

——佚名

1519. 茶字草木人人茶茶人

茶字草木人人茶茶人，
品者三口德德品品德。

——佚名

1520. 官為七品不如一壺可品

官為七品不如一壺可品，
才高八斗怎抵一池萬斗。

——佚名

1521. 來路可數，歇一刻知味

來路可數，歇一刻知味；
前途無量，品一杯何妨。

——佚名

1522. 沽酒客來風亦醉

沽酒客來風亦醉，
買茶人去路還香。

——佚名

1523. 松風煮茗

松風煮茗，
竹雨談詩。

——佚名

1524. 龍團雀舌香自幽谷

龍團雀舌香自幽谷，
鼎彝玉盞燦若煙霞。

——佚名

1525. 客到座中宜數碗

客到座中宜數碗，
心是人間第一泉。

——佚名

1526. 千樹梨花幾壺茶

千樹梨花幾壺茶，
一莊水竹數房書。

——佚名

1527. 名苑清風仙曲妙

名苑清風仙曲妙，
石潭秋水道心空。

——佚名

1528. 只緣清香成清趣

只緣清香成清趣，
全因濃釅有濃情。

——佚名

1529. 人上人製茶中茶，山外山出味中味

人上人製茶中茶，山外山出味中味；
茶中茶制人上人，味中味出山外山。

——佚名

1530. 鶴銜井中水

鶴銜井中水，
雞鳴院內茶。〔註 14〕

——佚名

1531. 樂香幾縷，會友談心精神爽

樂香幾縷，會友談心精神爽；
茗茶一杯，慢嘗細品身體輕。

——佚名

1532. 攀桂天高，億八百孤寒，到此莫忘修士苦

攀桂天高，億八百孤寒，到此莫忘修士苦；
煎茶地勝，看五千文字，箇中誰是謫仙才。

——佚名

1533. 美酒千杯難成知己

美酒千杯難成知己，
清茶一盞也能醉人。〔註 15〕

——佚名

1534. 甘泉天際流

甘泉天際流，
香茗霧中飄。

——佚名

〔註 14〕原流傳為：雞鳴院內茶，白鶴井中水。此編者另合。
〔註 15〕另有一聯少一字：「美酒千杯成知己，清茶一盞能醉人。」

1535. 茶筍盡禪味

茶筍盡禪味，
松杉真法音。

——佚名

1536. 若能杯水如名淡

若能杯水如名淡，
應信春茶比酒濃。

——佚名

1537. 最宜茶夢同圓

最宜茶夢同圓，
休得酒家借問。

——佚名

1538. 春滿山中，採得新芽供客飲

春滿山中，採得新芽供客飲；
茶銷海外，贏來蜚譽耀神州。

——佚名

1539. 清泉流芳韻

清泉流芳韻，
客友訪茗茶。

——佚名

1540. 胸中有幾千年歷史

胸中有幾千年歷史，
憑盧仝七碗茶引來。

——佚名

1541. 柳井有泉好作飲

柳井有泉好作飲，
君山無處不宜茶。

——佚名

1542. 鴻雁賀喜銜柳枝

鴻雁賀喜銜柳枝，
春風迎親帶茶香。

——佚名

1543. 借得梅上雪

借得梅上雪，
煎茶別有香。

——佚名

1544. 淡飯粗茶有真味

淡飯粗茶有真味，
明窗淨几是安居。

——佚名

1545. 鐵石梅花氣概

鐵石梅花氣概，
山川香茶風流。

——佚名

1546. 青山起新居

青山起新居，
綠水映茶園。

——佚名

1547. 尋味君子知味來

尋味君子知味來，
伴香雅士攜香去。
——佚名

1548. 碧泉湧出山腹事

碧泉湧出山腹事，
玉壺映進蒼天心。
——佚名

1549. 淡酒邀明月

淡酒邀明月，
香茶迎故人。
——佚名

1550. 茗苑寄來，曾憐黔婁夢白

茗苑寄來，曾憐黔婁夢白；
蓉城逆去，又悲汝士升仙。
——佚名

1551. 茶煮三江水柔情似水

茶煮三江水柔情似水，
煙飛萬里霞笑態如霞。
——佚名

1552. 愛詩愛文愛畫

愛詩愛文愛畫，
賠煙賠酒賠茶。〔註 16〕
——佚名

〔註 16〕雲南大理曾有「曠怡村」酒家，主要是當地名流，那時常有文人雅士集於此，談詩論畫，店主免費招待顧客。此為雅客贈聯。

1553. 飯熱茶熱八方客常暖

飯熱茶熱八方客常暖，
茶好湯好世季店如春。

——佚名

1554. 樵歌已向平橋度

樵歌已向平橋度，
好理藤床焙早茶。

——佚名

1555. 獨腳茶聯

吾鄉陸羽茶經不列名次之泉，〔註 17〕

——佚名

1556. 幽人採摘日當午

幽人採摘日當午，
黃鳥流歌聲正長。

——佚名

1557. 竹蔭遮幾琴易韻

竹蔭遮幾琴易韻，
茶煙透窗魂生香。

——佚名

1558. 為名忙，為利忙，忙裏偷閒，且喝一杯茶去

為名忙，為利忙，忙裏偷閒，且喝一杯茶去；
勞心苦，勞力苦，苦中作樂，再倒一碗酒來。

——佚名〔註 18〕

〔註 17〕粵東海潮寺有一「問潮井」，此獨腳聯刻於石碑，立井邊。不知何人所撰，但據說目前尚無理想下聯。

〔註 18〕江忍庵《楹聯寶庫》中錄有：「為名忙，為利忙，忙裏偷閒，吃杯茶去；謀衣苦，謀食苦，苦中作樂，拿壺酒來。」

1559. 從哪裏來，忙碌碌帶身塵土

從哪裏來，忙碌碌帶身塵土；
到這廂去，閒坐坐喝碗香茶。

——佚名

1560. 龍井雲霧毛尖瓜片碧螺春

龍井雲霧毛尖瓜片碧螺春，
銀針毛峰猴魁甘露紫筍茶。

——佚名

1561. 吟詩不厭搗香茗

吟詩不厭搗香茗，
乘興偏宜聽雅彈。

——佚名

1562. 人間何處是仙境

人間何處是仙境，
春山攜枝採茶時。

——佚名

1563. 暮藹盡收，放明月滿輪，但聽卻無絲響過

暮藹盡收，放明月滿輪，但聽卻無絲響過；
晚風徐至，舉清茶半盞，愛閒能有幾人來。

——佚名

1564. 莫道醉人唯美酒

莫道醉人唯美酒，
亦知味性多名茶。

——佚名

1565. 夜掃寒英煮綠塵

夜掃寒英煮綠塵，
松風入鼎更清新。
——佚名

1566. 香分花上露

香分花上露，
水吸石中泉。〔註 19〕
——佚名

1567. 九曲夷山採雀舌

九曲夷山採雀舌，
一溪活水煮龍團。
——佚名

1568. 把茶冷眼看紅塵

把茶冷眼看紅塵，
借茶靜心度春秋。
——佚名

1569. 一壺茗香觀人生沉浮

一壺茗香觀人生沉浮，
三個杯子敘世間冷暖。
——佚名

1570. 一簾春影雲拖地

一簾春影雲拖地，
半夜茶聲月在天。
——佚名

〔註 19〕百餘年前，四川華陽縣中興鎮上有家「興盛居」茶館，對面是「望月樓」酒樓。某年春節，茶館老闆請本家秀才撰此聯，貼於店門。酒樓老闆見狀亦請人撰酒樓聯：開壇千里醉；上桌十里香。

1571. **聽泉樹下酒無味**

聽泉樹下酒無味，
雨花石前茶更香。

——佚名

1572. **一勺勵清心，酌水誰含出世想**

一勺勵清心，酌水誰含出世想；
半生盟素志，聽泉我愛在山聲。

——佚名

1573. **一卷經文，苕霖溪邊真慧業**

一卷經文，苕霖溪邊真慧業；
千秋祀典，旗槍風里弄神靈。

——佚名

1574. **若非離欲，絕品茶也無自性**

若非離欲，絕品茶也無自性；
既已忘機，隨意喝亦種福田。

——馮天春撰

1575. **禪茶乃名言，巧立名言最欺心**

禪茶乃名言，巧立名言最欺心；
輕安是覺受，寂觀覺受方入神。

——馮天春撰

1576. **酌情少吃些茶，當知陰寒早深藏**

酌情少吃些茶，當知陰寒早深藏；
隨緣多寬些心，便覺拙火已萌生。

——馮天春撰

1577. 身世脫空兩相忘

身世脫空兩相忘，
天地入我一茶湯。

——馮天春撰

1578. 三千紅塵，一盞茶可託付多少

三千紅塵，一盞茶可託付多少？
兩處人心，半刻迷即辜負長空。

——馮天春撰

1579. 空山啜古意

空山啜古意，
野鳥逐驚蟬。

——馮天春撰

1580. 有事做事，無事忘空，何更來身心病困

有事做事，無事忘空，何更來身心病困？
見茶吃茶，聞茶證道，哪還分世外紅塵？

——馮天春撰

1581. 茶爐煮禪趣，盞前言行盡優雅

茶爐煮禪趣，盞前言行盡優雅；
禪功照茶法，平素心地可從容？

——馮天春撰

1582. 禪手菩提，鐵爐響，漫溫養

禪手菩提，鐵爐響，漫溫養；
佛口自在，純茶香，紅亮光。

——馮天春撰

1583. 夜靜茶爐響，自見心肝脾肺腎

夜靜茶爐響，自見心肝脾肺腎；
杯空心念停，無此眼耳鼻舌身。

——馮天春撰

1584. 禪茶要妙，唯以自性流動，不拘內外塵縷

禪茶要妙，唯以自性流動，不拘內外塵縷；
品飲諸家，又在神異妄言，更誤自他道心。

——馮天春撰

1585. 一天酬對，獨飲亦奇，空飄飄似無著處

一天酬對，獨飲亦奇，空飄飄似無著處；
半柱清香，此茶尚可，渾淪淪甚有密因。

——馮天春撰

1586. 拈花旨付錦斕衣，飲光閉關等慈氏

拈花旨付錦斕衣，飲光閉關等慈氏；
雞山虹映華首壁，吃茶忘機通禪魂。

——馮天春撰

1587. 禪有證見未證見，忌將禪泛用世間是非物事

禪有證見未證見，忌將禪泛用世間是非物事；
茶有宜飲不宜飲，休言茶徹了一切身心病災。

——馮天春撰

1588. 黑白棋局松風不動

黑白棋局松風不動，
僧叟竹爐山雨初晴。

——馮天春撰

1589. 吃茶清心固為要

吃茶清心固為要，
坐忘煉命亦須純。

——馮天春撰

1590. 動說茶經茶道，敢疑鴻漸玉川人格否

動說茶經茶道，敢疑鴻漸玉川人格否？
頻舉自性般舟，真信惠能釋迦心地耶？

——馮天春撰

1591. 寂坐茶臺，造病因緣如實現

寂坐茶臺，造病因緣如實現；
空化身心，自性禪境即刻生。

——馮天春撰

1592. 吃茶吃出個我，不吃茶時我何在

吃茶吃出個我，不吃茶時我何在？
修行修得身禪，未修行時禪有無？

——馮天春撰

1593. 體貼通泰，何故效顰盧仝七碗

體貼通泰，何故效顰盧仝七碗？
息心即禪，不許思量趙州吃茶！

——馮天春撰

1594. 身口意時刻吞吐，吃茶人不吃茶

身口意時刻吞吐，吃茶人不吃茶；
戒定慧無心破立，修禪者未修禪。

——馮天春撰

1595. 中秋賞明月，何人不被明月賞

中秋賞明月，何人不被明月賞？
淨室聽茶聲，禪法任由茶聲聽！

——馮天春撰

1596. 茶道無可道，強說即不是

茶道無可道，強說即不是；
禪心須無心，照見方為真。

——馮天春撰

1597. 祖師禪髓活古鏡，寂照十法界

祖師禪髓活古鏡，寂照十法界；
山家陶甌浮茶枝，守定一閒心。

——馮天春撰

1598. 不聞盧樵吃茶去

不聞盧樵吃茶去，
倒見禪客愁病多。

——馮天春撰

1599. 緣聚緣散，誰欠誰還，一盞清風徹洗遍

緣聚緣散，誰欠誰還，一盞清風徹洗遍；
即展即藏，勿助勿忘，三生禪印盡虛誑。

——馮天春撰

1600. 孤旅域外，攝心一路好冥想

孤旅域外，攝心一路好冥想；
忘身歸來，隨口幾盞茶達摩。

——馮天春撰

參考文獻

禪宗類

1. 〔日〕高楠順次郎、渡邊海旭、小野玄妙等主編：《大正藏》，東京：大正新修大藏經刊行會（大正一切經刊行會），1934 年。
2. 〔日〕前田慧雲、中野達慧等主編：《卍續藏》，新文豐出版社，1983 年。
3. 紫柏、密藏、袁了凡等主編：《嘉興藏》，國家圖書館，2016 年。
4. 雍正、乾隆等主編：《乾隆藏》，中國書店，2007 年。
5. 《永樂北藏》，線裝書局，2001 年。
6. 《中華藏》，中華書局，1996 年。
7. 中華電子佛典協會：《電子佛典集成》（CBETA），2018 年。
8. 漢文大藏經補編編委會：《中國漢文大藏經補編》，文物出版社，2013 年。
9. 皎然：《杼山集》，文淵閣《四庫全書》集部．別集類，第 1071 冊，臺灣商務印書館影印版，1983 年。
10. 賈島：《長江集》，《四庫全書》集部．別集類，第 1078 冊。
11. 靈澈等撰：《唐四僧詩》，《四庫全書》集部．總集類，第 1332 冊。
12. 宋李龔：《唐僧弘秀集》，《四庫全書》集部．總集類，第 1359 冊。
13. 正勉、性涵：《古今禪藻集》，《四庫全書》集部．總集類，第 1416 冊。
14. 釋貫休：《禪月集》，《四庫全書》集部．別集類，第 1084 冊。
15. 師皎編：《吳山淨端禪師語錄》，《卍續藏》第 73 冊。
16. 淨覺編：《宏智禪師廣錄》，《大正藏》第 48 冊。

17. 明恒、明惺編:《梓舟船禪師襄陽檀溪語錄》,《嘉興藏》第 33 冊。
18. 居簡:《北磵詩集》,明文書局,1981 年。
19. 智顗:《修習止觀坐禪法要》,《大正藏》第 46 冊。
20. 行森:《明道正覺森禪師語錄》,《乾隆藏》第 155 冊。
21. 蘊聞:《大慧普覺禪師語錄》,《大正藏》第 47 冊。
22. 如祐錄:《禪門諸祖師偈頌》,《卍續藏》第 66 冊。
23. 處凝編:《白雲守端禪師廣錄》,《卍續藏》第 69 冊。
24. 惠泉編:《黃龍慧南禪師語錄》,《大正藏》第 47 冊。
25. 重顯撰,文政編:《明覺禪師語錄》,《大正藏》第 47 冊。
26. 妙源編:《虛堂和尚語錄》,《大正藏》第 47 冊。
27. 清素:《蓮峰禪師語錄》,《嘉興藏》第 38 冊。
28. 慧空:《雪峰空和尚外集》,《國家圖書館善本佛典》第 50 冊。
29. 契嵩:《鐔津文集》,《大正藏》第 52 冊。
30. 文珦:《潛山集》,《四庫全書》集部.別集類,第 1186 冊。
31. 德洪:《石門文字禪》,《嘉興藏》第 23 冊。
32. 楚圓輯:《汾陽無德禪師語錄》,《大正藏》第 47 冊。
33. 祖光編:《楚石梵琦禪師語錄》,《卍續藏》第 71 冊。
34. 惟康編:《無文道燦禪師語錄》,《卍續藏》第 69 冊。
35. 法應、普會集:《禪宗頌古聯珠通集》,《卍續藏》第 65 冊。
36. 顯權等編:《弘覺忞禪師語錄》,《乾隆藏》第 155 冊。
37. 了悟等編:《密庵和尚語錄》,《大正藏》第 47 冊。
38. 師明:《續古尊宿語要》,《卍續藏》第 68 冊。
39. 道璨:《柳塘外集》,《四庫全書》集部.別集類,第 1186 冊。
40. 智圓:《閒居編》,《卍續藏》第 56 冊。
41. 永頤:《雲泉詩集》,《汲古閣景宋鈔南宋群賢六十家小集》,群碧樓藏本,第 7 冊。
42. 明耀編:《香嚴禪師語錄》,《嘉興藏》第 38 冊。
43. 釋希坦:《釋希坦詩》,見陳岩:《九華詩集.附釋希坦詩》,《四庫全書》集部.別集類,第 1189 冊。
44. 至柔等編:《福源石屋珙禪師語錄》,《卍續藏》第 70 冊。

45. 釋圓至：《牧潛集》，《四庫全書》集部．別集類，第 1198 冊。
46. 天如惟則：《師子林天如和尚語錄》，《卍續藏》第 70 冊。
47. 性音：《禪宗雜毒海》，《卍續藏》第 65 冊。
48. 文度、文朗等編：《了堂和尚語錄》，《卍續藏》第 71 冊。
49. 釋善住：《谷響集》，《四庫全書》集部．別集類，第 1195 冊。
50. 中峰明本：《天目明本禪師雜錄》，《卍續藏》第 70 冊。
51. 錢穀：《吳都文粹續集》，《四庫全書》集部．總集類，第 1386 冊。
52. 釋英：《白雲集》，《四庫全書》集部．別集類，第 1192 冊。
53. 釋大圭：《夢觀集》，《四庫全書》集部．別集類，第 1215 冊。
54. 明雪：《入就瑞白禪師語錄》，《嘉興藏》第 26 冊。
55. 本致輯：《象田即念禪師語錄》，《嘉興藏》第 27 冊。
56. 傳我等編：《古雪哲禪師語錄》，《嘉興藏》第 28 冊。
57. 興斧編：《青原愚者智禪師語錄》，《嘉興藏》第 34 冊。
58. 淨柱編：《石雨禪師法檀》，《嘉興藏》第 27 冊。
59. 智誾：《雪關禪師語錄》，《嘉興藏》第 27 冊。
60. 智時、超慧等編校：《牧雲和尚宗本投機頌》，《嘉興藏》第 31 冊。
61. 本智：《浮山法句》，《嘉興藏》第 25 冊。
62. 隆琦編：《隱元禪師語錄》，《嘉興藏》第 27 冊。
63. 福善編錄：《憨山老人夢遊集》，《卍續藏》第 73 冊。
64. 袾宏：《雲棲法彙》，《嘉興藏》第 33 冊。
65. 真可：《紫柏尊者全集》，《卍續藏》第 73 冊。
66. 廣真：《吹萬禪師語錄》，《嘉興藏》第 29 冊。
67. 明凡錄：《湛然圓澄禪師語錄》，《卍續藏》第 72 冊。
68. 通明：《牧雲和尚懶齋別集》，《嘉興藏》第 31 冊。
69. 慧機：《慶忠鐵壁機禪師語錄》，《嘉興藏》第 29 冊。
70. 永覺元賢：《永覺元賢禪師廣錄》，《卍續藏》第 72 冊。
71. 隆琦說，海寧等編：《隱元禪師語錄》，《嘉興藏》第 27 冊。
72. 上震等編：《鶴峰禪師語錄》，《嘉興藏》第 38 冊。
73. 超宣等編：《百癡禪師語錄》，《嘉興藏》第 28 冊。

74. 如乾：《憨休和尚敲空遺響》，《嘉興藏》第 37 冊。
75. 澈生：《青城竹浪生禪師語錄》，《嘉興藏》第 38 冊。
76. 普定編：《三山來禪師語錄》，《嘉興藏》第 29 冊。
77. 智操撰，吳偉業等編：《寒松操禪師語錄》，《嘉興藏》第 37 冊。
78. 如一：《即非禪師全錄》，《嘉興藏》第 38 冊。
79. 性珽：《象崖珽禪師語錄》，《嘉興藏》第 34 冊。
80. 竹航海：《黔南會燈錄》，《卍續藏》第 85 冊。
81. 真傳：《廣福山勝覺寺密印禪師語錄》，《嘉興藏》第 35 冊。
82. 破山海明：《破山禪師語錄》，《嘉興藏》第 26 冊。
83. 芳桂等編：《石關禪師語錄》，《嘉興藏》第 38 冊。
84. 福慧：《益州嵩山野竹禪師後錄》，《嘉興藏》第 33 冊。
85. 寂納：《印心佛敏訥禪師語錄》，《嘉興藏》第 37 冊。
86. 智曇、洪演、照本等編：《昭覺竹峰續禪師語錄》，《嘉興藏》第 40 冊。
87. 海棟：《浦峰法柱棟禪師語錄》，《嘉興藏》第 37 冊。
88. 祖玄、宗上編錄：《山暉禪師語錄》，《嘉興藏》第 29 冊。
89. 洪暹編：《自閒覺禪師語錄》，《嘉興藏》第 33 冊。
90. 鶴山：《鶴山禪師執帚集》，《嘉興藏》第 40 冊。
91. 性音重編：《禪宗雜毒海》，《卍續藏》第 65 冊。
92. 宗堅：《兜率不磷堅禪師語錄》，《嘉興藏》第 33 冊。
93. 淨慧編：《虛雲和尚全集》，中州古籍出版社，2009 年。
94. 〔日〕東晙輯補：《黃龍慧南禪師語錄續補》，《大正藏》第 47 冊。
95. 〔日〕榮西：《吃茶養生記》，《大藏經補編》第 32 冊。
96. 〔印度〕僧伽羅剎撰：《修行道地經》，西晉竺法護譯，《大正藏》第 15 冊。

文學類

1. 曹寅、彭定求等編纂：《全唐詩》，康熙 44～46 年（1705～1707）揚州詩局刻本。
2. 吳之振：《宋詩鈔》，《四庫全書》集部．總集類，第 1461 冊。
3. 陳焯：《宋元詩會》，《四庫全書》集部．總集類，第 1463 冊。

4. 唐圭璋編:《全宋詞》,中華書局,1965 年。
5. 厲鶚:《宋詩紀事》,《四庫全書》集部·詩文評類,第 1485 冊。
6. 唐庚:《鬥茶記》,見《眉山文集》,《四庫全書》集部·別集類,第 1124 冊。
7. 皇甫冉、皇甫曾:《二皇甫詩集》,《四庫全書》集部·總集類,第 1332 冊。
8. 許渾:《丁卯詩集》,《四庫全書》集部·別集類,第 1082 冊。
9. 李濤:《蒙泉詩稿》,見陳起編《江湖小集》第 83 卷,《四庫全書》集部·總集類,第 1357 冊。
10. 李昉:《文苑英華》,《四庫全書》集部·總集類,第 1335 冊。
11. 李中:《碧雲集》,國家圖書館藏明(1368～1644)手抄本。
12. 徐鉉:《騎省集》,《四庫全書》集部·別集類,第 1085 冊。
13. 王禹偁:《小畜集》,《四庫全書》集部·別集類,第 1086 冊。
14. 林逋:《林和靖集》,《四庫全書》集部·別集類,第 1086 冊。
15. 梅堯臣:《宛陵集》,《四庫全書》集部·別集類,第 1099 冊。
16. 余靖:《武溪集》,《四庫全書》集部·別集類,第 1089 冊。
17. 范仲淹:《范文正集》,《四庫全書》集部·別集類,第 1099 冊。
18. 文彥博:《潞公文集》,《四庫全書》集部·別集類,第 1100 冊。
19. 歐陽修:《歐陽文忠公集》,《四庫全書》集部·別集類,第 1102 冊。
20. 陳與義:《簡齋集》,《四庫全書》集部·別集類,第 1129 冊。
21. 蘇軾:《東坡全集》,《四庫全書》集部·別集類,第 1107 冊。
22. 蘇轍:《欒城集》,《四庫全書》集部·別集類,第 1112 冊。
23. 蔡襄:《端明集》,《四庫全書》集部·別集類,第 1090 冊。
24. 王令:《廣陵集》,《四庫全書》集部·別集類,第 1106 冊。
25. 陳襄:《古靈集》,《四庫全書》集部·別集類,第 1093 冊。
26. 曾鞏:《元豐類稿》,《四庫全書》集部·別集類,第 1098 冊。
27. 黃庶:《伐檀集》,《四庫全書》集部·別集類,第 1092 冊。
28. 黃庭堅:《山谷集》,《四庫全書》集部·別集類,第 1113 冊。
29. 黃庭堅撰,任淵注:《山谷內集詩注》,《四庫全書》集部·別集類,第 1114 冊。

30. 秦觀：《淮海集》,《四庫全書》集部・別集類，第 1115 冊。
31. 章甫：《自鳴集》,《四庫全書》集部・別集類，第 1165 冊。
32. 毛滂：《東堂集》,《四庫全書》集部・別集類，第 1123 冊。
33. 樂雷發：《雪磯叢稿》,《四庫全書》集部・別集類，第 1182 冊。
34. 彭龜年：《止堂集》,《四庫全書》集部・別集類，第 1155 冊。
35. 朱熹：《晦庵集》,《四庫全書》集部・別集類，第 1143 冊。
36. 程敏政：《新安文獻志》,《四庫全書》集部・總集類，第 1375 冊。
37. 朱熹、張栻、林用中：《南嶽唱酬集》,《四庫全書》集部・總集類，第 1148 冊。
38. 陳起：《江湖小集》,《四庫全書》集部・總集類，第 1357 冊。
39. 鄭清之：《安晚堂集》,《四庫全書》集部・別集類，第 1176 冊。
40. 林表民：《天台續集別編》,《四庫全書》集部・總集類，第 1356 冊。
41. 方岳：《秋崖集》,《四庫全書》集部・別集類，第 1182 冊。
42. 李復：《潏水集》,《四庫全書》集部・別集類，第 1121 冊。
43. 韋驤：《錢塘集》,《四庫全書》集部・別集類，第 1097 冊。
44. 吳龍翰：《古梅遺稿》,《四庫全書》集部・別集類，第 1188 冊。
45. 戴昺：《東野農歌集》,《四庫全書》集部・別集類，第 1178 冊。
46. 朱彝尊：《明詩綜》,《四庫全書》集部・總集類，第 1460 冊。
47. 晁補之：《雞肋集》,《四庫全書》集部・別集類，第 1118 冊。
48. 韓駒：《陵陽集》,《四庫全書》集部・別集類，第 1133 冊。
49. 孫覿：《鴻慶居士集》,《四庫全書》集部・別集類，第 1135 冊。
50. 王庭珪：《盧溪文集》,《四庫全書》集部・別集類，第 1134 冊。
51. 沈與求：《龜溪集》,《四庫全書》集部・別集類，第 1133 冊。
52. 朱松：《韋齋集》,《四庫全書》集部・別集類，第 1133 冊。
53. 羅願：《羅鄂州小集》,《四庫全書》集部・別集類，第 1142 冊。
54. 趙汝鐩：《野谷詩稿》,《四庫全書》集部・別集類，第 1175 冊。
55. 楊萬里：《誠齋集》,《四庫全書》集部・別集類，第 1160 冊。
56. 蒲壽宬：《心泉學詩稿》,《四庫全書》集部・別集類，第 1189 冊。
57. 韓淲：《澗泉集》,《四庫全書》集部・別集類，第 1180 冊。
58. 魏野：《東觀集》,《四庫全書》集部・別集類，第 1187 冊。

59. 林希逸:《竹溪鬳齋十一稿續集》,《四庫全書》集部·別集類,第 1185 冊。
60. 文天祥:《文山集》,《四庫全書》集部·別集類,第 1184 冊。
61. 李彭:《日涉園集》,《四庫全書》集部·別集類,第 1152 冊。
62. 王洋:《東牟集》,《四庫全書》集部·別集類,第 1132 冊。
63. 陸游:《劍南詩稿》,《四庫全書》集部·別集類,第 1163 冊。
64. 陳造:《江湖長翁集》,《四庫全書》集部·別集類,第 1166 冊。
65. 王十朋:《梅溪集·前集》,《四庫全書》集部·別集類,第 1151 冊。
66. 范成大:《石湖詩集》,《四庫全書》集部·別集類,第 1159 冊。
67. 王嚞:《重陽全真集》,《正統道藏》道部·太平部·枝下,中華民國十五年(1926)上海涵芬樓印影版,第 794 冊。
68. 譚處端:《水雲集》, 《正統道藏》道部·太平部·枝下,中華民國十四年(1925)上海涵芬樓印影版,第 798 冊。
69. 曾幾:《茶山集》,《四庫全書》集部·別集類,第 1136 冊。
70. 曹勳:《松隱集》,《四庫全書》集部·別集類,第 1129 冊。
71. 陳岩:《九華詩集》,《四庫全書》集部·別集類,第 1189 冊。
72. 仇遠:《山村遺集》,《四庫全書》集部·別集類,第 1198 冊。
73. 元好問編:《中州集》,《四庫全書》集部·總集類,第 1165 冊。
74. 元好問:《遺山集》,《四庫全書》集部·別集類,第 1191 冊。
75. 趙秉文:《滏水集》,《四庫全書》集部·別集類,第 1190 冊。
76. 李俊民:《莊靖集》,《四庫全書》集部·別集類,第 1190 冊。
77. 郭元釪編:《御訂全金詩增補中州集》,《四庫全書》集部·總集類,第 1145 冊。
78. 同恕:《榘庵集》,《四庫全書》集部·別集類,第 1206 冊。
79. 葉顒:《樵雲獨唱》,《四庫全書》集部·別集類,第 1219 冊。
80. 洪希文:《續軒渠集》,《四庫全書》集部·別集類,第 1205 冊。
81. 盧琦:《圭峰集》,《四庫全書》集部·別集類,第 1214 冊。
82. 倪瓚:《清閟閣全集》,《四庫全書》集部·別集類,第 1220 冊。
83. 虞集:《道園學古錄》,《四庫全書》集部·別集類,第 1207 冊。
84. 顧嗣立:《元詩選》,《四庫全書》集部·總集類,第 1470 冊。
85. 薩都拉:《雁門集》,《四庫全書》集部·別集類,第 1212 冊。

86. 曹學佺：《石倉歷代詩選》，《四庫全書》集部．總集類，第 1390 冊。
87. 顧嗣立：《元詩選》，《四庫全書》集部．總集類，第 1471 冊。
88. 劉秉忠：《藏春集》，《四庫全書》集部．別集類，第 1191 冊。
89. 謝宗可：《詠物詩》，《四庫全書》集部．別集類，第 1216 冊。
90. 謝應芳：《龜巢稿》，《四庫全書》集部．別集類，第 1218 冊。
91. 成廷珪：《居竹軒詩集》，《四庫全書》集部．別集類，第 1216 冊。
92. 吳萊：《淵穎集》，《四庫全書》集部．別集類，第 1209 冊。
93. 凌雲翰：《柘軒集》，《四庫全書》集部．別集類，第 1227 冊。
94. 朱升：《朱楓林集》，明萬曆四十四年（1616）本。
95. 陳泰：《所安遺集》，《四庫全書》集部．別集類，第 1210 冊。
96. 劉仁本：《羽庭集》，《四庫全書》集部．別集類，第 1216 冊。
97. 黃庚：《月屋漫稿》，《四庫全書》集部．別集類，第 1193 冊。
98. 馬臻：《霞外詩集》，《四庫全書》集部．別集類，第 1204 冊。
99. 羅大經：《鶴林玉露》，《四庫全書》子部．雜家類，第 865 冊。
100. 耶律楚材：《湛然居士集》，《四庫全書》集部．別集類，第 1191 冊。
101. 方回：《桐江續集》，《四庫全書》集部．別集類，第 1193 冊。
102. 唐元：《筠軒集》，《四庫全書》集部．別集類，第 1213 冊。
103. 侯克中：《艮齋詩集》，《四庫全書》集部．別集類，第 1105 冊。
104. 唐文鳳：《梧岡集》，《四庫全書》集部．別集類，第 1242 冊。
105. 何南鳳：《訒堂餘稿》，見《興寧先賢叢書選錄一》(興寧文史第三十二輯)，廣東省興寧市政協文史資料委員會編，2008 年。
106. 胡奎：《斗南老人集》，《四庫全書》集部．別集類，第 1233 冊。
107. 唐順之：《荊川集》，《四庫全書》集部．別集類，第 1276 冊。
108. 張羽：《靜庵集》，《四庫全書》集部．別集類，第 1230 冊。
109. 高啟：《大全集》，《四庫全書》集部．別集類，第 1230 冊。
110. 朱存理：《趙氏鐵網珊瑚》，《四庫全書》子部．藝術類，第 815 冊。
111. 王翰：《梁園寓稿》，《四庫全書》集部．別集類，第 1233 冊。
112. 王世貞：《弇州續稿》，《四庫全書》集部．別集類，第 1282 冊。
113. 錢穀：《吳都文粹續集》，《四庫全書》集部．總集類，第 1386 冊。
114. 沈周：《石田詩選》，《四庫全書》集部．別集類，第 1249 冊。

115. 李攀龍：《滄溟集》，《四庫全書》集部．別集類，第 1278 冊。
116. 孫蕡：《西菴集》，《四庫全書》集部．別集類，第 1231 冊。
117. 朱樸：《西村詩集》，《四庫全書》集部．別集類，第 1273 冊。
118. 楊基：《眉庵集》，《四庫全書》集部．別集類，第 1230 冊。
119. 徐賁：《北郭集》，《四庫全書》集部．別集類，第 1230 冊。
120. 王彝：《王常宗集》，《四庫全書》集部．別集類，第 1229 冊。
121. 陳獻章：《陳白沙集》，《四庫全書》集部．別集類，第 1246 冊。
122. 陳邦彥：《御定歷代題畫詩類》，《四庫全書》集部．總集類，第 1435 冊。
123. 劉仔肩：《雅頌正音》，《四庫全書》集部．總集類，第 1370 冊。
124. 吳寬：《家藏集》，《四庫全書》集部．別集類，第 1255 冊。
125. 張英：《御定淵鑒類函》，《四庫全書》子部．類書類，第 982 冊。
126. 張英：《文端集》，《四庫全書》集部．別集類，第 1319 冊。
127. 沐昂：《滄海遺珠》，《四庫全書》集部．總集類，第 1372 冊。
128. 邵寶：《容春堂集．後集》，《四庫全書》集部．別集類，第 1258 冊。
129. 陸廷燦：《續茶經》，《四庫全書》子部．譜錄類，第 844 冊。
130. 朱彝尊：《明詩綜》，《四庫全書》集部．總集類，第 1459 冊。
131. 林鴻：《鳴盛集》，《四庫全書》集部．別集類，第 1231 冊。
132. 王紱：《王舍人詩集》，《四庫全書》集部．別集類，第 1237 冊。
133. 王守仁：《王文成全書》，《四庫全書》集部．別集類，第 1265 冊。
134. 楊慎：《升菴集》，《四庫全書》集部．別集類，第 1270 冊。
135. 文洪：《文氏五家集》，《四庫全書》集部．總集類，第 1382 冊。
136. 管時敏：《蚓竅集》，《四庫全書》集部．別集類，第 1231 冊。
137. 黃淳耀：《陶庵全集》，《四庫全書》集部．別集類，第 1297 冊。
138. 程敏政：《篁墩文集》，《四庫全書》集部．總集類，第 1253 冊。
139. 王立道：《具茨詩集》，《四庫全書》集部．別集類，第 1277 冊。
140. 顧清：《東江家藏集》，《四庫全書》集部．別集類，第 1261 冊。
141. 文徵明：《甫田集》，《四庫全書》集部．別集類，第 1273 冊。
142. 鄭燮：《鄭板橋集》，國學整理社整理，國家圖書館藏版，1935 年。
143. 張問陶：《船山詩草》，天津圖書館藏清末經文堂刻 8 冊本，第 8 冊。

144. 丘逢甲：《嶺雲海日樓詩鈔》，見周憲文等編《臺灣文獻叢刊》第 70 種。
145. 湯右曾：《懷清堂集》，《四庫全書》集部・別集類，第 1325 冊。
146. 彭孫貽：《茗齋集》，《四部叢刊・續編》集部・別集類，第 453 冊。
147. 王夫之：《撰薑齋詩文集》，《四部叢刊・初編》集部・別集類，第 1619 冊。
148. 查慎行：《敬業堂詩集》，《四庫全書》集部・別集類，第 1326 冊。
149. 周亮工：《閩小紀》，祥符周亮工賴古堂清康熙年間本。
150. 周亮工：《賴古堂集》，華東師範大學出版社，2016 年。
151. 于敏中、英廉等：《欽定日下舊聞考》，《四庫全書》史部・地理類，第 498 冊。
152. 乾隆撰，于敏中編：《御製詩集・四集》，《四庫全書》集部・別集類，第 1307 冊。
153. 彭孫遹：《松桂堂全集》卷四，第 18 頁，《四庫全書》集部・別集類，第 1317 冊。
154. 胡文學：《甬上耆舊詩》，《四庫全書》集部・總集類，第 1474 冊。
155. 鄭方坤：《全閩詩話》，《四庫全書》集部・詩文評類，第 1486 冊。
156. 陶善：《瓊樓吟稿節鈔》，《卍續藏》第 62 冊。
157. 宋犖：《西陂類稿》，《四庫全書》集部・別集類，第 1323 冊。
158. 施士潔：《後蘇龕合集》，《臺灣文獻叢刊》第 215 種。
159. 厲鶚：《樊榭山房集》，《四庫全書》集部・別集類，第 1328 冊。
160. 厲鶚：《樊榭山房續集》，《四庫全書》集部・別集類，第 1328 冊。
161. 曹雪芹：《紅樓夢》，人民文學出版社，2017 年。
162. 趙樸初：《無盡意齋詩詞選》，北京圖書館，2006 年。
163. 王質：《雪山集》，《四庫全書》集部・別集類，第 1149 冊。
164. 蘇軾：《東坡詞》，《四庫全書》集部・詞曲類，第 1487 冊。
165. 朱彝尊：《詞綜》，《四庫全書》集部・詞曲類，第 1493 冊。
166. 曾慥：《樂府雅詞》，《四庫全書》集部・詞曲類，第 1489 冊。
167. 黃庭堅：《山谷詞》，《四庫全書》集部・詞曲類，第 1487 冊。
168. 闕名：《草堂詩餘》，《四庫全書》集部・詞曲類，第 1489 冊。
169. 秦觀：《淮海集・長短句》，《四庫全書》集部・別集類，第 1115 冊。
170. 倪濤：《六藝之一錄》，《四庫全書》子部・藝術類，第 838 冊。

171. 王奕清：《御定詞譜》，《四庫全書》集部．詞曲類，第 1495 冊。
172. 陳師道：《後山集》，《四庫全書》集部．別集類，第 1114 冊。
173. 毛滂：《東堂詞》，《四庫全書》集部．詞曲類，第 1487 冊。
174. 王安中：《初僚詞》，《四庫全書》集部．詞曲類，第 1487 冊。
175. 王庭珪：《盧溪詞》，見趙萬里《校輯宋金元人詞》上冊，國家圖書館出版社，2003 年。
176. 朱敦儒：《樵歌》，商務印書館，1930 年。
177. 周紫芝：《竹坡詞》，《四庫全書》集部．詞曲類，第 1487 冊。
178. 沈宸垣、王奕清等編：《御選歷代詩餘》，《四庫全書》集部．詞曲類，第 1491 冊。
179. 王之道：《相山集》，《四庫全書》集部．別集類，第 1132 冊。
180. 胡仔：《漁隱叢話》，《四庫全書》集部．詩文評類，第 1480 冊。
181. 史浩：《鄮峰真隱漫錄》，《四庫全書》集部．別集類，第 1141 冊。
182. 楊无咎：《逃禪詞》，《四庫全書》集部．詞曲類，第 1487 冊。
183. 胡銓：《澹庵文集》，《四庫全書》集部．別集類，第 1137 冊。
184. 張孝祥：《于湖集》，《四庫全書》集部．別集類，第 1140 冊。
185. 李處全：《晦庵詞》，國家圖書館明藏本，1368～1644 年。
186. 王炎：《雙溪類稿》，《四庫全書》集部．別集類，第 1188 冊。
187. 辛棄疾：《稼軒詞》，《四庫全書》集部．詞曲類，第 1488 冊。
188. 陳景沂：《全芳備祖集．後集》，《四庫全書》子部．類書類，第 935 冊。
189. 陳耀文：《花草粹編》，《四庫全書》集部．詞曲類，第 1490 冊。
190. 黃昇：《中興以來絕妙詞選》，《四部叢刊．初編》，第 2094～2095 冊，上海商務印書館影印本，1919 年。
191. 劉過：《龍洲詞》，《四庫全書》集部．詞曲類，第 1488 冊。
192. 趙師俠（使）：《坦庵詞》，《四庫全書》集部．詞曲類，第 1487 冊。
193. 盧祖皐：《蒲江詞》，《四庫全書》集部．詞曲類，第 1488 冊。
194. 劉克莊：《後村集》，《四庫全書》集部．別集類，第 1180 冊。
195. 宋自遜：《漁樵笛譜》，見趙萬里《校輯宋金元人詞》下冊，國家圖書館出版社，2003 年。

196. 白玉蟾：《修真十書上清集》，《正統道藏》道部．洞真部．方法類．霜．柰下，中華民國十四年（1923）上海涵芬樓印影版，第 128 冊。

197. 潘牥：《紫岩詞》，見趙萬里《校輯宋金元人詞》上冊，國家圖書館出版社，2003 年。

198. 吳潛：《履齋遺稿》，《四庫全書》集部．別集類，第 1178 冊。

199. 吳文英：《夢窗稿》，《四庫全書》集部．詞曲類，第 1488 冊。

200. 陳著：《本堂集》，《四庫全書》集部．別集類，第 1185 冊。

201. 程垓：《書舟詞》，《四庫全書》集部．詞曲類，第 1487 冊。

202. 徐伯齡：《蟫精雋》，《四庫全書》子部．雜家類，第 867 冊。

203. 蔡松年：《明秀集》，國家圖書館藏本（張蓉鏡家瓶生收藏）。

204. 李之儀：《姑溪居士前集》，《四庫全書》集部．別集類，第 1120 冊。

205. 王嚞：《重陽教化集》第 1 卷，第 11 頁，《正統道藏》道部．太平部．交上，中華民國十四年（1925）上海涵芬樓印影版，第 795 冊。

206. 馬鈺：《漸悟集》，《正統道藏》道部．太平部．弟下，中華民國十四年（1925）二月上海涵芬樓印影版，第 786 冊。

207. 馬鈺：《洞玄金玉集》，《正統道藏》道部．太平部．弟下，中華民國十四年（1925）二月上海涵芬樓印影版，第 790 冊。

208. 彭致中：《鳴鶴餘音》，《正統道藏》道部．太玄部．隨上，中華民國十四年（1925）二月上海涵芬樓印影版，第 798 冊。

209. 楊朝英輯：《朝野新聲太平樂府》，《四庫叢刊．初編》集部．詞曲類，民國十一年（1922），上海涵芬樓影印宋刊本，第 1 冊。

210. 楊朝英輯：《朝野新聲太平樂府》，商務印書館，1939 年。

211. 洪希文：《續軒渠集》，《四庫全書》集部．別集類，第 1205 冊。

212. 王惲：《秋澗集》，《四庫全書》集部．別集類，第 1201 冊。

213. 白樸：《天籟集》，《四庫全書》集部．詞曲類，第 1488 冊。

214. 魏初：《青崖集》，《四庫全書》集部．別集類，第 1198 冊。

215. 張弘範：《淮陽集詩餘》，《四庫全書》集部．別集類，第 1191 冊。

216. 劉敏中：《中庵樂府二卷》，見趙萬里《校輯宋金元人詞》下冊，國家圖書館出版社，2003 年。

217. 蒲道源：《閒居叢稿》，《四庫全書》集部． 別集類，第 1210 冊。

218. 張可久：《新刊張小山北曲聯樂府》，國家圖書館藏元代抄本。
219. 陶宗儀：《南邨詩集》，《四庫全書》集部·別集類，第 1231 冊。
220. 姬志真：《雲山集》，《正統道藏》道部·太平部·兄下，中華民國十四年二月上海涵芬樓印影版，第 784 冊。
221. 張翥：《蛻岩詞》，《四庫全書》集部·詞曲類，第 1488 冊。
222. 王世貞：《弇州四部稿》，《四庫全書》集部·別集類，第 1279 冊。
223. 施紹莘：《秋水庵花影集》，博古堂清乾隆十七年（1752）本。
224. 丁紹儀：《聽秋聲館詞話》，《續修四庫全書》集部·詞類，上海古籍出版社，2002 年，第 1734 冊。
225. 徐渭：《徐文長文集》，鍾人傑明萬曆 42 年（1614）年刊本。
226. 吳偉業：《梅村集》，《四庫全書》集部·別集類，第 1312 冊。
227. 黄燮清：《國朝詞綜續編》，中華書局，1920 年。
228. 黄燮清撰：《倚晴樓詩餘》，天津圖書館藏清咸豐同治間海鹽黄氏拙宜園刻本 16 冊版，第 4 冊。
229. 納蘭性德：《納蘭性德詞》，文力出版社，1947 年。
230. 孫枝蔚：《溉堂前集》，哈佛大學圖書館藏油印本。
231. 陳維崧：《迦陵詞全集》，見《陳迦陵文集》第 3 冊，上海商務印書館縮印患立堂刊本，民國 25（1936）年。
232. 查慎行：《敬業堂詩集》，《四庫全書》集部·別集類，第 1326 冊。
233. 朱彝尊：《曝書亭集》，《四庫全書》集部·別集類，第 1317 冊。
234. 高士奇：《竹窗詞》，見國家圖書館藏《竹窗詞·蔬香詞》，清康熙年間刻本。
235. 葉恭綽編：《全清詞鈔》，中華書局，1982 年。
236. 俞樾：《賓萌集》，天津圖書館藏本。
237. 邊壽民：《揚州八怪詩文集》，江蘇美術出版社，1985 年。
238. 彭孫貽：《茗齋詩餘》，上海商務印書館，民國二十五年（1936）版。
239. 洪亮吉：《更生齋詩餘》，《洪北江詩文集》上冊，上海商務印書館，民國 24（1935）年。
240. 孫默：《十五家詞》，《四庫全書》集部·詞曲類，第 1494 冊。
241. 徐釚：《詞苑叢談》，《四庫全書》集部·詞曲類，第 1494 冊。

242. 歐陽詢主編：《藝文類聚》第 82 卷草部下・茗，《四庫全書》集部・總集類，第 888 冊。
243. 柳宗元：《柳河東集・外集》，《四庫全書》集部・別集類，第 1076 冊。
244. 劉禹錫：《劉賓客文集》，《四庫全書》集部・別集類，第 1077 冊。
245. 李昉：《文苑英華》，《四庫全書》集部・總集類，第 1339 冊。
246. 李華：《李遐叔文集》，《四庫全書》集部・別集類，第 1072 冊。
247. 莊晚芳、王家斌：《日本茶道與徑山茶宴》，《農史研究》第四輯，1984 年。
248. 歐陽修：《歸田錄》，見《歐陽文忠公集》卷一百二十六，《四庫全書》集部・別集類，第 1103 冊。
249. 蔡襄：《茶錄・序》，《四庫全書》子部・譜錄類，第 844 冊。
250. 呂祖謙：《宋文鑒》，《四庫全書》集部・總集類，第 1351 冊。
251. 吳淑：《事類賦》，《四庫全書》子部・類書類，第 892 冊。
252. 王讜：《唐語林》，《四庫全書》子部・小說家類，第 1038 冊。
253. 胡舜陟：《三山老人語錄》，見阮閱《詩話總龜・後集》卷三十，《四庫全書》集部・詩文評類，第 1478 冊。
254. 《三山老人語錄》，見唐李商隱撰《李義山詩集注・附錄・三山老人語錄一則》，《四庫全書》集部・別集類，第 1082 冊。
255. 《蔡寬夫詩話》，見阮閱《詩話總龜》卷七十八，《四庫全書》集部・詩文評類，第 1478 冊。
256. 范鎮：《東齋記事》，《四庫全書》子部・小說家類，第 1036 冊。
257. 范正敏：《遁齋閒覽》，見宋曾慥《類說》卷四十七，《四庫全書》子部・雜家類，第 873 冊。
258. 蔡絛：《西清詩話》，見宋胡仔《漁隱叢話》卷四十六，《四庫全書》集部・詩文評類，第 1480 冊。
259. 賀復徵：《文章辨體匯選》，《四庫全書》集部・總集類，第 1109 冊。
260. 林之奇：《拙齋文集》，《四庫全書》集部・別集類，第 1140 冊。
261. 陳泰：《所安遺集》《四庫全書》集部・別集類，第 1210 冊。
262. 袁桷：《清容居士集》，《四庫全書》集部・別集類，第 1203 冊。
263. 馬純：《陶朱新錄》，《四庫全書》子部・小說家類，第 1047 冊。

264. 明盧復《芷園日記》，見明盧之頤《本草乘雅半偈》卷七，《四庫全書》子部・醫家類，第 779 冊。
265. 錢謙益：《牧齋有學集・有學集補》，《續修四庫全書》集部・別集類，第 1391 冊，影印民國八年上海商務印書館四部叢刊本。
266. 馮夢禎：《西目記略》，見《欽定古今圖書集成・方輿彙編・山川典》第一百七卷天目山部藝文一，第 192 冊，中華書局影印版，1934 年。
267. 貝瓊：《清江文集》，《四款全書》集部・別集類，第 1228 冊。
268. 洪應明：《菜根譚》一卷本。
269. 陳繼儒：《小窗幽記》，清乾隆三十五年問心齋刊本。
270. 田中慶太郎編：《周作人散文抄》，東京：文求堂 1941 發行。
271. 魯迅：《準風月談》，魯迅全集出版社，1947 年。
272. 林語堂：《生活的藝術》，陝西師範大學出版社，2006 年。
273. 於立文、李金龍編：《唐詩宋詞元曲選編》，遼海出版社，2016 年。
274. 江忍庵纂輯：《分類楹聯寶庫》，上海科學技術文獻出版社，2019 年。
275. 吳湖帆輯：《聯珠集》，民國 37 年鉛印本。
276. 白雉山：《古今楹聯集》，遼寧大學出版社，1988 年。
277. 余德泉編：《古今茶文化對聯觀止》，湖南科學技術出版社，2003 年。

史志類

1. 明錢邦纂，清范承勳增補：《雞足山志》，見杜潔祥主編《中國佛寺史志彙刊》第三輯第 1～2 冊，丹青圖書公司，1985 年。
2. 《峨眉山志》，見杜潔祥主編《中國佛寺史志彙刊》第一輯第 45 冊，明文書局，1980 年。
3. 《黃檗山寺志》，見杜潔祥主編《中國佛寺史志彙刊》第三輯第 4 冊，丹青圖書公司，1985 年。
4. 郭子章：《明州阿育王山志》，見杜潔祥主編《中國佛寺史志彙刊》第一輯第 11、12 冊，明文書局，1980 年。
5. 《明州阿育王山續志》，見杜潔祥主編《中國佛寺史志彙刊》第一輯第 11～12 冊，明文書局，1980 年。
6. 《天童寺志》，見杜潔祥主編《中國佛寺史志彙刊》第一輯第 13～14 冊，明文書局，1980 年。

7. 《徑山志》，見杜潔祥主編《中國佛寺史志彙刊》第一輯第31～32冊，丹青圖書公司，1985年。
8. 《清涼山新志》，見杜潔祥主編《中國佛寺史志彙刊》第三輯第30冊，丹青圖書公司，1985年。
9. 《嵩山少林寺輯志》，見杜潔祥主編《中國佛寺史志彙刊》第二輯第23冊，明文書局，1980年。
10. 《九華山志》，見杜潔祥主編：《中國佛寺史志彙刊》第二輯第22冊，明文書局，1980年。
11. 周應賓輯：《重修普陀山志》，見杜潔祥主編：《中國佛寺史志彙刊》第一輯第9冊，明文書局，1980年。
12. 《明州岳林寺志》，見杜潔祥主編：《中國佛寺史志彙刊》第一輯第15冊，明文書局，1980年。
13. 《雪峰志》，見杜潔祥主編：《中國佛寺史志彙刊》第二輯第7冊，明文書局，1980年。
14. 《大明一統名勝志》，明崇禎3年，哈佛燕京圖書館中文善本。
15. 《宋本方輿勝覽》，上海古籍出版社，1991年。
16. 《乾隆泉州府志》，同治9年刻本。
17. 周永年：《吳都法乘》，《大藏經補編》第34冊。
18. 蔣溥：《欽定盤山志》，《四庫全書》史部．地理類，第586冊。
19. 謝旻：《江西通志》，《四庫全書》史部．地理類，第518冊。
20. 田汝成：《西湖遊覽志》。浙江人民出版社，1980年。
21. 袁桷：《延祐四明志》，《四庫全書》史部．地理類，第491冊。
22. 梅應發、劉錫：《寶慶四明續志》，《四庫全書》史部．地理類三，第487冊。
23. 吳之鯨：《武林梵志》，《四庫全書》史部．地理類，第588冊。
24. 葉庭珪：《海錄碎事》，《欽定四庫全書》子部．類書類，第921冊。
25. 《嘉慶續修臺灣縣志》，見《中國地方志集成．臺灣府縣志輯三》，上海書店出版社，1999年。
26. 周璽：《彰化縣志》，見周憲文等編《臺灣文獻叢刊》第156種。
27. 佚名：《無錫縣志》，《四庫全書》史部．地理類，第492冊。
28. 郭棐：《嶺海名勝記》，明萬曆24年（1596）刻本，國家圖書館藏。

綜合類

1. 紀昀等主編：文淵閣《四庫全書》，臺灣商務印書館影印版，1983 年。
2. 續修四庫全書編委會：《續修四庫全書》，上海古籍出版社，2002 年。
3. 張元濟等輯：《四部叢刊》，上海商務印書館影印本，1919 年。
4. 陳夢雷：《欽定古今圖書集成》，中華書局影印版，1934 年。
5. 周憲文主編：《臺灣文獻叢刊》，臺灣銀行經濟研究室出版，1959～1972 年。
6. 《正統道藏》，上海涵芬樓印影版，1923～1926 年。
7. 汪灝等：《御定佩文齋廣群芳譜》，《四庫全書》子部・譜錄類，第 845 冊。
8. 劉向：《新序》，石光英校，中華書局，2009 年。
9. 歐陽詢主編：《藝文類聚》，上海古籍出版社，2013 年。
10. 許慎撰：《說文解字》，宋徐鉉等校，中華書局，1963 年。
11. 陳藏器：《本草拾遺》，尚志鈞輯校，安徽科學技術出版社，2004 年。
12. 陳仁錫輯：《潛確居類書》，明崇禎七年松草廬刻本。
13. 傅梅：《嵩書》，《續修四庫全書》史志・地理類，上海古籍出版社，2002 年。
14. 武夷岩茶節組織委員會：《武夷奇茗》，海潮攝影出版社，1990 年。
15. 李萍等著：《天地融入一茶湯》，人民出版社，2019 年。
16. 蘭茂：《滇南本草》，雲南人民出版社出版，1959 年。
17. 〔英〕艾倫・麥克法蘭、愛麗斯・麥克法蘭：《綠色黃金：茶葉帝國》，扈喜林譯，社會科學文獻出版社，2016 年。
18. 〔日〕千宗室主編：《茶道古典全集》，株式會社淡交新社，昭和 33 年。

後　記

有意為之，無意得之！不知不覺中，書稿已成！只不過，這可能是我最樸拙的學術成果了！沒有任何炫目、超前的理論，僅僅是花了多年笨工夫，專題性地輯錄禪茶藝文。當然，甘坐這樣的冷板凳，周旋這樣的小學問，我其實是為了解決自己學術研究中的一個大問題：我們這個群體，雖然接受了高端教育，而且隨時可以鏈接國內外最前沿的理論視野，但普遍由於幼無家學，成人後又急於附和某些評價指標，或想快速趕製文化產品等原因，「童子功」極不牢固。幾篇文章寫下來，便已傾盡家當，無法再合成新東西，於是只能反覆編造、炒冷飯！這樣的研究，這樣的生活，燒腦傷身，何其痛苦！——所以，我必須重新築基！

對於禪茶，則更須從零開始。一直以來，我只知快意吃茶，並無研究基礎，而今選擇將之作為生活、工作和自我成就中的重要媒介，當然必須慎之又慎，走在實處！對此築基，我主要於三方面用力：

第一，踏實學習禪茶理論，並轉化為相應成果。首先，搜集並研讀古今禪人茶者的藝文、論典、公案，盡可能做到對禪茶資源包括傳統到現代乃至日韓禪茶均有所瞭解，避免陷入空洞玄談。其次，在上述基礎上思考禪茶與社會生活互通，與各種藝術共生，乃至與諸家茶道交融等關係，以使理論更加立體、深活。這一過程，我向來是先做整體規劃，然後邊學習邊轉化為成果。《禪茶藝文錄》乃至《禪茶公案錄》《禪茶論典錄》其實就是此進程中的產出。對我而言，這樣的方式較為高效，而且能多方位訓練學術能力。我想，可能還是有很多人忽略了這種即時轉化的妙處。須知每一層次、每一階段都有獨特的學問之道，有心便可做出大文章。若等到所謂的積累足夠、思想成熟再來展開系統研究，生命早已流失太久，結果多是有心無力；而且，有限的成果還常常錯失了生命成長過程中最珍貴的火花、生機！

第二，深入研修禪學。禪茶從來不是簡單的禪、茶現象交叉，而是指向某種更深維度的生活方式和生命價值。對禪的領悟決定著禪茶文化的深廣度，認真研修禪學，才可能具有見性體道、即茶即禪的能力。故而，一者，須是認真研究禪學，見明道理，獲得最基本的禪學理論素養。二者，切實參修，在禪修中發現自己、煉養自己、完善自己，據此延伸到解決生命中的孱弱、抱怨、傷害、愚迷等積習，以最健康的身心狀態擁抱生活。言下之意，先從禪見道，成為一個成熟、健康的尋常人，再說禪茶的高深或雅趣吧。這一點，實則是禪茶最基礎而又最重要的環節。不悟禪理，不通禪法，如何出離禪茶名相困囿、自我執持？又如何說清禪茶、建構禪茶？

第三，用心吃茶。禪茶畢竟以茶為基礎性媒介，不善於吃茶，對禪茶的把握必然會脫離具象，空洞無物。當然，吃茶也無須太過講究，凡所遇見，什麼品類都可嘗嘗；而且應是用心品飲，仔細感受渴飲時的身心澆灌，群飲時的炫耀輕浮，以及獨飲時的放縱揀擇。這一層面的禪茶，與產於何地、價格高低、誰人大師製作毫無關係，僅僅是用心而已！

禪茶文化，古今中外五花八門，目前也無固定框架可供參考，我也不過是摸索著做，想當然地以學術研究通生命學問罷了！數年下來，總算對禪茶漸漸有了些認知。不過，築基工夫依然還得繼續，活到老，築到老，放棄不得。實際上，真正善做學問者，淺中見深，小處說大，築基也即雕琢塔尖，心力所到處，一切並無絕對界限。而且，在學術研究中，學者往往才是最純粹，最自由的，在最平實處修心、煉心，何嘗不是另一種生命盛宴！須知每個人都有自己獨特的研究領域和治學方式，也有自己獨特的社會貢獻及存在價值，沉潛築基，同樣可貴！何況，十年之後，你且再看！故而在研究中大可不必迎合他人，又或擔心聲名高低、薪金多少。工夫到了，從容、坦然收穫便是！

其實，在《禪茶藝文錄》《禪茶公案錄》《禪茶論典錄》之外，本人的《禪茶無味》《禪茶知行論》已經提上日程。《禪茶無味》是記錄日常禪茶體解的通俗散文，《禪茶知行論》則是前期三部禪茶文獻輯錄基礎上的理論產出，是關於現代禪茶體系建構的學術論稿。禪茶，光傾倒些心靈雞湯不行，還須做實理論上的提升，且貫徹以真實生命體驗！

目前，茶葉已經被做成世界性的龐大產業，乃至成為多國多地創收的核心品牌。但是，這一結果並不新奇。從唐宋以來，中國茶葉早就形成了成熟的種植、加工、銷售、消費等產業鏈，當前不過是手段更加現代化而已。並且，中國歷代茶葉產業中一直貫穿著成熟的茶道文化，這是對茶葉產業的質的提升。其實，真正能將茶葉商業價值、社會價值最大化的，還是這些茶道文化元素。

此處並不是強挑毛病、厚古薄今，而是指出不同時代茶道內質融化於茶葉產業中的程度和份量。這和歷史發展、社會制度並不構成絕對正比關係。當今，中國茶道文化生機蓬勃，漸入佳境。但由於茶道文化的根——傳統文化曾在近現代發生多次斷裂，故而現在中國茶道仍處於復興階段，某些承載著國人生命特質的東西未及兼顧、復原，或說正處於復蘇初階。因此，茶道研究任重道遠。這就涉及茶在人們生活品質、生命質地提升中的重要使命。我想深入探討的就是這一塊。——首先是自我生命的琢磨、提升；其次是探討禪茶在中國文化自信建設中的現代價值。當然，不管是儒家茶、道家茶、民間茶等等，都一樣可以提升到這種高度。從而在工作、生存之中注入生命的重量，豐滿生命，豐富生活。

本書所輯錄的各類文獻，我並沒有深入解讀。一者，我的本意就是輯錄為主，略微注釋，閑暇讀讀或參考而已。二者，所謂禪味茶味，乃是各自的體讀，各得其味，理應各自品讀去。是不是禪茶，何處有禪茶，也基於各人的判斷。關鍵是能否在一念心動、一念取捨得失之間看到自心的動向迷失，能否於此出離強大的心理慣性業力。另外，筆者並不認為所錄文獻絕對無誤、所倡觀點絕對正確，這只是特定語境下本人思維、學術的一種表達形態而已，我願意虛心聽取各方意見建議，並在這種互動中自省，進而實現自我學術與涵養的積極提升。

我主要研究佛道教哲學，在禪學、內丹學、心理學上用功最多。禪茶乃無意間進入，算是我研究領域的延伸品。據我淺見，禪茶的核心在兩方面：一為禪法體己。若無切實體己的禪法研修，禪茶便失去了神魂。深心入禪，才能在茶中品出禪味，豐富生活，蘊養生命。二為廣識茶性。其根本在於對茶味、茶類、茶文化的學習瞭解，並認真專注地飲茶。如此才能在廣泛瞭解茶道知識的基礎上於本心處與禪匯通。

以禪茶作為拓寬生活、提升生命的方式非常適合現代人，無數例證說明，以禪茶為媒介來深度淨治身心的效果極為顯著。尤其是在當前，全球遭受新冠肺炎重創，迫切需要我們建構全生命週期健康管理體系的境況下，禪茶的生命養護功能，應該被多方發掘並廣泛運用。但是，同時，許多茶人對禪茶的理解也太過於主觀化、理想化了。

例如，也有人動輒言談以道入茶。實踐者常常會以哲學的邏輯慣性為禪茶尋求一種「天地之道」的本體論依據。一方面，禪茶哲學因此而具有了理論本根，遂言之有物，自以為通透；另一方面，實踐者便因此可以通過禪茶肆意「為道」，說「飲茶便是飲道」，能與天地萬物渾為一體。

這種理想化設置的動機並沒有錯，茶道也確實可以匯通天道，但問題是人心常常在這件事上強意運作，攪亂乾坤，動盪不已。一旦有人持有異見，便即以「道」壓人，氣勢洶洶；又或爭得面紅耳赤，我相畢露。禪茶之道，乃是自我消退，心性呈現的自然而然，絕非臆想出一種方外的獨立本體，然後植入到飲茶行為中。如此作為，實際還是心意識中的「妄作」，起心動念而已！

又如，有人提倡將茶上升為治病藥物。多次茶道論壇上，曾有人談及某些腫瘤醫院、養老機構已將茶道運用到醫學康復當中，並且效果不錯。再加上《茶經》說神農氏嘗百草中毒以茶解之，或日本榮西「養生延命靈藥」的鼓吹，不少人就想當然地試圖將茶當做治病靈藥。實際上，古代飲茶治病的成功案例少之又少，即使是今天，頗令人驚豔的禪茶療愈也可說是具有相當大的偶然性。所謂茶能治病，其實主要基於三個原因：

其一，飲茶或茶道要求人們調適心理，平心靜氣飲茶，很多疾病乃源於心理的劇烈起伏及負面能量鬱積，一旦心空事靜，致病肇因便不復存在。同時，茶確實有某種「內勁」，會因人的身心松靜而循著身體的縫隙、經絡行走，特定機緣下，身體會因此變輕鬆、靈敏，得到一定程度的疏通、恢復。

其二，某些疾病其實是飲水過少造成的，大量宿毒堆積，躁氣上湧，或運化滯澀，身體自然不堪重負，顯以病相。飲茶伴隨著大量水分的攝入，當然起到了灌溉身心的作用。由此許多病氣病質就隨著便液、汗液等排出，身體便經清理、滋養而重見生機。

其三，從禪的角度看，無心恰恰用，喝茶喝到恍恍惚惚、如仙如幻的境界，最是自性動用的絕佳時機。此刻，很多人在無意中開啟了自性之門，造化能量，聚集流動，身心都在自性維度進行著深層療愈。如此，不少疑難雜症常常會被解構，進而消失。

因此，對於禪茶治病，實踐者應當轉而在精細處做工夫，基於對禪的紮實研學，對茶的專注品飲而建立善因，結果自然成。並且，還須明白，飲茶者個體差異極大，不是所有人都適合飲茶，也不是所有飲茶者都能因茶病癒。未合理飲茶而損身者，何其少見！

故而，說到底，禪茶或茶禪，其核心鎖鑰必不能脫離禪的體證，否則，飲茶談茶之間，正是人心最混亂熾盛、我執最重之時。禪茶真義便因此而流失在當前每一刻中。

以上例證，是歷次茶道論壇、品飲中所見所感，意在人心警醒，並不為揚己抑他。筆者對禪茶的探討一直小心謹慎，乃基於對傳統禪茶文獻以及禪法的研學，目的是學習隨心淨性、進退從容，並不試圖造出些天地文章或影響別人的觀念，見自心、淨自心罷了！禪茶的真面目，其實也就在見心、淨心的那一刻。當然，其因其果，如能因此賺來些好茶、好書、好友，我也歡喜。禪茶，不拒絕一切現象的發生、有無！只如那茶盞中的葉芽，應勢起落，自發清香！

此書稿雖已成形，但依然存在不少遺憾。一方面，很多材料由於收錄時間太久，且動手初期筆者尚未受過嚴格的學術訓練，故而信息或未查全，或未錄全，就只能孤零零地擺出一條材料，至今也無法注明出處。另一方面，雖然在緒論、後記中談到了禪茶體系的建構和全面研究，但限於本書稿的輯錄性質，已然無法展開。這一點，只好等到《禪茶知行論》中再進一步完成。當然，此稿畢竟是多年積來的心血，且可以作為專題的禪茶研究參考，故而便帶著缺憾出版吧！

最後，真誠地感謝幫助評審、編校、出版本書的各位師友！遺憾本書拘於輯錄點校，未能帶給您們耳目一新乃或幾盞禪茶，但本領域將會是我往後數年的知行重點，希望能在您們的幫助下進一步展現其餘成果！

2020 年 9 月 9 日，記於彩雲南。